河池学院学术专著出版基金资助

地方公务员终身学习动机强化的循证政策研究

肖海燕 著

中南大学出版社
www.csupress.com.cn
·长沙·

内容简介

　　本书以循证为基本原则，探析了地方公务员终身学习动机强化的循证路径、循证内容，并通过构建学习情境分析框架，选择广州与南宁公务员为循证对象开展终身学习动机比较研究。在分析公务员终身学习动机类型和学习影响因素的基础上，进一步构建了二者的关系模型以及终身学习整体结构模型。实证研究数据验证了研究假设，研究者通过实证研究获得了研究发现并构建了地方公务员终身学习动机强化的理论论据。基于政策循证视角诊断了地方公务员之所以存在终身学习问题的主要原因，最后根据研究发现以及理论论据提出了促进公务员终身学习的战略性政策调适建议和强化公务员终身学习动机的战术性政策调适对策。全书内容翔实、逻辑严谨、方法科学，可供广大公务员、党政干部及从事终身学习相关研究人员阅读参考。

前　言

美国管理学家彼得·圣吉一生致力于"学习型组织"研究，试图通过提升组织整体运作效能保持组织持久竞争优势。学习型社会、学习型政党、学习型政府等管理实践的兴起正是缘于这种共同愿景。与此相伴，席卷全球的终身学习理念与"学习型组织"遥相呼应，成为 21 世纪以来最时尚的议题。在此背景下，推动公务员终身学习不仅是全民终身学习的重要组成，也理所当然地成为建设马克思主义学习型政党、推动建设学习大国的题中之意。

然而，如何才能推动公务员终身学习呢？相比于公务员学习教育、培训体系、制度构建等外在显性问题，公务员学习心理、职业风险、健康、精神等内在隐性问题的被关注度还远远不够。因而，本书以地方公务员终身学习动机为分析维度，探究公务员终身学习的政策设计，旨在提高公务员学习动力，提升公务员学习效能，推动国家治理能力现代化，以更好地实现国家富强、民族振兴、人民幸福的中国梦。

本书的撰写秉承了循证科学的基本原理，其核心不仅在于"证据"，而且在于"最佳证据"。证据"最佳"所强调的"有作用、才算数"的"证据选择"不同于单纯的实证方案选择，因而在撰写过程中甄选了循证路径和循证内容，并依据选择的循证对象寻找相关证据，再将其应用于政策诊断与政策建议，从内在逻辑上超越了传统公共政策构建对政治权威、历史经验、利益集团博弈等外在因素的依赖。正是基于这样的考量，以科学循证方式解决地方公务员终身学习动机强化问题成为战略政策研究的一种现实选择。

本书共分7个章节。第1章为绪论，主要包括研究背景、研究问题、研究意义及研究思路等。第2章为文献综述与逻辑起点，通过对终身学习动机、终身学习政策等国内外相关文献的梳理和思考，探寻地方公务员终身学习动机研究的逻辑起点。第3章为循证对象选择，构建了学习情境分析框架对研究对象进行分类与筛选，揭示了不同学习情境的类型特征与学习策略。第4章为模型构建与工具设计，主要构建了公务员终身学习动机与影响因素分析的结构模型、路径模型，为研究假设和理论构建提供了基本依据；并编制了公务员终身学习动机调查问卷，设计抽样方法，准备数据处理工具。第5章为实证分析与比较研究，分别应用广州和南宁的调查数据对模型与假设进行了变量分析、量表分析以及模型检验，并对两地数据进行了比较研究，分析控制变量差异性和中介变量效应，回答研究问题并提出研究发现和理论论据。第6章为政策诊断与对策建议，通过数据比较诊断地方公务员终身学习主要问题与原因，提出促进公务员终身学习的政策建议。第7章为结论与展望，对研究工作进行系统梳理并提出了未来研究可突破的方向。

从全书的整体架构来看，笔者多次强调公务员终身学习对于国家学习战略的行动贡献，提倡公共政策研究的循证理念，倡导公务员终身学习动机类型化分析；并开发公务员终身学习动机研究相关量表，以弥补现有研究测量工具的不足；拓宽了学习动机理论内容与应用范围，提炼了学习动机理论的论据和因果模型，是一次将学习动机理论研究及公务员管理研究相结合的较有新意的探索。

对于从事国家学习战略、公务员教育培训、全民终身学习的管理者、研究者、实践者而言，大量的实证调查与数据分析为研究结论的科学性提供了可靠依据，所提出的政策建议也具有较高的参考价值和指导意义。而对于关注政策循证理论、公务员终身学习动机量表开发的研究者来说，参考循证原理应用的范例以及动机量表工具，不失为一种有益的借鉴。因此，本书可以作为公共管理专业或公共政策方向研究生参考书目，也可以作为成人教育科学和科研工作者的参考资料，还可以作为公务员管理机构、干部教育培训机构的学习资料。

本书为笔者博士阶段研究成果的总结和提炼，凝聚了师友们的关心和支持。在本书即将出版之际，首先衷心感谢四川大学公共管理学院罗中枢教授、姜晓萍教授、姚乐野教授、史云贵教授、王卓教授、罗哲教授等给予的研究指导；特别感谢龙国智教授、李广义教授、覃青必教授、邓雪琳教授、谭华云教授、肖军飞教授以及博士班同学给予的学术启发；感谢四川大学商学院、四川大学图书馆以及公务员管理部门为研究设计及查阅资料等提供便利；感谢中南大学出版社编辑们对本书付出的辛勤劳动。在本书撰写中，参考了近年来国内外专家学者在终身学习动机、公务员教育研究领域的优秀成果，在此一并表示真诚的谢意！最后要郑重感谢吕锡琛教授、周敬伟教授的谆谆教导！

本书是河池学院高层次人才科研项目"地方公务员终身学习动机强化的循证政策研究"（2019GCC013）的研究成果，获得河池学院学术专著出版基金资助。公务员终身学习政策构建既是建设性的，也是开拓性的。在写作中虽然力图严谨科学、精益求精，但由于可借鉴的公务员终身学习动机研究成果较少，加之笔者写作水平的局限，书中难免有纰漏之处，敬请广大读者和同仁批评指正，以便修改完善、不断提高。

目　录

第1章 绪论

终身学习是实现人类自身发展的重要途径，也是世界各国间战略竞争的潜在动力。中国共产党的第十八次代表大会提出，将"完善终身教育体系，建设学习型社会"作为实现全面建成小康社会重大战略任务，以"建设学习型、服务型、创新型的马克思主义执政党"作为全国提高党的建设科学化水平的核心目标①。习近平同志在党的第十九次代表大会进一步指出，"要增强学习本领，在全党营造善于学习、勇于实践的浓厚氛围，建设马克思主义学习型政党，推动建设学习大国"②。建设学习大国是治国与理政的统一，是战略与战术的结合，回应了国家治理体系与治理能力现代化的时代课题，回答了"如何通过学习支撑大国崛起和民族复兴"这一历史难题，其根本要义就是通过终身学习把马克思主义国家学说和政党建设思想上升为国家发展战略。正是基于这个前提，本书将推动公务员终身学习看成马克思主义学习型政党建设的一般问题，将公务员终身学习政策构建作为推动马克思主义学习型政党建设的重要措施。

---

① 胡锦涛. 坚定不移沿着中国特色社会主义道路前进 为全面建成小康社会而奋斗——在中国共产党第十八次全国代表大会上的报告［EB/OL］.（2012－11－17）. 新华网. http://news. xinhuanet. com/18cpcnc/2012－11/17/c_113711665. htm

② 习近平. 决胜全面建成小康社会 夺取新时代中国特色社会主义伟大胜利——在中国共产党第十九次全国代表大会上的报告［EB/OL］.（2017－10－27）. 共产党员网. http://www. 12371. cn/2017/10/27/ARTI1509103636574313. shtml

1.1 研究背景与研究问题

从世界政治、经济、社会、文化发展形势来看，思想意识形态斗争更加激烈、经济全球化趋势加快、科学技术发展迅猛、社会创新驱动力增强，当代中国政府治理、政党建设面临前所未有的机遇与挑战。在此背景下，加强和推动公务员终身学习是全民终身学习的重要组成部分，也是建设马克思主义学习型政党、社会主义学习大国的重要抓手。

1.1.1 研究背景

终身学习是中国共产党成就建党、建国大业的传统。早在延安时期，毛泽东同志就鼓励党员干部一定要学本领。1936 年毛泽东同志在《中国革命战争的战略问题》中指出，"重要的问题在于学习"。[①] 1941 年毛泽东同志发表《改造我们的学习》再次把学习问题摆在党的建设重要位置。[②] 1978 年邓小平同志在中央工作会议上号召全党必须再重新进行一次学习。[③] 江泽民同志在强调学习问题时指出："学习问题，关系到广大干部自身的进步，关系到国家、民族的兴衰和社会主义现代化事业的成败……全党同志要努力学习，各级领导干部更要带头努力学习。"[④]胡锦涛同志强调"要充分发挥建设学习型政党的积极推动作用，大力发扬我们党勤于学习、善于学习的优良传统。"[⑤]习近平同志在中央党校建校 80 周年庆祝大会上的讲话指出："中国共产党人依靠学习走到今天，也必然要依靠学习走向未来。我们的干部要上进，我们的党要上进，我们的国家要上进，我们的民族要上进，就必须大兴学习之风，坚持学习、学习、再学习，坚持实践、实践、再实践。"[⑥]

---

① 毛泽东. 毛泽东选集（第一卷）[M]. 北京：人民教育出版社，1991：206.
② 毛泽东. 毛泽东选集（第三卷）[M]. 北京：人民教育出版社，1991：14.
③ 人民网理论频道.《中国共产党干部教育世纪历程》连载之十七：邓小平号召全党要善于重新学习[EB/OL].（2013 - 08 - 06）. http://theory. people. com. cn/n/2013/0806/c366646 - 22459303 - 2. html
④ 江泽民. 论党的建设[M]. 北京：中央文献出版社，2001：143 - 145.
⑤ 胡锦涛. 以改革创新精神全面推进党校工作充分发挥党校在党和国家事业发展中的重要作用[N]. 人民日报，2008 - 10 - 28(2).
⑥ 习近平. 在中央党校建校 80 周年庆祝大会暨 2013 年春季学期开学典礼上的讲话[N]. 人民日报，2013 - 03 - 03(2).

基于历史经验总结，中国共产党第十九次代表大会在"坚定不移全面从严治党，不断提高党的执政能力和领导水平"①的基本方略中进一步明确提出马克思主义学习型政党建设的核心命题。其隐喻有三个政治使命：第一个使命是坚持马克思主义为根本前提，其思想精髓落实在中国共产党执政以来一以贯之的治国理政中；第二个使命是加强学习教育制度化建设，在党政干部教育培训的各项政策中已有体现，如《2010—2020 年干部教育培训改革纲要》②《公务员培训规定》③《"十三五"行政机关公务员培训纲要》④等；第三个使命是推动党政干部学习的自觉性与持久性。然而，如何将学习教育制度转化为党政干部自觉的、持久的学习意愿和学习动力呢？如何使马克思主义学习型政党更加具有可实现性呢？现实中没有明确的答案。

公务员是党政干部群体的重要构成，是掌握国家公共权力的最大职业群体，也是国家组织与个人之间沟通与协调的重要主体，关系到公共利益与公共服务的实现效果、实现方式，影响着社会公众的伦理期望与政府的公信力水平，践行着中国共产党的执政理想与政治信念。因此，推动公务员终身学习政策构建是建设马克思主义学习型政党、坚持马克思列宁主义政党体制的政治需要，也是回答如何完成第三个政治使命的理论探索。

1.1.2　研究问题

1. 选题依据

1）终身学习研究中缺乏关于"地方公务员"角色的深入研究。公务员作为社会成员中具有特定职业与身份的群体，其终身学习与一般成人的终身学习必然有相同之点，也有不同之处，与其他职业身份特征群体的终身学习也必然有区别。

---

① 习近平. 决胜全面建成小康社会 夺取新时代中国特色社会主义伟大胜利——在中国共产党第十九次全国代表大会上的报告[EB/OL]. (2017 - 10 - 27). 共产党员网. http://www. 12371. cn/2017/10/27/ARTI1509103656574313. shtml

② 中共中央办公厅. 2010—2020 年干部教育培训改革纲要[EB/OL]. (2010 - 08 - 17). http://www. gov. cn/jrzg/2010 - 08/17/content_1681885. htm

③ 中共中央组织部人力资源和社会保障部. 公务员培训规定[EB/OL]. (2020 - 01 - 08). http://www. scs. gov. cn/zcfg/202001/t20200108_16200. html

④ 国务院办公厅. "十三五"行政机关公务员培训纲要[EB/OL]. (2016 - 12 - 23). http://www. gov. cn/zhengce/content/2016 - 12/23/content_5152015. htm

尤其是公务员承担的是政府管理者角色，如果缺乏终身学习理念和行为意识，必然会导致行为的官僚化、表面化、形式化，损害政府自身的管理能力与管理效率，严重影响社会风气与公民期望。从对现有文献资料的发掘来看，虽然国内外学术界已有学者开始关注公务员终身学习，包括学习意向调查、学习培训效果研究、学习意义分析、学习方法与途径改进等，但针对地方公务员这一细分领域的研究还不够深入。

2）公务员学习行为研究中缺乏关于"内在动机与影响因素"的验证。国内外学习动机研究取得丰硕成果，在动机结构、动机内容、动机影响因素、动机模型设计等方面有相对成熟的理论体系，理论成果大多来自成人或学生的调查研究，其普适性结论在公务员终身学习行为研究的应用和推广方面还缺乏可靠的验证，进而无法回答学习动机与影响因素对公务员学习行为的影响程度，也无法回答哪些动机或者哪些影响因素对学习内容转化产生关键作用，而这正是研究的薄弱和关键之处。

3）公务员终身学习政策缺乏"证据"视角的支持。公务员终身学习政策构建对国家战略发展、治理能力建设以及政府执行力建设等具有长远影响，但学术界多从公务员学习与教育培训的必要性、重要性、现实性等方面进行规范分析，政策构建的"证据"并不充分。比如，不同管理环境下学习动机结构的具体内容一样吗？学习影响因素的具体内容与影响力大小一样吗？环境差异下的学习动机差异的根本问题是什么？因此还需要证据来说明"什么在学习行为强化中发挥了作用"。

4）公务员终身学习政策执行效率并不理想。中央政府对行政机关公务员培训非常重视，相关制度与文件比较丰富，地方政府也采取了配套性措施予以保障，但问题的核心在于国家机构自我学习效率并不理想。如俞可平教授分析认为，"巨大的经费预算、完备的培训体系和众多的专业培训机构并没有真正激发公务员对学习成果的内化、吸收。"[①]另外胡威等学者通过一系列调查研究发现，公务员学习行为面临多重阻力，成为提高公务员素质、打造学习型组织和建设创新型国家的掣肘。[②]

[①] 俞可平. 中共的干部教育与国家治理[J]. 中共浙江省委党校学报，2014(03)：5－11.
[②] 胡威，蓝志勇. 现代公共人力资源管理的新挑战——公务员提升"学习性向"的重要性[J]. 中国行政管理，2008(05)：43－46.

2. 问题的提出

基于以上分析,本书试图通过循证方式为强化公务员终身学习动机探寻有效政策,具体问题包括:

1)如何理解循证原理及证据的作用?如何应用证据路径设计情境分析框架?如何在情境分析框架下确定研究对象?

2)公务员终身学习内在动机有哪些?外在影响因素有哪些?公务员终身学习动机、影响因素与学习行为之间的内在关系如何?如何设计模型及假设关系?

3)如何确定公务员终身学习动机就是推动公务员终身学习的必要条件?影响因素如何制约地方公务员终身学习动机及学习行为?

4)不同地方公务员终身学习动机、影响因素间是否存在差异?如何从公共政策视角予以诊断?

1.2 研究内容与研究意义

1.2.1 研究内容

第1章是绪论,主要介绍研究背景,阐明研究问题和研究内容,指明了研究意义、研究思路以及研究创新。

第2章是文献综述和逻辑起点,简要回顾国内外公务员终身学习动机以及公务员终身学习政策研究相关文献,通过文献述评提出了研究的方向。公务员终身学习政策构建的逻辑起点是基于"证据主义"思想,明确循证路径以及循证内容。

第3章是循证对象选择,通过构建学习情境分析框架对研究对象进行分类与筛选,揭示不同学习情境的类型特征与学习策略,评价并确定研究对象。

第4章是模型构建与工具设计,构建公务员终身学习动机与影响因素分析的结构模型、路径模型,为研究假设和理论模型构建提供基本依据。编制公务员终身学习动机调查初始问卷,分析预试问卷并修改形成正式问卷,设计抽样方法,准备数据处理工具。

第5章是实证分析与比较研究。分别应用广州和南宁的调查数据对模型与假设进行检验,包括变量分析、量表分析、模型检验。通过对广州与南宁两地数据进行比较研究,分析控制变量差异性和中介变量效应,回答研究问题并提出基本理论。

第6章是政策诊断与对策建议。诊断地方公务员终身学习主要问题与政策原因，提出促进公务员终身学习的政策建议。

第7章是结论与展望，在对研究工作进行总结的基础上，对未来研究方向、研究领域提出了思考和展望。

1.2.2 研究意义

1. 理论价值

1)有助于拓宽终身学习研究的对象范围。从现有文献资料的发掘来看，终身学习主要以成人为主体，包括大学生、职业农民、党政干部等，针对地方公务员这一细分领域的终身学习研究还不够深入。然而，公务员作为普通公民和管理社会公共事务的代表性公民，其终身学习与一般成人的终身学习有相同之处，与其他职业人群体的终身学习又有区别。因此从地方公务员身份研究终身学习的一般性与特殊性问题，可以进一步丰富终身学习理论成果。

2)有助于验证学习理论的研究成果。本书构建了包含内在起因、外在诱因、调节内化三条分析路径的公务员终身学习动机概念模型，通过实证研究确认了认知学习理论学派主张的终身学习动机的内部心理结构，也从影响因素视角验证了刺激—反应学习理论所主张的外在诱因条件与作用机制的联结，验证了终身学习动机的中介效应，进一步检验了学习理论研究成果的有效性。

3)有助于丰富学习动机研究的理论成果。国内外学习动机研究成果丰硕，学习动机结构、影响因素、动机分析模型等方面有相对成熟的理论体系，但还是缺乏对公务员终身学习动机的研究应用与研究验证。本书构建公务员终身学习动机分析框架，通过探索性因子分析、验证性因子分析以及模型分析验证了公务员终身学习亚动机结构，极大地丰富了关于学习动机结构的理论成果。

4)有助于补充学习动机分析的经典模型。经典的学习动机分析模型是实证研究的高度提炼，本书运用技术接受与采纳整合理论分析了终身学习影响因素构成及其与公务员终身学习亚动机的关系，尤其是构建了公务员终身学习分析的整体结构模型，既参考了经典模型的理论要素，又创新性设计了新的分析路径，对学习动机分析经典模型予以了补充和完善。

2. 现实意义

1)有助于完善国民终身学习体系构建的政策方案框架。本书根据政策对象、政策目标设计公务员终身学习分类治理框架,将地方公务员终身学习分类为教育学习与自主学习,并对不同性质的学习进行政策分类设计和学习框架整合。其对国民终身学习体系构建具有实践指导意义,有利于学习体系建设、教育壁垒突破、学习积极性激发、支持体系建设、学习方案优化等,服务于大国崛起与民族复兴,为实现人的全面发展与自我完善提供更多的政策方案框架。

2)测量工具的开发具有一定的实践应用价值。本书运用公共管理学、教育心理学的学科知识,结合已有文献关于学习动机、组织行为研究的前沿成果,初步设计公务员终身学习动机结构维度与影响因素的变量,构建针对公务员职业特征的终身学习动机量表与影响因素量表,应用于不同地方的实证研究。因而测量工具的开发与应用具有开创性意义,不仅有助于政策研究从模糊经验型转向证据实证型,而且能进一步应用于更多地方公务员终身学习的实证研究,具有实践推广和重复应用的价值。

3)差异化情境的比较研究路径具有政策分析借鉴意义。不同地域或者不同情境下地方公务员的终身学习到底受哪些动机、因素影响,动机与影响因素之间是如何相互作用、如何影响公务员终身学习政策构建的,目前并不清晰。如果依据传统经验或者主观感知来制定政策,必然会在政策执行过程中遇到各种困难并"走样",导致公共政策执行效果的损失。比如现实生活中最常见的"上有政策、下有对策"现象就是对政策执行偏差的真实写照,但实际上政策执行之所以会"走样"也许在某种程度上与政策制定本身的科学性、有效性、可行性有很大关系。正如美国前国务卿希拉里在谈到外交政策时所说,"政策制定必须建立在事实和证据的基础上,而不是情绪化和偏见"。[①] 而本书正是基于循证原理对公务员终身学习进行情境比较和实证分析,其意义不仅在于可以提高政策建议的靶向性,而且对未来实践问题解决具有政策分析的借鉴意义。

1.3 研究思路与研究创新

1.3.1 研究思路

本研究遵循"研究问题—研究基础—研究设计—研究实施—研究结论—对策研究—后续研究"思路。具体思路是:基于研究背景提出研究问题,根据理论基

---

① 王哲. 循证决策:当代公共政策制定的新原则[D]. 广州:中山大学,2009.

础分析探寻逻辑起点；设计循证对象学习情境分析框架，再根据地方政府间不同的经济、社会、文化、政治等发展情况背景，找出有比较意义的研究对象；然后对公务员终身学习动机的结构维度、影响因素及其量化关系进行模型假设，编制检验测量工具；然后将问卷应用于地方公务员终身学习动机调查，通过分析不同行动情境下公务员终身学习动机的结构维度、影响因素的路径差异，验证学习动机相关模型假设；最后，通过细致化的差异分析探索地方公务员终身学习动机强化政策构建的有效路径。

全书的逻辑框架如图1.1所示。

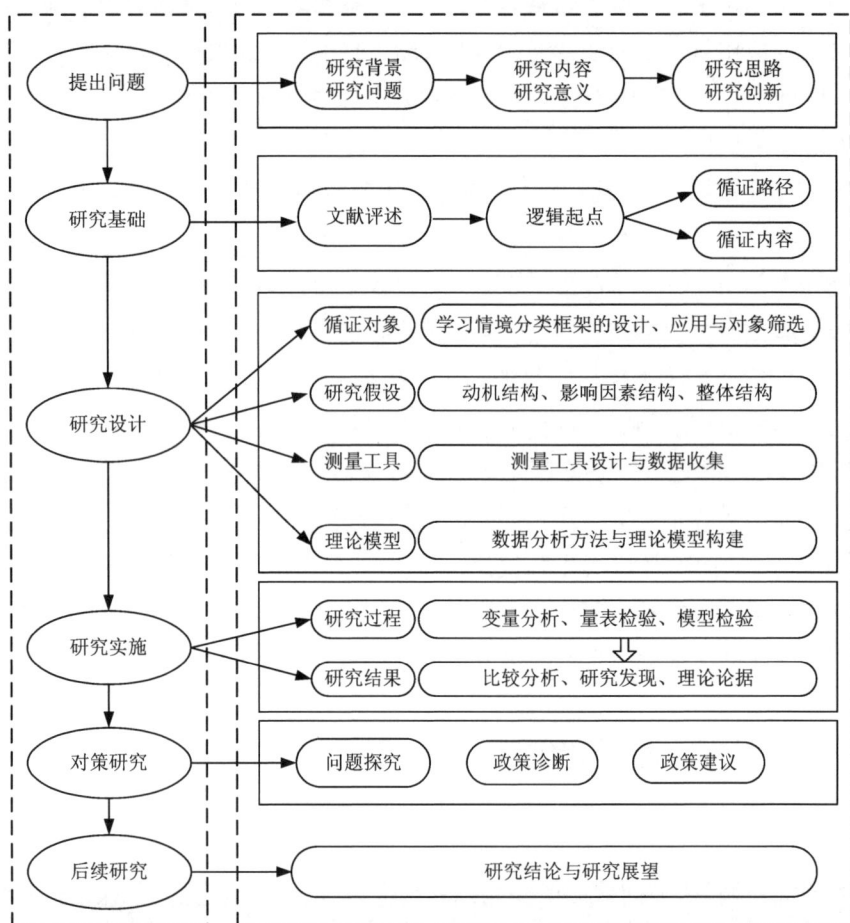

图1.1　研究框架图

资料来源：本书自编

1.3.2 研究创新

1. 学术思想创新

1）研究视野从公共组织管理问题提升到国家学习战略问题。近年来的学术研究强调公务员是公共组织的雇员，加强教育培训是保持和提高工作绩效的有效途径，关注公务员教育培训、在线学习、学习意愿等，本书强调了国家学习战略大背景下地方公务员终身学习政策构建的紧迫性、必要性、综合性、前瞻性等问题。

2）引入国际公共政策研究前沿思想。将公务员终身学习问题与循证原理相结合，通过不同学习环境下学习动机相关模型的关键路径差异比较，探寻地方公务员终身学习动机强化的政策路径，从而为政策细分提供依据，具有较高的实践指导价值。

2. 工具方法创新

1）量表的编制有助于弥补研究工具的不足。现有关于学习动机研究的相关测量问卷主要应用于学生或普通人群，尚缺乏公务员终身学习动机测量工具。本书开发公务员终身学习动机研究相关量表，可以弥补现有研究方法的不足，也可为其他研究者提供研究工具的参考。

2）量表的应用有助于提升实证研究的科学性。国内公务员学习研究以规范研究为主，集中在学习意义、学习方法、学习模式、学习内容、学习条件等方面，而对地方公务员学习动机的证据研究还并不多见。因此，应用经过预检与修正且符合信度与效度检验的公务员学习动机量表开展实证研究，有助于反映终身学习动力形成规律，尤其有助于新时代公务员内在动力形成与调动的规律及因果关系的研究。

第 2 章　文献综述与逻辑起点

▽

本章研究目的在于通过公务员终身学习动机、公务员终身学习政策等相关文献的综述与思考，探寻研究问题的逻辑起点。

2.1　文献综述

2.1.1　公务员终身学习动机

1. 国内相关研究

国内研究者较少从心理学视角研究公务员行为动机，现有研究主要关注公务员公共服务动机，少数研究者关注了腐败行为动机、择业动机、学习教育动机等。公务员学习动机以及学习意愿调查有一些代表性研究，如叶绪江、杨建国等学者的实证研究显示，公务员主动学习的占比不高，以被动学习为主。[①] 赵耀宏将领导学习动力不足概括为"不爱学""不真学""不深学""不愿学"等几种类型。[②] 文献研究显示，部分公务员把学习、教育与培训当成晋升职位、休闲度假、公关

---

① 叶绪江，杨建国. 转型期地方政府公务员培训问题论析及应对方略——基于江苏省的调研[J]. 南京农业大学学报(社会科学版)，2012(04)：138-144.
② 赵耀宏. 领导干部学习动力缺乏的原因分析[J]. 人民论坛，2008(13)：46.

交际的工具，学习动机问题确实存在。

尽管缺乏直接研究公务员终身学习动机的文献，还是有少量文献对推动公务员终身学习动机研究贡献较大，如饶伟国[①]等通过探索性分析，考察了 3 个城市的公务员样本以揭示中国公务员培训参与动机的构成；胡威[②]等以访谈、实地考察和问卷调研等方式分析了西部地区基层公务员的学习意愿以及影响学习意愿的具体因素，探索了学习积极性提升的有效路径；张增田[③]等学者基于理性行为理论和期望确认模型，探讨了以情感因素[④]为核心作用的公务员廉政教育参与意愿影响。

由此可见，公务员终身学习动机问题客观存在，既有研究的必要性，也有前期相关研究基础，但现有研究对公务员终身学习动机构成、影响因素、行为机制、驱动路径等并没有很好的回答，有必要展开深入讨论。

2. 国外相关研究

外文期刊文献中，较多学者从心理学角度探析各种职业、身份主体的终身学习意愿、学习动机。成人终身学习动机研究主题聚焦在三个方面：

1) 关注终身学习需求的差异性。如开展农业企业专业人员终身学习需求分析，建议通过信息通信技术搭建在线数字学习资源数据库以解决农业专业人员终身学习需求问题。[⑤]

2) 关注终身学习的行为绩效。较为典型的研究从职业成长角度探析终身学习带来的绩效变化或能力提升，如丹尼尔·多菲(Daniel Duffy)等学者认为需要对公众负责的职业尤其需要终身学习以提高实践绩效，并从医生职业成长角度评估终身学习效果，建议提供研究生和继续医学教育项目，通过学习动机的自我心理

---

① 饶伟国，肖鸣政. 公务员培训参与动机分析[J]. 管理世界，2007(10)：57 - 63.

② 胡威，蓝志勇，杨永平. 西部地区基层公务员学习意愿及其影响因素研究[J]. 公共管理学报，2013，10(04)：68 - 77.

③ 张增田，房静. 公务员廉政教育参与意愿实证研究：教育满意度的中介效应[J]. 广州大学学报(社会科学版)，2015，14(03)：5 - 13.

④ 胡威. 提升我国公务员学习积极性的思考——基于 M 市 284 名后备干部的调研[J]. 中国行政管理，2013(06)：87 - 91.

⑤ Tzikopoulos, A., Manouselis, N., Yialouris, C. P., Sideridis, A. B., Using educational metadata in a learning repository that supports lifelong learning needs of rural SMEs[C]. The 2007 EFITA Conference, Glaskow, UK, July 2 - 5, 2007.

调节促进医生职业发展。①

3）从信息技术变革推动终身学习。如帕姆菲列（Pamfilie）②等学者明确指出电子学习是可持续终身教育的一种有效解决方案。汉伯格（Hamburg）③等学者认为不仅大学需要好好地应用网络开展终身学习搭建未来学习框架，而且企业也需要终身学习以更好应对市场全球化、通信技术革命等给企业和员工带来的挑战，以满足客户变得更加复杂化、个性化的需求。齐科普洛斯（Tzikopoulos）等开展农业企业专业人员终身学习需求分析，建议通过信息通信技术搭建在线数字学习资源数据库以解决农业专业人员终身学习需求问题。④ 丹尼尔（Daniel Duffy）等认为，可以自我调节并需要对公众负责的职业尤其需要终身学习以提高实践绩效，如职业医生等。⑤

针对公务员学习意愿、学习动机展开探析的文献也较多，如廖（Liao）等学者对公务员在线学习意愿影响因素开展了实证研究，开发了基于 UTAUT 模型的公务员在线学习意图与行为接受影响因素结构化问卷，⑥钟（Chung）等学者基于 UTAUT 模型调查了公务员在线学习意愿的影响因素，认为行为态度、障碍因素和政策因素对学习意愿的影响更具有解释力，⑦黄（Huang）等学者分析公务员在线学习行为与意愿的影响因素，显示绩效期望、努力期望、社会影响和便利条件是提升学习意愿的核心要素，验证了 UTAUT 模型应用于公务员在线学习意愿与行

① Daniel Duffy, F., Holmboe, E. S., Self-assessment in Lifelong Learning and Improving Performance in Practice：Physician Know myself［J］. Jama the Journal of the American Medical Association, 2006, 296(9)：1137 - 1139.

② Pamfilie, R., Onete, B., Maiorescu, I., Pleşea, D., E - Learning as an Alternative Solution for Sustainable Lifelong Education［J］. Procedia - Social and Behavioral Sciences, 2012, 46：4026 - 4030.

③ Hamburg, I., Lindecke, C., Lifelong Learning, e - Learning and Business Development in Small and Medium Enterprises［A］. A new period of uptake：proceedings of the EDEN 2005 Annual Conference［C］. Budapest：Univ. of Technologyand Economics, 2005：79 - 84.

④ Tzikopoulos, A., Manouselis, N., Yialouris, C. P., Sideridis, A. B., Using educational metadata in a learning repository that supports lifelong learning needs of rural SMEs［C］. The 2007 EFITA Conference, Glaskow, UK, July 2 - 5, 2007.

⑤ Daniel Duffy, F., Holmboe, E. S., Self - assessment in Lifelong Learning and Improving Performance in Practice：Physician Know myself［J］. Jama the Journal of the American Medical Association, 2006, 296(9)：1137 - 1139.

⑥ Liao, H. L., Liu, S. H., Pi, S. M., Chou, Y. J., Factors Affecting Lifelong Learners' Intention to Continue Using E - Learning Website：An Empirical Study［J］. Lecture Notes in Computer Science, 2010, 6537：112 - 119.

⑦ Chung, H. Y., Lee, G. G., & Kuo, R. Z. Determinants of Public Servants' Intention to Adopt E - Government Learning［J］. Review of Public Personnel Administration, 2016. 36(4)：396 - 411.

为接受研究的有效性，①约旦学者奥莱瓦西登（Alrawashdeh）用 UTAUT 模型考察了公务员对网络培训体系的接受程度，② 可见，从心理学角度探究公务员终身学习已具备一定理论基础。

总的来说，国外研究者在公务员终身学习动机方面的研究已经有一定研究基础，尤其是基于 UTAUT 模型的公务员学习动机与学习意愿研究对本书具有较大启发性。

2.1.2　公务员终身学习政策

1.国内相关研究

公务员终身学习政策是指中国共产党、国家机关为促进公务员的终身学习意识、观念、行为而制定的各种形式的制度、规定、通知、条例、办法及其实践活动的总和，包括公务员培训、公务员继续教育、公务员自主学习等相关政策。

1）政策文本主要体现在三个方面：

①严格意义上仅仅针对全体职业公务员的学习教育与培训，纲领性文件包括国务院办公厅、人力资源和社会保障部、国家公务员局等部门发布的《公务员培训规定》③《2011—2015 年行政机关公务员培训纲要》④《"十三五"行政机关公务员培训纲要》⑤等。

②包括公务员在内的干部教育培训，其对象是全体干部，重点是县处级以上党政领导干部及优秀中青年干部，如中共中央办公厅印发的《干部教育培训工作

---

① Huang, H. M., Liao, Y. C. & Peng, M. C. The Affecting Factors of Public Servants' Intention and Behavior toward E – learning [A]. In Proceedings of the Eighth International Conference on Information and Management Sciences[C]. Kunming: *Series of Information and Management Sciences*, 2009: 394 - 398.

② Alrawashdeh T. A., Al – Mahadeen B. M., Extended UTAUT to examine the acceptance of web based training system by public sector's employees[J]. International Journal of Interactive Mobile Technologies, 2013, 7 (1): 4 - 9.

③ 中共中央组织部人力资源和社会保障部. 公务员培训规定[EB/OL]. (2020 – 01 – 08). http://www.scs.gov.cn/zcfg/202001/t20200108_16200.html

④ 人力资源社会保障部国家公务员局. 2011—2015 年行政机关公务员培训纲要[EB/OL]. http://www.gov.cn/zhengce/content/2017 – 03/22/content_5176993.htm

⑤ 国务院办公厅. "十三五"行政机关公务员培训纲要[EB/OL]. http://www.gov.cn/zhengce/content/2016 – 12/23/content_5152015.htm

条例》①《2010—2020 年干部教育培训改革纲要》②《2013—2017 年全国干部教育培训规划》③《中国共产党党委(党组)理论学习中心组学习规则》④等,尤其是2017 年中共中央办公厅印发《关于推进"两学一做"学习教育常态化制度化的意见》⑤,要求各级党委(党组)和基层党组织要按年度作出学习安排,党员领导干部要根据自身实际制定个人自学计划并完成规定的学习任务,从而把部分党员身份的公务员学习融入到党委(党组)理论学习中心组学习和党支部"三会一课"等基本学习制度中。

③公务员以成年人、专业技术人才、"社会人"角色等多重身份嵌入成人学习政策,如继续教育政策、成人自主学习政策、社区教育政策、远程教育政策等其他学习政策。

2)文献研究主要聚焦以下两个方面:

①公务员培训制度中存在的问题与解决对策。如李和中教授等通过对武汉市公务员素质的实证调查,提出加强公务员考录、公务员培训与退出机制建设的政策建议;⑥学者徐美珠指出了我国公务员培训制度的现实困境并提出完善公务员培训制度的系统化建议;孔春梅等认为加强公务员培训工作制度建设是提高政府公务员能力建设的有效途径,建议从激励机制建设入手提高公务员参加培训的主动性和积极性;⑦孙建丽基于上海市公务员培训实践提出了公务员培训制度完善的新方向。⑧

②国外公务员教育培训制度的经验与借鉴。如张昌玉介绍了日本公务员培训

---

① 中共中央办公厅. 干部教育培训工作条例[EB/OL]. (2015 – 10 – 18). http://www. xinhuanet. com/politics/2015 – 10/18/c_1116859154. htm

② 中共中央办公厅. 2010—2020 年干部教育培训改革纲要[EB/OL]. (2010 – 08 – 17). http://www. gov. cn/jrzg/2010 – 08/17/content_1681885. htm

③ 中共中央办公厅. 2013—2017 年全国干部教育培训规划[EB/OL]. (2013 – 09 – 28). http://www. gov. cn/jrzg/2013 – 09/28/content_2497241. htm

④ 中共中央办公厅. 中国共产党党委(党组)理论学习中心组学习规则[EB/OL]. (2017 – 03 – 31). http://cpc. people. com. cn/n1/2017/0331/c64387 – 29180853. html

⑤ 中共中央办公厅. 关于推进"两学一做"学习教育常态化制度化的意见[EB/OL]. (2017 – 03 – 28). http://www. xinhuanet. com/politics/2017 – 03/28/c_1120710952. htm

⑥ 李和中,裴铮. 武汉市公务员素质现状分析及政策建议[J]. 中国行政管理,2003(12):36 – 41.

⑦ 孔春梅. 基于职业发展视角的公务员培训激励机制研究[J]. 中国行政管理,2007(07):61 – 64.

⑧ 孙建丽. 公务员培训制度完善方向探析——基于上海市公务员培训实践的研究[J]. 行政论坛,2011,18(03):48 – 51.

制度改革的主要经验并思考了中国公务员培训制度建设路径；①杜保友等学者以美国、加拿大、英国、法国和新加坡五国为例介绍国外公务员培训质量评估制度以及评估实施经验，重点关注中国公务员培训质量评估及制度建设。②张相林等学者介绍了美国公务员在线培训发展动因、培训形式、培训内容，分析了保障机制与绩效考核机制的有效性。③

综上所述可见，虽然公务员终身学习政策文本丰富，但学术研究中仅仅关注了公务员培训制度以及域外经验。

2.国外相关研究

世界各国政府于 20 世纪 70 年代开始响应终身学习理念并采取专项行动方案：第一类是建立以终身学习为名的法规，如美国议会早在 1976 年就通过了《终身学习法》；日本在 1990 年制定了《终身学习振兴法》；西班牙在 2013 年颁布了《西班牙巴斯克地区终身学习法》等。第二类是基于终身学习构建国家资历框架体系，如法国 2002 年通过了《社会现代化法案》；马来西亚 2007 年颁布了《马来西亚资历当局法》。第三类是颁布专门的终身学习政策，如丹麦早在 2007 年就提出了《终身学习策略：提升所有人的教育和终身技能》、印度 2009 年出台了《国家技能开发倡议》等。总之，国外终身学习政策推展表现为制度配套、教育资源开放、立法促进等方面的相对成熟。④

公务员终身学习的政策研究主要来自以下两个方面：

1）职业教育发展与改革的政策研究。韩国在 2008 年开始实行公务员定期学习制度，由 15 个城市和省级公共服务培训机构组成了国家公务员网络教育发展中心，每年一定时间内对地方公务员进行教育和培训，研究者建议从公共教育和职业培训相结合的观点探讨公务员网络教育与终身学习发展规划。⑤ 再如，韩国

---

① 张昌玉.日本公务员培训制度的改革及对我国的启示[J].现代日本经济，2003(05)：39-43.

② 杜保友，孔祥利.国外公务员培训质量评估制度的经验借鉴与启示——以美国、加拿大、英国、法国和新加坡五国为例[J].湖北行政学院学报，2011(04)：37-40.

③ 张相林，杨琼.美国公务员在线培训体系评述及其启示[J].中国行政管理，2009(06)：113-116.

④ 王海东.欧洲国家和地区终身学习资格框架建设的新进展[J].全球教育展望，2016，45(10)：86-94.

⑤ Jeong，Kim Eui. The Recognition of Cyber Education and Development Plan of Chungcheongnam-do Civil Servants[J]. Journal of the Korea Institute Of Information and Communication Engineering，2017，21(11)：2184-2190.

研究者明确指出应建立地方公务员终身学习意义认知和终身学习技能辅导的制度，并通过对学习培训项目参与者的定性研究，开发了针对地方公务员终身学习的测量工具，用以测量公务员对终身学习意义的理解认知水平和终身学习的技能。① 还有，韩国学者用层次分析法（AHP）对地方公务员学习系统改革因素进行了重要性探讨和权重分析，研究发现工作时间、教育方案、学习范围、学习认知等方面的改革对地方公务员终身学习制度建设具有必要性。②

2）公务员素质与能力提升的政策建议。比如，侯赛因（Hussien）等学者介绍了一种基于埃及公务员无缝评估的移动学习系统，建议通过信息化手段提升公务员学习能力。③ 再如，强调公共组织学习的促进因素或公共组织的学习倾向对公务员学习的重要影响，并从组织学习与员工关系研究入手，分析并验证了人力资源管理、领导和组织结构等因素是组织学习的影响因子，建议加强公共组织学习、建立组织学习制度以提升公务员学习制度化。④ 再比如，罗西托（Rossitto）等学者对亚洲农村研究所提供的公务员岗前培训进行了效果评估，通过访谈了解该所培训的基层公务员在返回社区时如何转移技能、知识和价值观，以此案例探讨建立了一种新型的公务员培训与学习制度。⑤

2.1.3 文献评述

基于国内外研究的比较分析，可以得到以下结论：第一，国内外研究者都广泛关注并研究了公务员学习动机、学习意愿、学习需求问题；第二，国内研究重

---

① Kim, Juhu, A Study on the Lifelong Learning Meaning of Coaching and the Components of Coaching Skills-Focused on local public servants' coaching cases[J]. Journal of Local Government Studis, 2011, 23(4): 231 – 255.

② Ryoo, YoungAa. An Analysis of Improvement Activity on the Education and Training System of Public Servants: Focused on the Constant Learning System of Local Servants [J]. Korean Journal of Local Government & Administration Studies, 2013, 27(3): 327 –345.

③ Hussien, M., Paracha, S. A mobile learning system to help in educating government employees based on seamless evaluationamong Egyptian civil servants[C]. 2016 International Conference on Applied System Innovation (ICASI), Okinawa, Japan, 28 May –1 June, 2016: 4.

④ Azharuddin, H., Muhammad, S., et al. The relationship between human resource management practices, servant leadership, organizationalstructure, with organizational commitment: The mediating role of organizational learning capability[C]. 1st International Conference on Economics and Banking (ICEB), Indonesia, May 26 –27, 2015: 311 –317.

⑤ Rossitto, Sarajean. Servant Leadership Training: Changing Communities From The Grassroots[C]. 7th International Conference of Education, Research and Innovation (ICERI), Seville, Spain, Nov 17 – 19, 2014: 225 –234.

点关注公务员学习培训、学习体系、学习制度等外在显性问题,对公务员学习心理、生理、精神、健康等内在隐性问题鲜有研究但值得关注;第三,公务员学习动机有前期研究基础,尚缺乏公务员终身学习动机深层结构因素和强化路径的深入研究;第四,公务员终身学习政策是终身学习政策、职业教育政策的一部分,政策制定的证据条件需要补充。以上分析启示本研究在以下方面具有可行性:

1. 厘清公务员终身学习动机概念及内涵

党的十九大报告已明确指出,"我国社会主要矛盾已经转化为人民日益增长的美好生活需要和不平衡不充分的发展之间的矛盾"。[①] 当前公务员全面发展的学习需求与偏重教育培训的学习供应之间也存在矛盾,公务员职业身份以外的学习需求与学习意愿没有被足够重视,制度化与政策化研究较少。在学术界尚未对公务员终身学习动机概念进行清晰界定的实际情况下,在终身学习政策构建前期更需要帮助相关政策决策者意识到问题的实际内容及其重要性。因而,厘清公务员终身学习动机概念及内涵是探讨公务员终身学习问题的关键前提,有助于帮助识别问题、推动政策议程。

2. 明确公务员学习心理动机的分析路径

21 世纪以来从组织行为学和心理学研究公务员行为是国际学术主流趋势,借鉴心理学研究成果探讨公务员终身学习行为产生的深层次因素,能极大提高公务员终身学习政策制定的效率和效益。然而终身学习政策制定的困难在于价值判断,比如,公务员终身学习是"实践知识"还是"政治知识",或者是"科学知识"?是长期政策问题还是短期政策问题?是面向未来的战略政策发展问题还是解决眼前突发问题?公务员终身学习政策过程所处不同阶段、不同时期需要不同的证据路径支持,因而明确公务员学习心理动机的分析路径有助于确保证据"有作用"。

3. 探寻公务员终身学习政策的对象性依据

全民终身学习对学习大国、智慧大国建设的战略意义是显而易见的,从中央到各级地方政府以及社会各界都高度重视全民终身学习。从文献分析推断得到的

---

① 习近平. 决胜全面建成小康社会 夺取新时代中国特色社会主义伟大胜利——在中国共产党第十九次全国代表大会上的报告 [EB/OL]. (2017 - 10 - 27). 共产党员网. http://www. 12371. cn/2017/10/27/ARTI1509103656574313. shtml

观点是：公务员终身学习政策有一定的政治基础和现实条件，但尚未从根本上得到重视并建立，处于政策议程构建和政策形成的双重模糊阶段。由于政策形成阶段"需要确保对于具体的政策环境和不同的政策选项有尽可能详细和综合的理解"，①因此迫切需要对公务员终身学习问题展开实地研究，获取研究对象的可靠证据。

2.2　逻辑起点

政治权威、意识形态、历史经验、利益集团博弈等传统政策构建所依赖的主要条件对于解决目前的、棘手的、重大的公共问题是有效的、必要的，但证据条件的充分性对政策效果起决定作用。因此，在知识更新周期缩短与社会变革加速的大背景下，推动公务员终身学习是面向未来的前瞻性问题，为提高证据在政策构建中的作用，首先要明确循证路径与循证内容。

2.2.1　循证路径：从原理到应用的证据主义政策实践

1. 循证原理的思想内涵

循证原理（evidence – based idea）即基于证据的理念由来已久，但真正引起人们注意的是由于 20 世纪后期循证医学（evidence – based medicine，EBM）的兴起。② 牛津大学的循证医学中心教授戴维·萨克特（David Sackett）和卫生科学研究院教授缪尔·格雷（Muir Gray）在 1996 年对基于证据的医学实践模式予以澄清并指出："循证医学是有意识地、审慎而明确地利用现有最佳证据制定有关病人的个体诊治方案。"③这一权威解释表明，遵循循证实践的医生要从最佳研究证据、临床经验和病人意见等三个方面综合考虑诊疗方案，从而彻底改变了以往仅凭医生知识和经验的"经验医学"模式。

由于"循证医学的最终目的是要提高医疗卫生服务的质量和效率"④，在实践

---

① 马小亮，樊春良. 基于证据的政策：思想起源、发展和启示[J]. 科学学研究，2015，33(03)：353 – 362.

② 张正严，李侠. "基于证据"——科技政策制定的新趋势[J]. 科学管理研究，2013，01：9 – 12.

③ Sackett, D. L. , et al. Evidence based medicine：what it is and what it isn't[J] Clinical Orthopaedics & Related Research, 1996, 455：3 – 5.

④ 吕筠，李立明. 循证公共政策与公共卫生改革路径[J]. 人文杂志，2006，01：146 – 151.

应用中也取得了巨大成功，因此很快流行开来并向整个医疗服务领域渗透，形成了多个基于循证的医学学科，而且还不断向人文社会科学领域延伸，形成了循证教育学、循证决策学、循证经济学、循证心理学、循证管理学等数十个新兴学科领域，并最终促成了一种以"循证"为名的实践方式，其目的是针对实践中的具体问题实施科学决策，即循证决策。①

循证原理的核心内涵是"基于证据"的思想原则，其不同于理性主义基于完全理性假设的"科学计算"，也不赞成反理性主义把理性与极权、压迫联系起来而对传统理性主义采取强烈批判的态度，因而被学者视为调和理性主义和反理性主义矛盾的第三条道路；②其区别于理性主义和实证主义的核心观点就是尊重具体现实、尊重实践情境，因而将其应用于社会人文领域，比以理性主义、科学主义为基石的实证主义主导逻辑更具有科学性、合理性，且适应了社会实践与改革潮流的需要，一经出现就很快受到社会实践领域的普遍欢迎。

2.循证政策的应用实践

由于循证原理强调运用经过科学程序与实证方法检验的"最近证据"作为决策依据，比较适合应用于社会实践的集体行动领域，能对宏观领域的公共治理问题提出合理策略，因此很快得到公共政策研究的重视。在循证实践运动的影响下，长期困惑于无法获得有效证据支持的公共政策领域也受到启发，并逐渐发展形成了循证政策(evidence – based policy)。③

周志忍教授等认为循证决策理念可以追溯到英国的布莱尔政府。④英国政府在《政府现代化白皮书》(1999)、《21 世纪的专业政策制定》中明确指出，现代政府要将基于证据的思想作为指导政策制定的原则，并应用在政策制定的内部培训以及提高政策质量与政策效果评估等方面。⑤比如，2013 年英国内阁办公室设立了"什么能奏效"的网络平台(What Works Network，WWN)，旨在使用证据来辅助

---

① 杨文登.循证实践：一种新的实践形态？[J].自然辩证法研究，2010，26(04)：106 – 110.
② 郭巍青.政策制定的方法论：理性主义与反理性主义[J].中山大学学报，2003(2)．32 – 40.
③ 张云昊.循证政策的发展历程、内在逻辑及其建构路径[J].中国行政管理，2017(11)：73 – 78.
④ 周志忍，李乐.循证决策：国际实践、理论渊源与学术定位[J].中国行政管理，2013(12)：23 – 27.
⑤ 周志忍，李乐.循证决策：国际实践、理论渊源与学术定位[J].中国行政管理，2013(12)：23 – 27.

政府做出更好的决策，以改善和提高公共服务质量①。专业学术机构与交流平台也纷纷响应，如伦敦大学国王学院成立了证据与政策研究中心（Center for Evidence and Policy）；英国经济与社会研究委员会（ESRC）设立了证据网络中心（Center for Evidence Network）；中国人民大学成立了循证治理与公共绩效研究中心等。

英国、美国等国积极响应循证思想并应用于教育、医疗、社会保障等公共政策领域，澳大利亚也非常重视这种基于证据的政策制定方法。澳大利亚总理陆克文（Kevin Rudd）在 2008 年 4 月也宣称要像布莱尔政府一样建立循证政策与政府善治之间的紧密联系②。在 2009 年澳大利亚生产力委员会的圆桌会议上，围绕"强化澳大利亚联邦的循证政策研究"讨论了循证政策的原则与要求、推动方法、案例总结、失败经验、邻国经验等，以及循证原则在政府创新、政府管理、财政预算、公共卫生、人力资源、知识保护等领域的应用③。时至今日，澳大利亚政府和学界仍然对循证政策抱有较高的热情，2017 年 10 月在复旦大学举办的"两岸三地公共治理论坛"就是以两岸三地以及澳大利亚的循证政策研究展开讨论，以促进循证科学的发展。

由此可见，循证原理向公共政策研究的拓展和应用受到了西方发达国家政府治理理念变革的背景环境因素与政府公信力、政策质量提升的社会需求因素的双重推动，也受到循证实践活动成效的鼓舞和"基于证据的政策有更好产出"理论假设的支持，从而使政府与学术界相互启迪并形成循证政策。因而基于循证的政策研究也必将会成为地方政府政策构建的方法之一。

3. 公务员终身学习政策的循证路径

1）"问题流"路径：整合证据与探索证据的结合

社会科学领域所要求的证据是多样化的。英国政府内阁办公室曾于 1999 年对在公共政策中所采用的证据进行了描述，即证据可包含"专家知识、现有国内外研究、现有统计数据与资料、利益相关者的咨询意见、以前政策的评价、各种

---

① 马亮. 行为科学与循证治理：治国理政的创新之道[J]. 经济社会体制比较，2016（06）：9 – 13.

② Productivity Commission Government of Australia. Strengthening Evidence Based Poling in the Australia Federation[EB/OL].（2010 – 04 – 01）. http://ssrn. com/abstract：1599967.

③ Productivity Commission Government of Australia. Strengthening Evidence Based Poling in the Australia Federation[EB/OL].（2010 – 04 – 01）. http://ssrn. com/abstract：1599967.

网络资源、多种政策方案的成本估算、由经济学和统计学模型推算的结果等"。①
而美国学者桑克森(Shaxson)认为,循证政策过程中不仅要关注哪些证据能用,还
要关注如何应用的问题,因此需要证据研究者和政策制定者根据证据的性质做出
应用判断:在较短时间框架下通过整合现有证据和新兴证据比如研究报告、二手
数据等,可以寻到发现"问题"的有效证据,而在较长时间框架下,应该使用来自
基础研究的证据,以获得新知识来弥补证据的不足。② 由此可为寻找地方公务员
终身学习动机的"问题流"指出两条证据路径:

(1)整合现有研究证据。通过已有专家学者的研究报告来发现问题,即根据
研究报告的结果来完成"分类别分析局部情景",评估、判断找出存在问题的循证
对象。

(2)开展基础研究探索新的证据。其实质就是传承了循证政策分析中关于
"什么发挥了作用"的证据主义理念,通过对地方公务员终身学习动机的问卷调
查,了解学习动机的内在结构、影响因素,形成能够支撑政策制定的合理、科学、
有效的证据。布瑞尼(Briner)等学者也提议可以根据局部情境、外部研究证据的
系统评价以及政策实施对象或者被政策所影响的人的观点等多个方面进行不同的
证据应用。③

2)"政策流"路径分析:行动情境与行动者的"行动舞台"结合

埃莉诺·奥斯特罗姆(Elinor Ostrom)教授在《制度性的理性选择:对制度分
析和发展框架的评估》中谈到,"问题有可能存在于操作层面,也可能存在于集体
选择层面,还可能存在于宪法层面……因而分析问题的第一步就是要确认一个概
念单位,即一个包括行动情境和该情境下的行动者所构成的行动舞台,用来分
析、预测和解释制度安排下的行动者行为。"④

在奥斯特罗姆教授看来,"行动舞台"其实是指个体间交换商品和服务、解决
问题、相互支配或斗争的具有相互作用的社会网络空间,但大部分理论工作停留

---

①　张正严, 李侠. "基于证据"——科技政策制定的新趋势[J]. 科学管理研究, 2013, (1): 9 – 12.

②　Louise Shaxson. Michael Harrison. Molly Morgan. Developing an evidence – based approach to environmental policy making: insights from Defra's evidence and innovation strategy [DB/OL]. http://www. sussex. ac. uk/spru.

③　Briner, R. B. et al. Evidence – Based Management: Concept Cleanup Time? [J]. Academy of Management Perspectives, 2009(4): 19 – 32.

④　保罗·A·萨巴蒂尔(Paul A. Sabatier). 政策过程理论[M]. 彭宗超, 钟开斌, 等译. 北京: 生活·读书·新知三联书店, 2004: 54 – 55.

在把描述情境和行动者动机以及认知结构变量当作定值，所做的分析仅仅是对个体在定值前提下的可能行为进行预测，因此其建议制度分析要突破这种当作"定值"的习惯，采取新的步骤弥补现有不足，要从行动舞台包含的初始结构出发，深入挖掘和探究影响行动舞台结构的具体因素。[①]

"行动舞台"概念指出了结合情境和情境中人的动机与认知来制定政策的研究思路。据此地方公务员终身学习动机的循证政策可以考虑两条路径：

(1)行动情境路径。描述行动情境的社会变量通常可以是参与者职位与群体信息、参与者行为关联与行为产出以及潜在产出、情境结构与空间信息、成本收益等，描述自然资源的操作性行为变量可以概念化为供给、生产、拨款、分配等。[②] 因此衡量地方公务员学习行为发生和存在的情境可以应用社会空间状况评价的相关指标。

(2)行动者路径。未来得出对于某一情境中每个行动者的可能行为推论，奥斯特罗姆教授认为所有对微观行为的分析都使用有关一些情境中行动者的明确或不明确的理论或者模型，并做出有关行动者评估的方法、内容、资源、信息、能力、动机、机制等问题的假设。[③] 因此可以对地方公务员的微观学习行为进行结构构成与影响因素测量的模型假设，以为政策制定提供依据。

3)循证路径设计

"问题流"路径指出了整合现有研究证据和探索新证据的两条问题探索路径，"政策流"路径指出了将行动情境与行动者相结合的"舞台整体观"解决路径。因此，可以将二者结合起来设计本研究的循证路径：

(1)整合现有研究证据，对公务员学习行动情境展开分析，判断地方公务员学习情境差异以及筛选循证对象(第3章将依此展开)。

(2)通过"理论-框架-模型-假设验证"方式，对学习情境有差异的地方公务员开展终身学习调查研究，为分析地方公务员终身学习问题探索新的证据(第4章、第5章将依此展开)。

(3)按照行动情境与行动者相结合的思路进行公务员终身学习"问题源"的比

---

① 保罗·A·萨巴蒂尔(Paul A. Sabatier). 政策过程理论[M]. 彭宗超，钟开斌，等译. 北京：生活·读书·新知三联书店，2004：57.

② 保罗·A·萨巴蒂尔(Paul A. Sabatier). 政策过程理论[M]. 彭宗超，钟开斌，等译. 北京：生活·读书·新知三联书店，2004：58.

③ 保罗·A·萨巴蒂尔(Paul A. Sabatier). 政策过程理论[M]. 彭宗超，钟开斌，等译. 北京：生活·读书·新知三联书店，2004：59.

较分析与政策性诊断(第6章将依此展开)。

2.2.2　循证内容：基于终身学习动机的概念模型架构

20世纪以来的教育学家和心理学家们对学习动机的重要性已经达成共识，但产生动机的诱因等研究解释并没有达成一致，反而在争论中形成了行为主义取向动机理论、认知取向动机理论、社会认知取向动机理论等。正如美国学者申克(Schunk)指出，"学习动机研究中检验某一特定的关系或假设的理论和模式不断增加，以致至今仍无统一模型能涵盖有关动机的全面内容"[①]。因此有必要构建公务员终身学习动机概念模型以进一步明确循证内容。

1.概念模型的构建

综合前人研究成果，本书将公务员终身学习动机定义为："激发公务员长期保持有意识、有计划的终身学习以激发个体潜能实现的内部心理动力"。为进一步理解公务员终身学习动机的概念内涵，本书设计了公务员终身学习动机的概念模型作为指导终身学习动机理论模型设计的逻辑起点。基本思路受到国内学者张爱卿以及美国研究者哈特(Harter)、阿马比尔(Amabile)[②]等人关于动机概念分析的影响，从动机的内在起因、外在诱因、调节内化等三条研究路径设计构建公务

[①]　Schunk，D.，Introduction to the Special Section on Motivation and Efficacy[J]．Journal of Educational Psychology，1990，82(82)：3－6．

[②]　注：Amabile编制了用于区分测量内生和外生动机的"工作动机量表"(Working Preference Inventory)。该量表有基于学生与成人的两个版本，差别不大。原作者与邱皓政在该量表下析出的内生动机有"挑战性"和"热衷性"等两个维度，外生动机有"外在性"和"补偿性"等两个维度，而研究者池丽萍等应用该量表析出的内生动机与原作者一致，但外生动机则有"依赖他人评价""选择简单任务""关注人际竞争"和"追求回报"等四个维度。本书仅采纳其思路，并未采纳其量表。相关文献包括：

ⅰAmabile，T. M. Motivational synergy：Toward new conceptualizations of intrinsic and extrinsic motivation in the workplace[J]．Human Resource Management Review，1993，3：185－201．

ⅱAmabile，T. M.，Hill，K. G.，Hennessey，B. A. & Tighe，E. M.，The Work Preference Inventory：Assessing intrinsic and extrinsic motivational orientations[J]．Journal of Personality and Social Psychology，1994，66：950－967．

ⅲLoo，R. Motivational orientations toward work：an evaluation of the Work Preference Inventory (student form)[J]．*Measurement and Evaluation in Counseling and Development*，2001，33(4)：222－233．

ⅳ邱皓政．工作动机的内生性与外生性：(中国)台湾与美国大学生动机内涵之计量研究[J]．应用心理研究，2000，7：221－251．

ⅴ池丽萍，辛自强．大学生学习动机的测量及其与自我效能感的关系[J]．心理发展与教育，2006，(02)：64－70．

员终身学习动机的概念模型，并作为循证政策内容分析的基本路径。如图2.1所示，公务员终身学习动机位于图的中心，个体的需求、认知、理想等构成终身学习动机的内在结构，外在影响因素对学习动机的强化起到正向或者负向刺激，而学习动机经过自我调适、自我决定等心理调节过程转化为一种是否接受并采取学习行动或行为的行为选择。模型中的箭头表示作用力的方向，虚线箭头表示有可能的影响，实线箭头表示设想有较大的影响，因而本书试图验证实线箭头作用力的真实存在，并尝试测量作用力的大小。

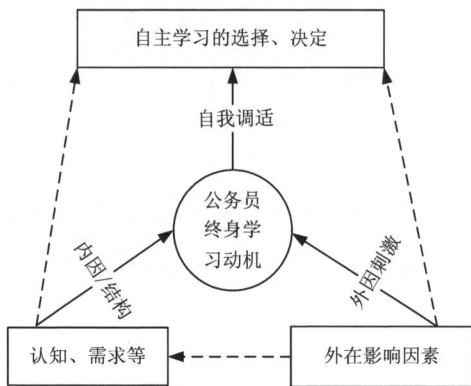

图2.1 公务员终身学习动机的概念模型图

资料来源：本书自编

2.概念模型研究范围界定

1)情景背景的界定

学者黄富顺认为，成人学习发生在两种情景下，一种是自然的社会情景下，这种情景下的学习是在不知不觉中进行的学习或模仿，另一种是在正式的教学环境下，有目的、有组织、有计划的学习活动，以达成学习目标。[①] 而本书所探讨的公务员终身学习活动的动机，是以第二种学习情景为范围，并不包括偶然的、附带的、无意的学习，但由于学习手段与方式的拓展，本书所指公务员终身学习也并不完全局限于正式教学环境下的学习，还包括非正式环境、非传统学习方式下的终身学习，如观察体验与交流实践的学习、网络平台的在线学习等。

2)动机与行为关系的界定

由于动机是一种引起个体行为活动并导向某一目标的内在驱动力，因而它是介于刺激与反应之间的中介变项。但现实中需要澄清的问题是，学习动机与学习行为之间存在非对称的复杂关系，主要为以下四个方面的关系：有学习动机不一

---

① 黄富顺.成人的学习动机——成人参与继续教育动机取向之探讨[M].台北：台湾复文图书出版社，1985：55.

定有学习行为；有些学习行为并没有明确的动机；学习动机可产生多种行为表现；学习行为可以受到多种动机驱使。本书所探讨的是一种与公务员终身学习行为有互动关系的终身学习动机，即内在驱动力产生的公务员终身学习动机经过外在诱因的刺激与自我调节系统的认知调适，最终将做出终身学习的行为。

3. 公务员终身学习动机的循证内容

1）公务员终身学习动机的结构类型

在最近 30 年里，社会认知和社会行为心理学家，如艾伯特·班杜拉、苏珊·哈特、黑兹尔·马库斯、杰基·埃克尔斯、马蒂·科温顿、伯尼·韦纳卡、罗尔·德韦克等人扩展并改进了早期动机理论，重点关注动机心理的内部构建。[①]由于公务员具有"复杂人"的人性特征，在自我价值追求、能力或胜任力需求、目标以及对成功的预期或失败的避免等方面有终身学习动机产生的内部结构，因而探讨公务员终身学习动机的结构构成是重要的循证内容。

2）公务员终身学习动机的影响因素

由于动机本身非常复杂，来自社会认知和社会行为学派的另一种观点则强调学习动机的外部影响因素，认为来自外部强化的影响性因素比内部信念产生的结构性因素对人的动机心理构建更为关键。[②] 事实上，公务员除了是从事公共管理的"职业人"，同时也是一般意义上的"社会人"，其终身学习的行为选择受到包括社会情感支持（如社会理解、社会尊重）、职业环境（如时间成本、经济压力、周围促进条件等）、组织制度安排（如学习政策支持、制度奖惩刺激）等因素的影响。因而探索公务员终身学习动机的影响因素也是概念模型的主要循证内容。

3）公务员终身学习动机行动化的自我调节

学习动机的产生有瞬时性、阶段性以及持久性等不同状态，而自我调整正是学习动机向学习行动转化的一种自我决定和自我选择。近 10 年来的动机理论开始关注更高水平的心理过程，如自我调整、自我效能、自我决定等，重视对自我思维过程的反思以及对怎样达到更高的自我觉醒和意识水平的思考，强调通过一种更高水平的自我控制以达致行动。心理学家瑞克·苏阿日兹认为，与思维的内

---

① 麦库姆斯，波普. 学习动机的激发策略：提高学生的学习兴趣［M］. 伍新春，等译. 北京：中国轻工业出版社，2002：15.

② 麦库姆斯，波普. 学习动机的激发策略：提高学生的学习兴趣［M］. 伍新春，等译. 北京：中国轻工业山版社，2002．16.

容(如信念、价值、预期和目标)相比，思维的功能对动机的激发具有更大的作用。[①] 如自我决定理论的学者认为，从动机刺激到动机内化所经历的外部调节、内摄调节、认同调节、整合调节以及接纳等过程，可以体现"复杂人"从思维到行动的过程。[②] 因而，公务员如何自我调节内心信念和外部刺激以接受和采纳并达致内化的终身学习行为也是终身学习动机的关键性循证内容。

---

① 麦库姆斯，波普. 学习动机的激发策略：提高学生的学习兴趣[M]. 伍新春，等译. 北京：中国轻工业出版社，2002：17.

② 麦库姆斯，波普. 学习动机的激发策略：提高学生的学习兴趣[M]. 伍新春，等译. 北京：中国轻工业出版社，2002：19.

第3章　循证对象选择

从组织行为学关于个体行为与结果的 MARS 模型来看，自愿保持终身学习的行为选择受到四个因素影响，包括个体动机（motivation）、能力（ability）、角色认知（role perceptions）以及情境因素（situation factors）等。[①] 而成人学习理论的研究成果也指出，学习活动的三个主要因素包括：人、刺激情境、行为反应。[②] 本章分析目的是基于学习行为情境设计分类框架，并应用该分类框架完成循证对象筛选。

3.1　地方公务员终身学习情境分类框架的设计

本节分析的目的是要从"实践—科学"路径出发，完成对地方公务员终身学习情景分析框架构建，为有效筛选出不同情境舞台做铺垫。首先对地方公务员的学习情境进行范围界定，然后设计了分析框架和分析步骤，再对专家学者研究报告的数据在该分析框架下进行学习情境问题的分类、评价与甄选，使基于证据的公务员学习情境问题得以呈现。本节逻辑框架如图 3.1 所示。

---

① 史蒂文 L·麦克沙恩，玛丽·安·冯·格里诺. 组织行为学［M］. 井润田，王冰洁，赵卫东，译. 北京：机械工业出版社，2010：29.

② 卢毅. 成人学习理论［M］. 北京：人民交通出版社，1999：3－4.

分析框架　　　　筛选程序

```
┌──┐   ┌─────────────┐   ┌─────────────┐   ┌──┐
│学│   │ ┌─────────┐ │   │ ┌─────────┐ │   │分│
│习│   │ │ 理论基础 │ │   │ │ 分类原则 │ │   │析│
│情│   │ └─────────┘ │   │ └─────────┘ │   │框│
│景│ → │ ┌─────────┐ │ → │ ┌─────────┐ │ → │架│
│的│   │ │ 基本元素 │ │   │ │ 类型评价 │ │   │的│
│范│   │ └─────────┘ │   │ └─────────┘ │   │具│
│围│   │ ┌─────────┐ │   │ ┌─────────┐ │   │体│
│界│   │ │ 框架设计 │ │   │ │ 修正框架 │ │   │应│
│定│   │ └─────────┘ │   │ └─────────┘ │   │用│
└──┘   └─────────────┘   └─────────────┘   └──┘
```

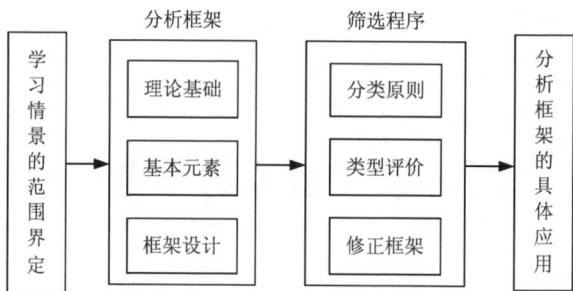

图 3.1　学习情境对象筛选的逻辑框架

资料来源：本书自编

3.1.1　学习情境比较范围

为确保证据搜寻的聚焦性以及政策预期效果的有效性，基于前述概念界定中已阐明的地方公务员循证对象范围，现从已有相关研究报告对 35 个大中型城市的学习情境进行比较研究。关于学习情境比较对象的选择需要做以下几点说明：

1. 不以省级行政区划为比较对象

中国地方公共行政区域比较问题倾向于以政府相关文件的东、中、西部区域划分或者人口地理意义上的黑河—腾冲线划分，抽样或选择一至多个省级行政区划作为调查对象，以试图推断或反映整体情况并提出政策建议。然而，中国疆域的辽阔与广袤使区域间经济、社会、地理、民族、宗教等具有丰富的生态样貌，不仅划分区域内部差异较大会产生代表性过于宽泛的问题，而且用聚类方法或抽样方法选择的省、自治区、直辖市之间甚至其内部都会产生比较可行性的困难，而且本书针对的地方公务员是中、低层公务员，故而不以省级行政区划为研究对象。

从循证政策研究的视角来看，只有具备充足的证据支撑才能为各个层级政府的政策制定提供参考依据，提出的公共政策才能有效推广、辐射到其所代表的各个特征区域，从而避免政策失效与研究浪费。反过来说就是以省级行政区划为比较对象即使具有推断统计的理论意义，其公共政策推广实践价值并不高。

2. 选择比较 35 个大中型城市的理由

由于国家统计局等权威机构发布的历年统计年鉴以及相关指标、数据比较等都习惯以 35 个大中型城市为调查对象,[①]保持了一定的稳定性、代表性、连续性,在循证对象的筛选中沿用这种研究传统不仅能增加数据获取的便利与数据信息的可信,而且更重要的是, 35 个大中型城市不仅是地级以上城市,更是国内重要城市,包括直辖市、计划单列市、省会城市、自治区首府等,其不仅具有较大的人口规模与经济体量,还比一般地级城市拥有更大行政权力,因而在公共政策制定方面更加具有灵活性和自主性,更容易接受和采纳有可靠证据支持的政策建议。

3.1.2　学习情境分析框架构建

1. 分析框架的内涵

1) 框架的含义

加拿大裔美国社会学家欧文·戈尔曼(Erving Goffman)在经典文献 *Framing Analysis* 中指出,"框架是传播者提供给受传者应当如何理解符号的诠释规范"[②]。因而对任何一个分析对象来说,依据本源的、真实的东西即某种"条"和"框架"来定义初始框架中的情景,就可以定义分析个人或组织事件的内容与原则,以及主观分析过程。"条"可以是活动的顺序、元素,"框架"是指用"条"搭建起来、人们或组织对事件的主观解释与思考结构。戈夫曼教授继承并超越了实用主义哲学家威廉·詹姆斯(William James)关于"在什么情形下我们认为事情是真实的"等问题的思考,尝试发现人们理解社会事件的若干框架体系,从回答"现在发生的是什么"来解答如何构建社会现实的问题。[③]

2) 框架的功能

框架及应用框架是公共政策分析的重要环节,有助于确认制度研究范围与研究基础。萨巴蒂尔教授认为,"框架可以限定研究范围并指导分析者把注意力放到社会或自然的主要特点上来,通过细化不同类型变量及其相互之间的一般关

---

① 注:国家数据统计中常用到"35 个大中城市"的统计概念,其包括 4 个直辖市、22 个省会城市、4 个自治区首府(西藏拉萨除外)、5 个计划单列市(大连、青岛、宁波、厦门、深圳)。
② 肖伟. 论欧文·戈夫曼的框架思想[J]. 国际新闻界. 2010, (12): 30 – 36.
③ 肖伟. 论欧文·戈夫曼的框架思想[J]. 国际新闻界. 2010, (12). 30　36.

系，为探索问题提供一个研究基础……但框架自身不能解释或者预测各种行为和结构"。① 奥斯特罗姆教授也认为框架对于制度与政策研究具有重要功能："框架的开发和运用，有助于确认制度与分析中需要考虑的要素以及他们之间的关系，有助于提高用以分析所有类型制度安排的最普遍的变量列表……框架能够提供一个用于理论比较的元术语范畴，有助于分析者探寻所要处理的问题"②。

2. 学习情境分析的基本框架

分析框架构建的最终意图在于框架设计者与认知者之间通过"条"或者"框"的资讯转换，达成共识的认知。从戈尔曼的框架概念的解读可以发现，分析框架构建的基本步骤是：首先是资讯转换，即寻找基本因素，为社会真实符号以一定的原则或者顺序转换为主观认知提供基础；第二是分析与框架设计，并通过框架设计来理解真实的社会事物；第三是沟通、交流与应用，即人们对分析框架的分享而实现认知、交流、判断、传播等目的。因而首先应探寻基本因素并设计分析框架。

1）基本因素

克里斯蒂·韦尔泽（Christian Welzel）、罗纳德·英格哈特（Ronald Inglehard）、汉斯－迪特尔·克林曼（Hans-Dieter Klingemann）等学者总结了人类发展与变迁的三条基本路径："最基本的一条是社会经济发展……人类发展的第二条路径是价值观变迁……第三个条路径涉及一个社会的政治制度"③，进而分析认为，"个人资源、解放取向的价值观、有效权利这三者代表人类发展的手段、动机和规则等要素……其中任何一个要素的进步都改善了一个社会的'人的状况'（conditio humana）"④。

研究者们对这三条路径的假设进行了实证检验，数据分析得到几个关键性结论：第一，人类发展变迁具有跨国家、跨地区和跨文化圈的特征；第二，个人资源

---

① 保罗·A·萨巴蒂尔（Paul A. Sabatier）. 政策过程理论［M］. 彭宗超，钟开斌，等译. 北京：生活·读书·新知三联书店，2004：314.

② 保罗·A·萨巴蒂尔（Paul A. Sabatier）. 政策过程理论［M］. 彭宗超，钟开斌，等译. 北京：生活·读书·新知三联书店，2004：53.

③ 克里斯蒂·韦尔泽（Christian Welzel），罗纳德·英格哈特（Ronald Inglehard），汉斯－迪特尔·克林曼（Hans－Dieter Klingemann）. 跨文化分析的人类发展理论［J］. 开放时代，2012，（01）：80－108.

④ 克里斯蒂·韦尔泽（Christian Welzel），罗纳德·英格哈特（Ronald Inglehard），汉斯－迪特尔·克林曼（Hans－Dieter Klingemann）. 跨文化分析的人类发展理论［J］. 开放时代，2012，（01）：80－108.

与解放取向的价值观和人类社会发展之间具有因果效应关系；第三，获得个体资源与解放取向的价值观的支持，民主才更加有效；第四，社会经济发展和解放取向的大众价值观导致有效民主水平的提高①。

这些关键性结论对循证情境筛选的基本因素选择有重要启发：

（1）"人类发展"概念具有全球的适用性，35 个大中型城市也必然具有人类发展基本特征，因而社会经济发展、文化价值变迁以及制度民主化可以作为各大中城市终身学习情境分析的重要因素。

（2）社会经济发展可以增加个人资源，可以体现为技术创新、健康和预期寿命的改善、收入增长等指标；而文化价值变迁关注于价值观从传统、集体取向转向现代、解放取向，引导人们在主观意愿上更倾向于人类选择，在中国当前环境下可以用受教育水平提高、增加获得信息渠道等指标来反映，这些人类发展概念下的关键变量可以合并用人类发展指数（HDI）②来衡量。

（3）基于社会经济发展与文化价值的政治支持制度，能够保证人们在私人活动和公共活动的实践中获得有效民主，尤其结合当前中国政府法治化建设的大背景来看，政治制度的衡量可以体现为政府法治化水平。

综上所述，学习情境问题的分析框架可以采用人类发展指数（HDI）和政府法治化水平作为基本要素。

2）基于分类思想的框架设计

证据应当包括各种意见、态度、数据、资料、经验、指标等，然而试图给出有效证据的理想也并不容易实现。支持多重证据观的学者认为，政策措施等对实施的背景环境非常敏感，单纯的证据并不能适应复杂的社会条件，常常出现"实施完全一样的措施，结果没有达到预期的效果"。为了应对这种情况，通常情况下有可能做到的就是分类别分析局部情景，领悟出"哪种措施、针对哪类人群、在哪种情况下会有效"。③

埃莉诺·奥斯特罗姆（Elinor Ostrom）教授也强调政策分析中分类方法的重要性，"分类是发展科学的必要步骤。任何试图定义一个有用的规则类型的人都必

①　克里斯蒂·韦尔泽（Christian Welzel），罗纳德·英格哈特（Ronald Inglehard），汉斯－迪特尔·克林曼（Hans－Dieter Klingemann）. 跨文化分析的人类发展理论[J]. 开放时代，2012，（01）：80－108.

②　联合国开发计划署（简称 UNDP）在《1990 年人文发展报告》中正式采纳以"预期寿命、教育水准和生活质量"三项基础变量组成的人类发展指数（Human Development Index，HDI）作为综合指标，用以衡量和反映世界各国在人类发展方面的综合状况，并每年发布《人类发展报告》。

③　张正严，李侠. "基于证据"——科技政策制定的新趋势[J]. 科学管理研究. 2013，31（1）. 9　12.

须注意到：分类是将表面的秩序强加于极大规模的、看起来完全不同的规则之上的一种方法，因而按照某种规则对行动要素的影响进行分类是必要的"。①

因而，基于以上关于分类的指导思想，以城市人类发展水平为 X 轴、政府法治化水平为 Y 轴，介于原点 O，可以建立一个循证情境分类评估的分析框架，再进行刻度划分得到关于人类发展水平与政府法治化水平的四种类型组合区域，即 A 类区域、B 类区域、C 类区域、D 类区域，如图 3.2 所示。应用该分析框架可以将 35 个大中城市依据坐标参数进行分类定位，下一步将介绍如何定位并评估。

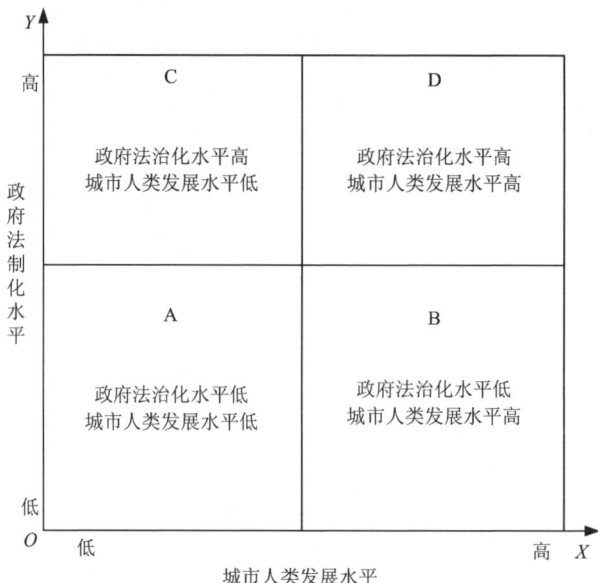

图 3.2 学习情境分类评估的分析框架

资料来源：本书自编

3.1.3 学习情境分类筛选的程序

1. 基本原则："两个半球"评估理念

人类发展指数是衡量一个城市社会经济发展与文化价值，法治政府水平是评估或体现城市政府的法治化水平或者能力，二者之间具有一定相关性，但并不具

---

① 保罗·A·萨巴蒂尔(Paul A. Sabatier). 政策过程理论[M]. 彭宗超，钟开斌，等译. 北京：生活·读书·新知三联书店，2004：70.

有平行性和对称性,判断和评价二者之间发展的协调性就是搜索行为情境问题的切入口。

任何一个城市的社会、经济、文化发展都离不开政府法治的支撑,而政府法治化水平的提高离开社会、经济、文化的发展就是空谈,所以两者之间是相辅相成的关系,循证对象情境分类筛选的标准就取决于两个半球之间的匹配性。根据以上思路,本书引入"两个半球"①的评估思路以判断城市发展与政府法治水平之间的匹配性。把城市的经济发展、文化变迁都归入上半球,称为城市半球;把政府的法治化、制度化、民主化等归入下半球,称为政府半球。这种"两个半球"的分析思路可以避免单一指标或者单一向度评价的片面性,充分反映"人类发展"概念特征对社会经济、文化价值、政治民主的综合性与协调性考量。在图 3.3 中,两个实线半球表示高度匹配的城市半球与政府半球,四个虚线半球表示城市半球与政府半球的错位状态。

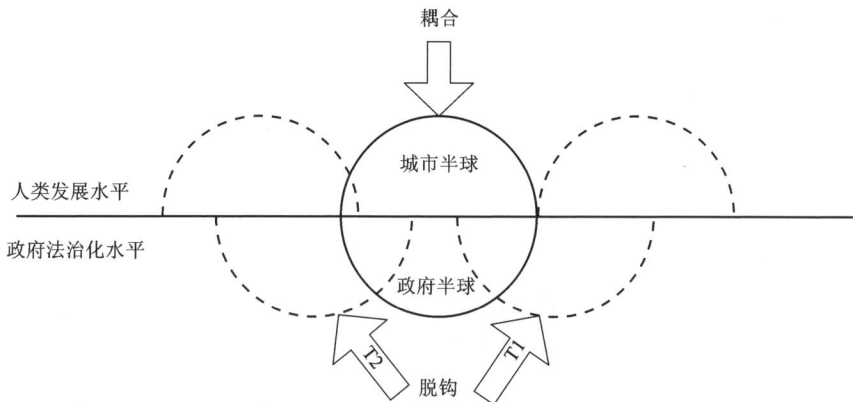

图 3.3　"两个半球"评估理念

资料来源:本书自编

从"两个半球"评估理念的模型图来看,城市半球与政府半球之间存在两种状况:一种是"耦合",即当城市半球的人类发展水平与政府半球的法治化水平具有较高的匹配性或耦合度时,城市的人类发展水平得到法治化政府的有效支持,同时城市的社会经济发展与文化价值变迁也支持政府的民主化与制度化建设,这是

---

① 该理念受到同济大学诸大建研究团队关于中国城市可持续发展评价思路的启发,在此深表感谢。

一种比较理想的城市治理与发展状态。另一种是"脱钩"①，即当城市半球的人类发展水平超前或者滞后于政府半球的法治化水平时，二者间的不匹配形成了一个"脱钩"状态。在图 3.3 中，"脱钩"状态有 T1 和 T2 两种情形，T1 情形是人类发展水平超前于政府半球的法治化水平，意味着人类发展水平难以获得足够的政府法治能力与制度能力的支持，导致人类发展水平的持续提高缺乏规则保障和可持续动力，需要加快法治政府建设以适应快速发展的城市人类发展水平；T2 情形是人类发展水平滞后于政府半球的法治化水平，不仅意味着政府法治化能力和水平推动城市人类发展水平的效果不明显或者有障碍，而且也说明政府在经济建设、文化建设、社会公共服务等方面推动城市人类发展水平的贡献能力有限，需要全面提高各级地方政府及其工作人员的能力。因此，"两个半球"间"脱钩"状态的客观存在、"脱钩"的方向、"脱钩"的程度可以生动地反映出政府能力的滞后领域、滞后程度以及加强政府能力建设的迫切性。

城市半球与政府半球的完全匹配是一种理想状态，现实中更多出现的往往是城市人类发展水平与政府法治水平的错位状态，而这也正是政策与制度制定中"行动舞台"所关注的"行动情境问题"。奥斯特罗姆教授也认为，政策分析中要考虑不同情境下的行动者动机与认知结构，才能从根源上找到问题的症结。因而探究行动情境问题是政策背景分析的开端。

2. 学习情境类型的直观评价

众所周知，任何评价结果总是取决于理论预设下的评价标准，不同理论预设必然导致不同的评价标准，进而得到不同的评价结果。因而对循证对象情境问题的类型评价也是如此，在"两个半球"评估理念的预设前提下，可以直观性地对循证对象的情境进行评价。通过衡量城市半球与政府半球之间的匹配程度，可以得到关于人类发展水平与政府法治化水平的 A、B、C、D 等四种城市学习类型评估，如表 3.1 所示。

---

① 第一个采用脱钩概念的国际组织是 OECD。其 2001 年在"21 世纪第一个十年环境战略"的政策文件中提出应该将经济增长与资源使用以及资源使用造成的影响脱钩。后来发展的"脱钩理论"又进一步提出资源脱钩、影响脱钩、相对脱钩、绝对脱钩等概念。尽管内容有一定出入，但都是正向使用这一概念，意指经济发展可以摆脱资源消耗、环境影响、生态投入等约束条件的制约而呈现出一种积极状态。但本书的人类发展水平与政府法治化水平具有同向性，"脱钩"被用来描述两个半球之间错位发展的状态，这种错位并不是理想的和有效的，因而与 OECD 使用的概念意义是相反的。

表 3.1　"两个半球"评估理念下的城市类型定位

区域	人类发展水平	政府法治水平	"两个半球"的状态	城市发展与法治政府匹配特征	学习情境类型定位
A	低	低	耦合	低水平的均衡	全员学习
B	高	低	脱钩	制度能力相对滞后	侧重学习
C	低	高	脱钩	发展能力相对滞后	全面学习
D	高	高	耦合	高水平的均衡	创新学习

资料来源：本书分析编制

　　A、B、C、D 四个区域的城市类型代表了城市人类发展水平与政府法治化水平的四种状态，体现了地方公务员终身学习的四种不同学习情境，因而不同学习情境下必然有不同的行动者表现和行动策略：A、D 两类城市代表着两种相对的"耦合"状态，但前者是低水平的均衡发展状态，需要加强城市社会与政府主体的全员学习，后者是高水平的均衡发展状态，需要通过创新性学习保持高水平发展；B、C 两类城市代表着两种相对的"脱钩"状态，前者是政府法治化水平落后于城市人类发展水平的脱钩状态，需要从法治化教育与学习方面侧重加强地方政府和地方公务员的制度能力建设，后者是城市人类发展水平滞后于地方政府法治化水平，需要全面加强政治、经济、文化等各方面学习，以全面提高人类发展水平。

3.学习情境分类的修正

　　由于"具有跨文化特征的'人类发展'概念比'标准的现代化'理论具有更宽广的综合性视野和更明确的焦点主题，因而，代表人类发展概念的经济发展、文化变迁、制度民主化等三个部分并不必然沿着某种或同一线性方向增长，有可能相互错位或者朝着进步乃至倒退的方向运动"[①]。可见，判断人类发展手段条件和政治权利保障之间是否具有"同步发展性"或者"指标匹配性"是有效评价的标准，因此可对循证对象情境分类评估的四分类进行修正：首先，为便于数据的比较分析，将城市人类发展水平与政府法治化水平处理为 0 ~ 1 之间的标准化数据，再从

---

　　① 克里斯蒂·韦尔泽(Christian Welzel)，罗纳德·英格哈特(Ronald Inglehard)，汉斯 - 迪特尔·克林曼(Hans-Dieter Klingemann). 跨文化分析的人类发展理论[J]. 开放时代，2012，(01)：80 - 108.

原点 O 引出一条45°射线 K，将平面正方形分成两个对角三角形，最后再将 K 线上下平移，交于 X 轴、Y 轴的中点，这样得到 A1、A2、B1、B2、C1、C2、D1、D2 等8个城市类型，如图3.4 所示。

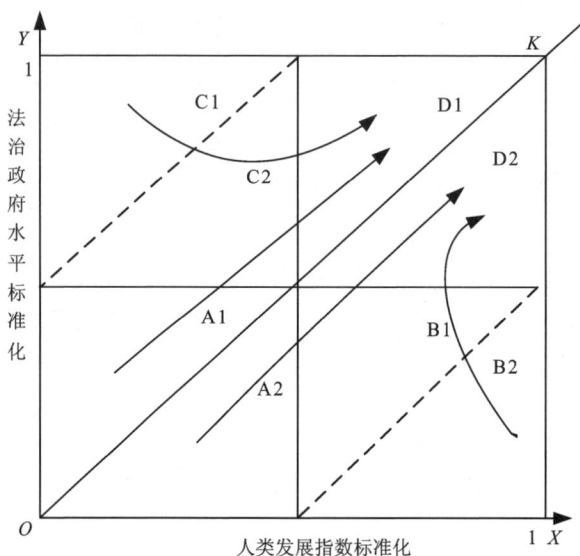

图3.4 循证对象情境分类评估的修正框架

资料来源：本书分析编制

从静态视角来看，只有在 K 线上才代表城市人类发展水平与政府法治化水平绝对耦合的理想状态，离开 K 线的位置都可以称之为脱钩，但没有任何一个城市的社会空间状态会停留在这种静止状态，因而这种评价也是没有意义的。但是以这种静态评价为标准至少可以说明，在 K 线周围的 A1、A2、B1、C2、D1、D2 等6种城市类型具有相对较好的耦合性，而 C1、B2 则属于极端脱钩的类型。

从动态发展的视角来看，如果城市人类发展水平与政府法治化水平的理想状态是高水平的相对耦合（沿 D1、D2 的 K 线方向前进），那么长期来看的学习情境发展轨迹大致有两种路径：一种是以"相对脱钩—相对耦合"的方式演进，如图3.4 中的弯箭头所示从 C1、C2 向 D1，B1、B2 向 D2 的演进；另一种则是以"相对耦合（低水平）—相对耦合（高水平）"的方式演进，如图3.4 中的直箭头所示从 A1、A2 向 D1、D2 的演进。

修正性评价为循证对象情境问题分析指出了 3 个问题：

1）静态视角给出了城市人类发展水平与政府法治化水平相互耦合的理想状态，区分了相对较好的耦合状态与极端脱钩的社会空间；

2）动态视角给出了城市人类发展水平与政府法治化水平向高水平匹配发展的改进方向和路径。这样的思路逻辑下，分析者可以通过循证对象情境分析，选择有类别代表性、问题典型性的城市作为行动情境，比较行动者在各种情景中学习行为动机的差异以及影响和干预因素；

3）按照排列组合的数学运算，在 8 种城市类型中选择 2 种进行比较，其组合方式有 28 种，而在 4 种城市类型中选择 2 种进行比较，其组合方式就只有 6 种，因此，在比较方案的广泛性、研究对象的细分性和政策建议的精准性方面，修正性评价比直观性评价更具有使用效率。

总之，将直观性评价和修正性评价标准应用于地方公务员终身学习动机循证研究的意义在于：通过建立直观性评价与修正性评价框架，可以清晰显示各个城市以及城市政府在行动情境比较中的发展水平与未来发展路径，还可以基于各城市在分析框架中的类型定位进行不同情境类型间行动者即地方公务员终身学习动机的横向比较，找到各个城市在强化地方公务员终身学习动机方面的关键变量与关键路径，再提出差异化激励政策建议，推动地方公务员在行动情境的客观约束下开展终身学习、有效学习。

3.2　地方公务员终身学习情境分类框架的应用

美国学者凯弗瑞拉（Rosemary S. Caffarella）和梅里安（Sharan B. Merriam）批评以往的理论没有考虑到成人背景差异以及所处环境复杂性，[①]因而本书开展的地方公务员终身学习动机研究首先评估研究对象的学习情境，从情境问题出发进一步确定"行动舞台"的行动者。

3.2.1　数据来源

前述分析中已经确认人类发展是终身学习的关键因素，并采用克里斯蒂·韦尔泽等讨论的人类发展与变迁路径设计了以"人类发展指数"为横坐标、以"法治

---

① Caffarella R, Merriam S. Linking the Individual Learner to the Context of Adult Learning[M]. San Francisco: Jossey-Bass, 2000: 55 - 70.

政府水平"为纵坐标的分析框架，以寻找循证对象的学习情境问题源。本书根据桑克森(Shaxson)等学者关于证据采纳与应用的建议，为在较短时间内快速找到"问题源"有效证据，对学习情境问题分析数据采用了现有研究报告作为证据。[①]

人类发展指数数据来源于 2015 年 10 月出版的《中国城市可持续发展绿皮书(2013—2014)》。[②] 该团队从 2011 年起连续多年发布年度评估报告，报告内容显示理论基础扎实可靠、研究方法成熟、数据资料翔实可信。本书中 35 个大中城市的人类发展指数直接采用 2015 年出版的研究报告计算得分与排名。[③]

法治政府水平评估数据来源于 2015 年 12 月出版的《中国法治政府评估报告(2015)》[④]。该报告[⑤]是中国政法大学法治政府研究院组织开展的全国范围内针对地方层面法治政府建设水平的整体评价，该院自 2013 年起已经连续多年发布地方法治政府评估工作报告。该评估报告历经多年的探索与修正，评估指标体系日趋完善，评估过程设计科学规范，评估结论相对真实可信，尤其是评估发现与问题诊断对于地方法治政府建设有积极意义，得到了学术界的高度认可和实践工作者的积极反响。

3.2.2　数据分析与评价

1. 数据分析

以上两份报告的研究对象皆包含有 35 个大中城市，而且能够反映循证对象的人类发展情境与法治政府情境。根据前文提出的两轴四象限分析框架，将 35

---

① 注：数据来源采用了同一年度的研究报告，主要用于说明终身学习情境分类框架的应用。

② 诸大建，何芳. 中国城市可持续发展绿皮书(2013—2014)[M]. 上海：同济大学出版社，2015.

③ 注：该报告出自同济大学经济与管理学院可持续发展评估研究组，研究团队对中国 35 个大中城市以及长三角 16 个城市展开实证研究，分别采用人均 GDP、人均预期寿命、人均受教育年限，以及人均土地资源消耗、人均能源消耗、人均生活垃圾、人均水资源消耗等 7 个基本指标，测算出了这些城市的"人类发展指数"和"生态投入指数"，并以该指数建立两轴四象限直角坐标图，将 35 个大中城市可持续发展水平评价分别纳入"低投入低产出""低投入高产出""高投入高产出""高投入低产出"四个区域。

④ 中国政法大学法治政府研究院. 中国法治政府评估报告(2015)[M]. 北京：法律出版社，2015.

⑤ 注：2015 年的评估指标体系采用客观评价和主观评价相结合、以客观评价为主的原则：反映客观评价的指标体系共包含 8 项一级指标、26 项二级指标、72 项三级指标(具体观测点)。一级指标共有 8 项，分别为"机构职能""依法行政的组织领导""政府制度建设""行政决策""行政执法""政府信息公开""监督与问责""社会矛盾化解与行政争议解决"，基本涵盖了法治政府建设的所有重点领域。反映主观评价的一级指标有 1 项，即"公众满意度调查"。评估对象为 100 个城市，包括四类：第一类是直辖市，共 4 个；第二类是省、自治区的人民政府所在地的市，共 27 个；第三类是国务院批准的较大的市，共 23 个；第四类是根据人口规模选择的其他城市，共 46 个。

个大中城市的人类发展指数与法治政府评估得分、排名以及经无量纲化处理的标准化得分整理如表 3.2。人类发展指数值介于 0 ~ 1，法治政府评估得分介于 0 ~ 1000，为便于开展修正性评价需要对数据进行无量纲化处理。[①]

表 3.2 中国 35 个大中城市的人类发展指数与法治政府评估得分

序号	城市名称	人类发展指数			法治政府评估		
		得分	排名	标准化得分	得分	排名	标准化得分
1	深圳	0.83	5	0.85	782.88	1	1.00
2	广州	0.85	1	1.00	772.58	2	0.96
3	北京	0.85	2	0.98	755.91	3	0.90
4	厦门	0.82	8	0.82	752.15	4	0.89
5	上海	0.84	3	0.94	752.05	5	0.89
6	杭州	0.82	9	0.80	749.28	6	0.88
7	长沙	0.82	12	0.77	737.68	7	0.83
8	成都	0.79	17	0.56	722.14	8	0.78
9	合肥	0.79	16	0.59	698.48	9	0.69
10	郑州	0.77	21	0.44	695.09	10	0.68
11	南宁	0.75	31	0.23	691.68	11	0.66
12	昆明	0.76	29	0.32	678.32	12	0.61
13	武汉	0.82	10	0.80	677.03	26	0.61
14	天津	0.83	6	0.85	676.74	13	0.61
15	南京	0.82	11	0.79	666.20	14	0.57
16	宁波	0.81	14	0.70	666.12	15	0.57

① 数据无量纲化处理主要解决数据的可比性问题。数据标准化的方法有很多种，常用的有"min-max 标准化""Z-score 标准化"和"按小数定标准化"等。本书采用了"min-max 标准化"方法，这种方法是对原始数据进行线性变换：设 $minA$ 和 $maxA$ 分别为属性 A 的最小值和最大值，将 A 的一个原始值 x 通过 min-max 标准化映射成在区间 $[0,1]$ 中的值 x'，其计算公式为：新数据 =（原数据 − 极小值）/（极大值 − 极小值）。

续表 3.2

序号	城市名称	人类发展指数			法治政府评估		
		得分	排名	标准化得分	得分	排名	标准化得分
17	重庆	0.72	34	0.07	660.46	16	0.55
18	石家庄	0.73	32	0.14	660.40	25	0.55
19	济南	0.79	18	0.53	655.22	17	0.53
20	贵阳	0.72	35	0.00	647.21	18	0.50
21	大连	0.83	4	0.86	643.50	19	0.49
22	南昌	0.78	20	0.48	627.03	20	0.42
23	哈尔滨	0.77	22	0.42	627.02	21	0.42
24	海口	0.77	25	0.40	610.71	22	0.36
25	青岛	0.81	13	0.74	609.89	23	0.36
26	沈阳	0.83	7	0.83	607.06	24	0.35
27	西安	0.77	27	0.38	576.12	27	0.24
28	乌鲁木齐	0.77	23	0.41	573.41	28	0.23
29	呼和浩特	0.77	24	0.40	573.26	29	0.23
30	兰州	0.77	26	0.40	551.71	30	0.15
31	福州	0.76	28	0.35	545.11	31	0.12
32	西宁	0.73	33	0.10	536.50	32	0.09
33	长春	0.78	19	0.50	533.69	33	0.08
34	银川	0.76	30	0.32	527.39	34	0.06
35	太原	0.80	15	0.61	511.87	35	0.00

资料来源：中国政法大学法治政府研究院. 中国法治政府评估报告(2015)［M］. 北京：法律出版社，2015：264；诸大建，何芳，霍佳震. 中国城市可持续发展绿皮书(2013—2014)［M］. 上海：同济大学出版社，2015：61.

　　按两维度指标排名的高低，以指标得分最高的城市为起点，分别顺时针绘制中国 35 个大中城市人类发展指数标准化得分与法治政府评估标准化得分的玫瑰图（图 3.5，图 3.6）。玫瑰图可以清晰反映各城市在指标得分上的差异程度，但还需要应用分析框架的直观性评价与修正性评价进一步讨论各城市二维指标的情境耦合情况。

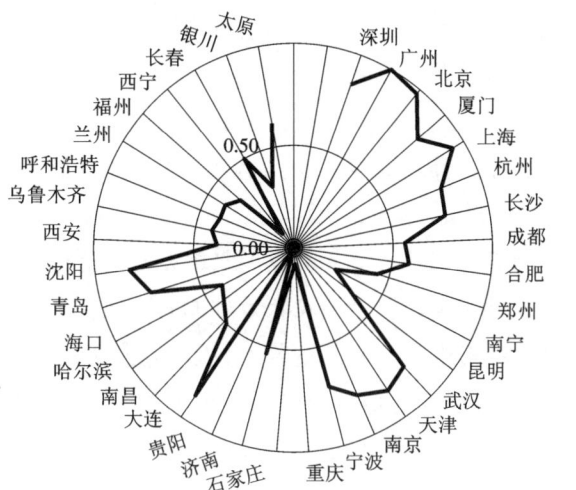

图 3.5　中国 35 个大中城市人类发展指数标准化得分玫瑰图

资料来源：本书分析编制

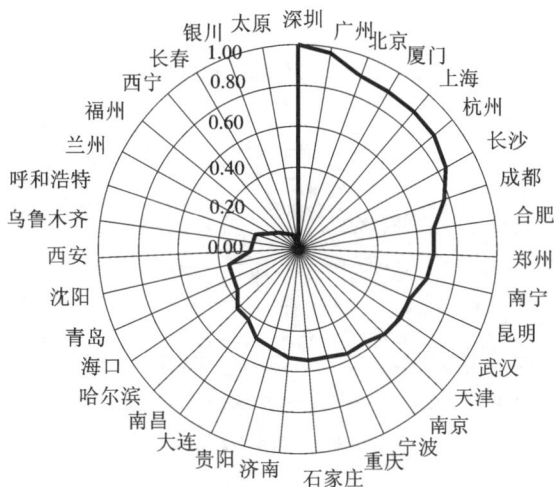

图 3.6　中国 35 个大中城市法治政府评估标准化得分玫瑰图

资料来源：本书分析编制

2. 直观性评价

为了更直观地看出 35 个大中城市人类发展情境与法治政府情境的匹配情况，应用现有研究证据构建情境问题分析框架图 3.7，并进一步整理成表 3.3。图表分析可见，A、B、C、D 四个象限区域都包含有不同情境类型的城市：

A 象限区域有 11 个城市，代表着低水平的耦合状态，需要全过程全员全面加强学习以推动城市人类发展与法治政府向高水平发展；

B 象限区域有 5 个城市，其人类发展水平较高但法治政府建设相对滞后，难以形成制度对人类发展成果的长期保护与有效巩固，尤其需要重点加强地方政府与公务员的法治能力与制度学习；

C 象限区域也有 5 个城市，其人类发展水平相对滞后但法治政府水平相对较高，难以形成人类发展水平对法治政府有效性的长期支撑，因而需要全面加强社会、经济、文化的学习与建设，推动人类社会发展与进步；

D 象限区域有 14 个城市，是目前中国城市人类发展与法治政府以较高水平耦合的大中城市，整体来看是终身学习发展情境较理想的区域，但还需要加强创新型学习。

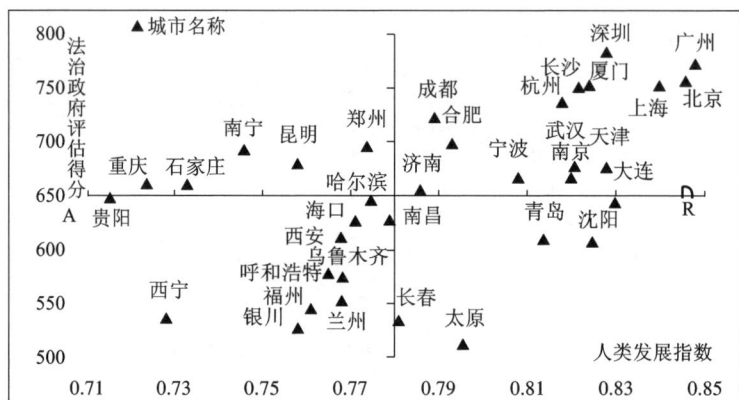

图 3.7　中国 35 个大中城市学习行为情境分类框架

资料来源：本书分析编制

表 3.3　"两个半球"评估理念下的 35 个大中城市学习情境类型定位

区域	"两个半球"的状态	城市发展与法治政府的匹配状态	城市数量及城市名称	学习情境类型定位
A	耦合	低水平均衡	11 个：哈尔滨、海口、南昌、西安、乌鲁木齐、呼和浩特、兰州、福州、银川、西宁、贵阳	全员学习
B	脱钩	制度能力相对滞后	5 个：大连、青岛、沈阳、长春、太原	侧重学习
C	脱钩	发展能力相对滞后	5 个：重庆、石家庄、南宁、昆明、郑州	全面学习
D	耦合	高水平均衡	14 个：深圳、广州、北京、上海、杭州、厦门、长沙、成都、天津、南京、武汉、济南、宁波、合肥	创新学习

资料来源：本书分析编制

3. 修正性评价

按照前述修正性评价方法引入三根对角线，将两轴四区域细分为两轴八区域，对中国 35 个大中型城市学习行为情境类型定位做进一步的细分，如图 3.8 所示，并进一步整理成表 3.4。图表分析可见，在 A1、A2、B1、B2、C1、C2、D1、D2 等 8 个城市学习行为情境类型中，C1、B2 两类是一种城市人类发展水平与法治政府水平极端脱钩的学习行为情境，其余六类是城市人类发展水平与法治政府水平相对耦合的学习行为情境。客观评价而言，中国 35 个大中城市学习行为情境评价结果主要呈现在 A2、B1、C2、D1、D2 等 5 个区域内，属于相对耦合的特征状态，但只有太原市比较例外，评价结果落于 B2 区域，是政府制度能力、法治能力严重滞后的情形。

本书认为，每年度发布的研究报告反映的是某一时间节点的具体情况，数据资料必然与特定报告年的重大事件密切相关，因此，2014 年至 2015 年间集中查处的山西系统性、塌方式腐败暴露了地方政府法治与制度规制方面的薄弱与欠缺，使得太原市在 2015 法治政府评估报告的得分与排名极端靠后，直接导致学习行为情境评价结果出现异常。而按照评价结果修正的思想，参考了 2013 年、2014 年以及 2016 年发布的《中国法治政府评估报告》，可以将其修正归置为 B1 区域。

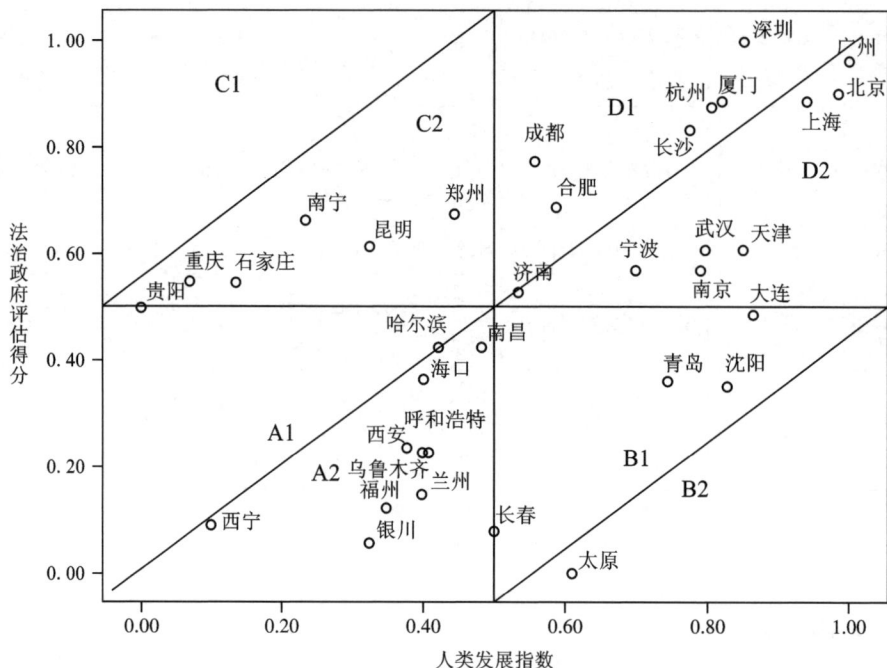

图 3.8　中国 35 个大中城市学习情境分类修正框架

资料来源：本书分析编制

表 3.4　中国 35 个大中城市学习情境类型定位

区域	"两个半球"状态	城市发展与法治政府的匹配状态	城市数量及城市名称	学习情境类型定位
A1	相对耦合	低水平的均衡	0	
A2	相对耦合	低水平的均衡（人类发展水平相对较好）	10 个：哈尔滨、海口、南昌、西安、乌鲁木齐、呼和浩特、兰州、福州、银川、西宁	全员学习
B1	相对耦合	法治能力相对滞后、人类发展水平较高	4 个：大连、青岛、沈阳、长春	侧重学习
B2	极端脱钩	法治能力严重滞后	1 个：太原（修正后归置于 B1）	
C1	极端脱钩	发展能力严重滞后	0	

续表 3.4

区域	"两个半球"状态	城市发展与法治政府的匹配状态	城市数量及城市名称	学习情境类型定位
C2	相对耦合	发展能力相对滞后、法治政府水平较高	6个：重庆、石家庄、南宁、昆明、郑州、贵阳	全面学习
D1	相对耦合	高水平的均衡（法治政府水平突出）	7个：深圳、杭州、厦门、长沙、成都、济南、合肥	创新学习
D2	相对耦合	高水平的均衡（人类发展水平突出）	7个：广州、北京、上海、天津、南京、武汉、宁波	创新学习

资料来源：研究者整理编制

　　因而可以确定地认为，中国35个大中城市学习行为情境都属于五个相对耦合的状态，但A2、B1、C2、D1、D2等五个区域类型又各有不同特征：

　　A2类型的城市人类发展水平与法治政府水平是低水平的耦合，而且人类发展水平相对好于法治政府水平，因此终身学习情境定位于整个社会的全员学习；

　　B1类型的5个城市，按照直观性评价就属于"两个半球"的脱钩特征，但按照修正性评价就属于"两个半球"的相对耦合，法治能力相对滞后而人类发展水平较高，其终身学习情境类型定位于法治侧重学习；

　　C2类型的6个城市，按照直观性评价也属于"两个半球"的脱钩特征，但按照修正性评价还是属于"两个半球"的相对耦合类型，其人类发展能力相对滞后而法治政府水平较高，因而终身学习情境类型定位于全面学习，意即要从各个方面加强学习和提高发展能力；

　　D1、D2类型是城市人类发展水平与法治政府水平的高水平耦合，终身学习情境类型定位于创新学习，但D1的法治政府水平突出，而D2在人类发展水平方面表现杰出。

　　综上所述，根据学习行为情境分类框架，通过衡量城市半球与政府半球之间的匹配程度，能够对中国35个大中城市进行学习情境类型分析，进行修正性评估后的区域类型包括A2、B1、C2、D1、D2等5种，学习情境类型定位分别为全员学习、侧重学习、全面学习、创新学习等。

3.3 地方公务员终身学习动机的循证对象筛选

3.3.1 学习情境比较的路径

按照排列组合的数学运算，在 A2、B1、C2、D1、D2 等 5 个学习情境类型中进行两两比较，其组合方式有 10 种：A2 – B1、A2 – C2、A2 – D1、A2 – D2、B1 – C2、B1 – D1、B1 – D2、C2 – D1、C2 – D2、D1 – D2，每种组合下都可以选取该类型下的典型城市代表进行横向比较，并寻找差异化的关键路径。而前文已述，从行动情境动态发展来看，学习情境发展轨迹大致有两种路径：

第一种是跳跃型发展路径，以"相对脱钩 – 相对耦合"的方式演进，如 C2 – D1、C2 – D2、B1 – D1、B1 – D2；

第二种是均衡型发展路径，以"相对耦合（低水平）– 相对耦合（高水平）"的方式演进，如 A2 –（B1）D1、A2 –（C2）D2。

3.3.2 循证对象的筛选

在使用分析框架进行实证研究中，历来的关键都在于分析特定类型问题合适的单位和层面。[①] 因而地方公务员终身学习动机研究中：首先要明确分析的特定类型，其次要选择特定类型中的代表性城市。其中尤其要明确，第一，选择有学习情境代表性的某个城市仅仅是研究中某种类型的一个代表单元而已，不代表其他类型；第二，选择调查某种情境类型中的行动者，只是在于试图理解某种学习情境下公务员学习动机产生、影响变化的关键路径，而并不认为其适用于其他所有情境或者整体情境下公务员学习动机的有效激励。所以，学习情境比较类型与城市代表的选取是行动者调查比较研究的前提。

本书在 10 种组合方式中，选择了 C2 型的南宁与 D2 型的广州作为比较研究的情境对象。基本理由是：

第一，工作量庞大，比较对象受限。受研究经费、时间等客观因素限制，暂不能完成全部 10 组的对比分析，只能在初步研究阶段选择一组开展研究，其余的

---

① 保罗·A·萨巴蒂尔. 政策过程理论[M]. 彭宗超，钟开斌，等译.北京：生活·读书·新知三联书店，2004：84.

可以留待后续研究。

第二，突显指标匹配度对比的显著性。从情境发展的两条路径比较来看，均衡型发展路径是从低水平匹配向高水平匹配的发展，其共同特征是人类发展指数与政府法治水平指标匹配度较好，学习情境协调水平较高；而跳跃型发展路径是从一种关键指标不匹配向相对匹配发展的演进路径，在对比研究中更具有显著性和可比性，而 C2 与 D1 正是其中一组。

第三，地理空间的邻近性。在跳跃型发展路径中，C2 – D1、C2 – D2、B1 – D1、B1 – D2 等任选一组都具有比较意义。其中 D1 与 D2 都属于高水平的相对耦合，以深圳和广州为最具有代表性，在 C2、B1 类别的所有城市中间，距离深圳和广州地理空间距离最近的城市是南宁，因而为相对减少地理人文等外部扰动项的影响，增加横向对比的可信度，采用地理空间相邻性与行政级别相近性原则，选择 D2 的广州与 C2 的南宁。广州是广东省的省府所在地，南宁是广西壮族自治区的区府所在地，两广地区具有地理、气候、文化等相似性，然而在终身学习情境分析框架中却是对比性较突出的一组。

第四，南宁市在 2015 年法治政府评估得分中排名 11 位，相对于其人类发展指数排名 31 位而言，体现出"发展能力相对滞后、法治政府水平较高"的典型特征，而且选择南宁和广州进行对比的前提是其具有较好的法治基础。

第五，研究者自身的便利性与熟悉度。研究者常年工作、生活在广西境内，对南宁有一定的熟悉和了解，对南宁公务员开展终身学习动机调查具有一定的便利性。

综上所述，本书应用学习情境分析框架对循证对象进行分类筛选，最后根据实践情况选择广州作为城市发展与法治政府高水平均衡的城市代表，学习情境定位为创新学习型城市；南宁作为城市发展能力相对滞后、法治政府水平较高的城市代表，学习情境定位为全面学习型城市。

第4章　模型构建和工具设计

本章研究目的在于对地方公务员终身学习动机调查展开研究设计，通过理论梳理与研究假设为初始量表设计提供基础，再通过试卷的预测与多次修订确立正式问卷，并介绍了抽样方法、调查方法以及数据分析方法和结构模型设计。

4.1　地方公务员终身学习动机调查的基本模型与研究假设

本书的关键问题是：地方公务员终身学习内在动机有哪些？外在影响因素有哪些？地方公务员终身学习动机、影响因素与学习行为之间的内在关系如何？萨巴蒂尔(Sabatier, P. A.)教授认为，"制度研究取决于三个必要的基础条件，包括框架、理论和模型……大部分的模型都会有多种理论并存，其运用逻辑、数学、博弈论、实验和仿真以及其他工具系统挖掘研究假定背后的意义所在。"[①]基于萨巴蒂尔教授的提点，本书主要应用框架、模型来分析学习动机构成、影响因素构成、影响因素与学习动机之间的关系等方面的内容。

---

① 保罗·A·萨巴蒂尔. 政策过程理论[M]. 彭宗超, 钟开斌, 等译. 北京: 生活·读书·新知三联书店, 2004: 52 - 54.

4.1.1　地方公务员终身学习动机结构分析与研究假设

学习动机研究虽是心理学领域的恒久主题，但学科的交叉性与交融性引领各家各派不断扩展学习动机研究的途径与视野。因而地方公务员终身学习动机研究，需要嵌入公共管理学科视角下公务员行为研究理论成果作为分析框架的基础，使结构模型设计更趋近于对现实世界的解释。

1. 理论基础

学者马克斯·韦伯(Max Weber)的官僚制理论提出以来，有很多学术流派对官僚行为领域进行了研究，如韦伯官僚理论(Weberian bureaucracy)、代表官僚理论(representative bureaucracy)、公共服务动机理论(public service motivation)以及公共选择理论(public choice)等。[①] 众多研究学派中，公共选择学派安东尼·唐斯(Anthony Downs)教授的官僚行为理论(the theory of bureaucratic behavior)对本书影响较大。

1)理论内容

美国著名政治学家安东尼·唐斯在《官僚制内幕》中揭示了官僚组织、官僚行为、官僚心理等理论内容，主要在以下两个方面对地方公务员终身学习动机分析有重要影响。

(1)官僚行为受不同动机因素驱动。为区别传统理念上对"官僚"[②]的偏见和误解，唐斯使用了更为中性的词语"官员"，并将官员的一般动机概括为纯个人利益的利己性动机和混合动机。[③]

利己性动机包括权力(指从官僚组织获得的内部或外部权力)、金钱(指来自官僚组织的收入)、声望(指通过官僚自身的追求获得的名誉和称号)、便利(指官僚总是希望减少个人努力和麻烦而给自己带来方便)、安全(指官僚希望自己获得

---

① 辛传海. 官僚行为研究模式——比较与发展[J]. 中国行政管理, 2005(8)：93-98.
② 在中国语境下，"官僚"一词往往带有贬义色彩。除了指官员、官吏以外，还指官僚主义、官僚作风。如《辞海》对"官僚"的解释是："指脱离实际、脱离群众、做官当老爷的领导作风。如不深入基层和群众，不了解实际情况，不关心群众疾苦，饱食终日，无所作为，遇事不负责任；独断专行，不按客观规律办事，主观主义地瞎指挥等。有命令主义、文牍主义、事务主义等表现形式。官僚主义是剥削阶级思想和旧社会衙门作风的反映。"
③ 安东尼·唐斯. 官僚制内幕[M]. 郭小聪等译. 北京：中国人民大学出版社, 2006：77.

的权力、金钱、声望和便利在未来失去的可能性比较低)①。

混合动机包括个人忠诚(指官僚对自己的工作群体、官僚组织或者国家的忠诚)、精通工作的自豪感(指为自身工作价值的实现)、为公共利益服务的愿望(指每一个官僚都相信官僚组织应该尽力履行社会职能)和对特定行动计划的承诺(指一些官僚想要执行某项特定的政策,而该政策本身就是促进他们行动的动力)。②

在混合动机构成的解释中,"个人忠诚"因素可根据行为目标决定其自利程度,"精通工作的自豪感"也因隐性自利因素可归纳为混合性动机,"为公共利益服务的愿望"一般而言是纯粹利他性的,但也有未知的自利成分,"对工作计划的承诺"则是模糊性的,可能利己也可能利他,或者两者兼有。这些动机共同决定了公务员在官僚组织中与职位相关的部分行为。③

(2)官僚行为目标包括多个类型。唐斯教授把个体官员的目标分为由浅入深、由表层到深层的几类:基本的个人目标,包括官员的私生活以及关系到他们在官僚组织中地位的个人理想;基本政治行为目标,包括基本的社会政策、政治政策和经济政策;社会行为目标,包括行动和决策都必须符合社会的基本价值原则;终极目标,包括个人信仰,生命的价值和意义。④ 总之,这些目标之间是基于理性计算的递进关系。

2)理论适用性

(1)概念对象具有相近性。在前述关于地方公务员的概念界定中已经阐明,不同国家语境中的公务员具有不同的概念范围。唐斯教授在官僚行为理论界定的"官僚"是全职为一个大型组织工作,获得主要收入来源,组织人事政策以其在组织中的履职为基础,自身产出难以通过市场评价机制进行评估。⑤ 可见,官僚行为理论所指"官僚"与公务员具有相通的概念内涵。⑥因此,该理论应用在本书中具有概念对象相近性的优势。

(2)研究内容具有相关性。学习行为也是官僚组织行为中的一种,是个别与一般的关系,因而可以参考官僚行为理论来分析公务员学习行为,具有一定相关

---

① 安东尼·唐斯. 官僚制内幕[M]. 郭小聪等译. 北京:中国人民大学出版社, 2006:77.
② 安东尼·唐斯. 官僚制内幕[M]. 郭小聪等译. 北京:中国人民大学出版社, 2006:77.
③ 安东尼·唐斯. 官僚制内幕[M]. 郭小聪等译. 北京:中国人民大学出版社, 2006:77.
④ 安东尼·唐斯. 官僚制内幕[M]. 郭小聪等译. 北京:中国人民大学出版社, 2006:77.
⑤ 汪大海. 西方公共管理名著导读[M]. 北京:中国人民大学出版社, 2011:82.
⑥ 郭庆旺, 等.公共经济学大辞典[M]. 北京:经济科学出版社, 1999.

性。但也正如唐斯教授本人在导论中所认为的，"理论假设和命题还缺乏系统化的经验性证明，理论仅仅能使用于官僚整体行为的重要方面。"① 汪大海教授也评价指出，该理论的适用范围可以被小心谨慎地扩散，用于分析现实官僚组织的多种情况。②

3）现实局限性

在正统行政学研究中，政府体系内的公务员被假定为"政治人"和"公共人"，而官僚行为理论突破了传统人性假设，应用公共选择理论学派的"经济人"假设剖析官员的心理动机和行为取向，对于解释部分官僚的逐利行为具有一定的合理性。

但现实中，公务员学习行为与公务员行政行为又具有一定差别，比如，公务员终身学习动机具有多层面性，如一般人性需求的学习动机与职业发展需求的学习动机、刚性需要产生的动机与柔性需要产生的动机、个体发展动机与社会环境影响动机、原始性动机与衍生性动机、简单的动机与复杂的动机、无意识的动机与有意识的动机、可政策调整的动机与不可政策调整的动机等。因而从官僚行为理论的应用层面将公务员终身学习动机简单划分为"纯个人动机"和"混合动机"仍存在测量的模糊和解释的不足等问题。

由此笔者认为，将官僚行为动机理论应用于公务员终身学习动机实践研究至少存在以下不足：

（1）"混合动机"的内涵解释不利于剖析和提取公务员的"无私"因素。公务员的"无私"是"公务人"的人性特征，是推动社会进步、提高政府效率、提升国家治理能力的重要因素，也是学习行为与学习活动的关键意义所在；而唐斯的官僚行为"混合动机"将"自利动机"之外的所有因素概括为混合性动机，包括了公与私的混合以及纯粹的利他动机，不利于清楚解释为什么中华人民共和国成立以来涌现出大批全心全意为人民服务的党员干部、为什么中国共产党领导下的优秀公务员能在生死考验面前舍己为人、奉献牺牲以及如何才能培养具有共产主义理想与信念的公务员。

（2）"学习人"的本能没有在官僚行为动机细分中得到体现。纯个人动机与混合动机无法解释为什么中国公务员队伍中能有那么多的优秀人才不断成长并成为

①　安东尼·唐斯. 官僚制内幕[M]. 郭小聪等译. 北京：中国人民大学出版社，2006：12.

②　汪大海. 西方公共管理名著导读[M]. 北京：中国人民大学出版社，2011：86.

卓越的领导人、科学家、教育家、政治家、书法家、艺术家等等？而为什么又有部分国家干部和公务员思想堕落、行为败坏，甚至违反党纪国法？这说明在公务员学习教育的道路上，有真正的不断学习与自我成长，也有表面化、形式化的学习。"学习人"的本能既是推动公务员终身学习活动关键，也是区别和衡量公务员教育培训与学习效果的重要砝码，因而官僚行为动机理论忽略"学习人"的成长力量，如不进行修改将无法用来很好地解释终身学习动机的深层次根源。

（3）公务员自身的"社会人"属性没有得到重视。社会认知观的学习理论、实证研究以及相关模型等已经证明了特定社会、政治、经济、教育、文化等外在环境对学习行为产生影响，强调认知与知觉的动机理论也从心理学角度分析了学习行为的社会属性；而唐斯的官僚行为混合动机中并没有具体细分出公务员融入社会、实现自我的高层次社会需求，因而将其应用在公务员终身学习动机研究中仍存在较大的理论不足。

基于上述三个问题，本书认为官僚行为理论中动机结构二分法应用于解释现实中的公务员行为动机还存在不足，在公务员终身学习动机研究中需要进一步修改补充。

2. 地方公务员终身学习动机结构的分析框架

众所周知，社会科学领域的多变量分析设计是复杂而困难的，因为"多变量研究的最大困难不在于列举出许多可能的影响因素或变量，而在于如何厘清变量之间的相互作用以及变量之间相互作用的机制"。[①] 目前公务员终身学习动机研究也存在多变量分析的困境。萨巴蒂尔指出，"如果把一个问题先分解成为可独立分析的部分，进而将这些部分再累加性地结合起来分析，可以使社会科学领域很多令人感兴趣的复杂问题被肢解，"[②]而分析框架正好可以用来解决学习动机间复杂关系问题。

1）关键要素选择的指导理论

前文所述的三个基本理论为关键要素的选择提供指导：

（1）马斯洛的需要层次理论[③]说明，公务员终身学习动机也具有层次性和多

---

① 左希迎，唐世平. 理解战略行为：一个初步的分析框架[J]. 中国社会科学. 2012（11）：178 – 202.

② 保罗·A·萨巴蒂尔. 政策过程理论[M]. 彭宗超，钟开斌，等译. 北京：生活·读书·新知三联书店，2004：263.

③ 苏东水. 管理心理学[M]. 上海：复旦大学出版社，2002：67 – 68.

样性，低层次的学习需要与生存、生活等相关，高层次的学习需要与自我实现、自我发展相关。

（2）德威克和莱格特教授提出的成就目标理论①说明，个体价值取向和社会价值取向的不同动机在公务员终身学习中客观存在。

（3）官僚行为理论②说明，人性具有多重性、动态性和复杂性，因而官僚行为目标也具有从表层到深层的递进，可以根据人性假设探讨公务员终身学习动机的不同类型。

2）分析框架的构建

首先，采用二维象限分析方法以"学习行为目标"为关键要素作 X 轴，以"个体需求"的关键要素作 Y 轴，交于原点 O，建立公务员终身学习动机的二维分析框架；再进行刻度划分得到二维轴的四个象限，如图 4.1 所示；最后，根据前述地方公务员行为特性分析以及公务员行为动机分析，将 A 类、B 类、C 类、D 类等四个象限分别命名为"经济人"动机、"公务人"动机、"社会人"动机、"学习人"动机，定义如下：

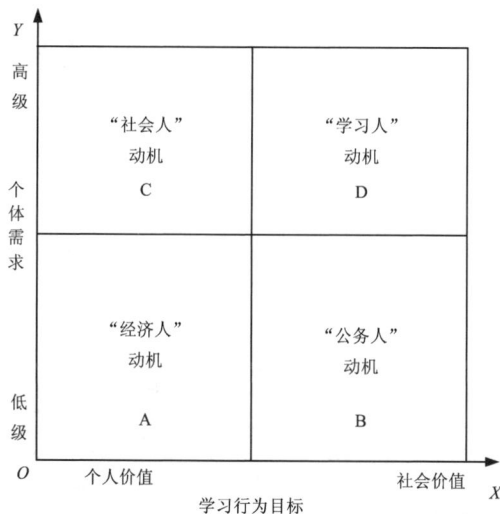

图 4.1　公务员终身学习动机的分析框架与结构类型

资料来源：本书自编

---

① 王振宏. 学习动机的认知理论与应用[M]. 北京：中国社会科学出版社，2009：20 - 21.

② 安东尼·唐斯. 官僚制内幕[M]. 郭小聪等译. 北京：中国人民大学出版社，2006：77.

（1）A 类动机表示学习行为产生于较低层次的个体需求，学习行为目标为实现个人价值，可以用"经济人"动机表示，即为获得经济上的提高与物质上的满足以体现个人能力与价值而学习。

（2）B 类动机表示学习行为也产生于较低层次的个体需求，但学习行为目标为实现社会价值，可以用"公务人"动机表示，即为更好履行公职、服务公众以最大程度回报社会、实现社会价值而学习。

（3）C 类动机表示学习行为产生于较高层次的个体需求，学习行为目标却是为实现个人价值，可以用"社会人"动机表示，即为了结交朋友、融入社会、获得社会认可与尊重并扮演恰当的社会角色而学习。

（4）D 类动机表示学习行为产生于较高层次的个体需求，学习行为目标为实现社会价值，可以用"学习人"动机表示，即为了实现学习的终极价值、促进人类发展、满足高层次的精神追求而学习。

3. 地方公务员终身学习动机结构模型与研究假设

学术界关于学习动机结构并没有统一标准，分类标准众多，无法穷尽所有，故而本书设计了公务员终身学习动机的分析框架，从而在该框架下提出以下研究假设，以及公务员终身学习动机结构模型，如图 4.2 所示。后续研究将采用结构

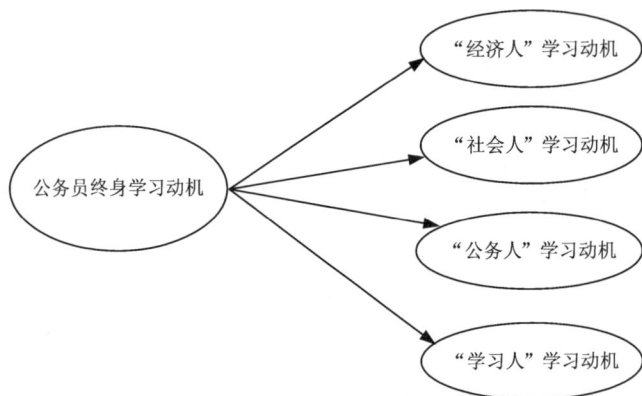

图 4.2 公务员终身学习动机结构的模型构建

资料来源：本书自编

方程模型方法进行实证检验。①

H1：地方公务员终身学习动机由"经济人"动机、"社会人"动机、"公务人"动机、"学习人"动机等共四个亚动机构成。

4.1.2　地方公务员终身学习整体分析与研究假设

21 世纪以来互联网技术和现代教育技术的结合，给人们的学习理念、学习方式等带来了颠覆性的影响；而终身学习作为一种引领现代教育发展乃至社会建设的重要指导思想，也正是得益于新技术革命与新技术支持，才使其有可能从最初的理念传播成为一种大众普遍接受的学习行为。对于当代公务员终身学习而言，探讨"哪些因素对公务员终身学习行为及动机具有影响力""哪些因素或学习动机促进公务员接受和采纳终身学习"等问题是十分关键的。鉴于此，采纳一种非常成熟并被多次实证研究普遍认可的经典模型来研究关键问题是学术界流行的思路。

1. 理论基础

由于技术接受与采纳的整合理论（unified theory of acceptance and use of technology，简称 UTAUT 模型②）在技术服务、理念采纳以及行为研究等方面具有优秀的实证表现，而终身学习又是一个"理念 + 技术 + 行为"的复合包裹体，应用 UTAUT 模型构建公务员终身学习行为影响因素模型、探寻公务员终身学习影响因素具有一定的解释力。

1）理论内容与模型介绍

文卡塔斯（Venkatesh）教授等人在整合关于信息技术接受、行为采纳与行为激励等多个模型的基础上提出 UTAUT 模型。③ 该模型提炼出绩效期望、努力期

---

①　注：结构方程模型理论相对于复回归方程具有一定优越性，尤其能较好解决多重共线问题，也就是交集重叠问题。

②　UTAUT 模型构建的理论基础包括：Davis 1989 年提出的技术接受模型（technology acceptance model, TAM）、fishbein & ajzen1980 年提出的理性行为理论（theory of reasoned action, TRA）、Ajzen 1985 年提出的计划行为理论（theory of planned behavior, TPB）、Vallerand & Bissonnette 1992 年提出的激励模型（motivation model, MM）、Rogers 1985 年提出的创新扩散理论（innovation diffusion theory, IDT）、Bandura 1986 年提出的社会认知理论（social cognitive theory, STC）和 Thompson, Higgins & Howell 1991 年提出的计算机利用理论（model of PC utilization, MPCU）等模型。

③　Venkatesh, V., et al. User Acceptance of Information Technology: Toward a Unified View [J]. *MIS Quarterly*, 2003, 27(3): 425 – 478.

望、社会影响和促成因素等 4 个关键性影响因素，以及性别、年龄、自愿性和经验等 4 个对关键因素具有显著影响的控制变量，如图 4.3 所示[①]。UTAUT 模型中绩效期望、努力期望和社会影响是影响行为意图的三个因素，而行为意向和促成因素是影响使用行为的两个直接因素。[②]

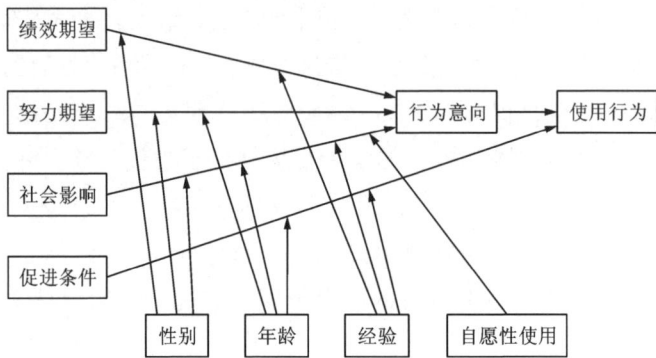

图 4.3　UTAUT 初始模型

注：该模型为 UTAUT 原始模型的中文翻译。

资料来源：Venkatesh, V., et al.

该模型的主要观点是：

(1)四个关键影响因素能够对行为产生作用。初始模型中的绩效期望是指个体相信通过使用特殊系统或技术能够提升其工作绩效，表现为对效率、价值、功效、成果等期望，一般认为绩效期望越高对行为的激励度越高；努力期望是指个体所要付出的努力和代价，如感知易用性、付出的多少等，一般认为付出的努力越少对行为的激励度越高；社会影响是指个体使用系统是否受到周围群体的影响，如政治环境、市场环境、社会环境等，包括主观感知因素以及社会客观因素，一般认为周围环境是行为采纳的间接刺激因素；促进因素是指个体能够感知和获得的技术、服务、资源等支持因素，其对行为控制一般都具有直接效果。[③]

①　王钱永，毛海波. 基于 UTAUT 模型的 MOOC 学习行为因素分析[J]. 电化教育研究，2016, (06)：43 - 48.

②　Venkatesh, V., Davis, F. D., A Theoretical Extension of the Technology Acceptance Model：Four Longitudinal Field Studies[J]. *Management Science*, 2000, 46(2)：186 - 204.

③　Venkatesh, V., et al. User Acceptance of Information Technology：Toward a Unified View[J]. *MIS Quarterly*, 2003, 27(3)：425 - 478.

（2）从性别、年龄、经验、自愿性使用等调节变量进行分组比较，可以对研究者制定差异化的政策或策略提供参考。

2）UTAUT 模型的应用现状

从现有国外文献来看，UTAUT 模型被学者们用来研究用户对移动终端、电子银行、智能医疗服务、智能管理系统、在线消费、图书馆移动信息服务、成人在线学习、电子病历、远程会议、媒体社交、乡村旅游等信息技术采纳的行为解释。由于行为变量的解释力比过去所知的任何模型都更有效，因此 UTAUT 模型自2003 年提出以来在信息技术接受领域得到了广泛应用。Khechine 等对 UTAUT 模型发展 11 年以来的 74 篇重要文献进行了分析，进一步证实了该经典模型在预测技术使用和行为接受方面仍具有可靠性。[①] 国内外研究者利用 UTAUT 模型在两个方面有新的突破：

（1）对模型应用领域进行了扩展。李勇等梳理了国外学者对 UTAUT 模型的应用领域拓展，如奥卡塔尼（Al - Gahtani）等学者将其应用于非西方文化差异的验证；范拉伊（Van Raaij）等学者应用其解释个体学生在接受虚拟学习的环境差异性问题；赛克斯（Sykes）等学者将研究从先前的个体行为采纳转向同伴支持下的群体行为采纳与形成，构建了集成个人层面与社交网络的 MAPS 模型。[②]

（2）对模型结构要素进行了调适。基于模型应用的有效性，有学者根据研究内容的差异对经典模型进行整合或改造，添加或者修改了变量（行为影响因素）。如伊姆（Im）等[③]学者的实证结果表明感知风险、技术类型和性别均为 UTAUT 模型显著的调节变量，建议增加模型的相关调节变量；学者西尼（Shin）[④]认为基于云计算的电子政务服务影响因素中，政务网络的可用性、可访问性以及使用安全性是影响用户使用的重要指标；学者奥尔特加 - 赫尔南德兹（Hernandez -

---

① Khechine, H., Lakhal, S., Ndjambou, P. A., Meta – analysis of the UTAUT model：Eleven years later [J]. *Canadian Journal of Administrative Sciences / Revue Canadienne des Sciences de l'Administration*, 2016, 33 (2)：138 – 152.

② 李勇，田晶晶. 基于 UTAUT 模型的政务微博接受度影响因素研究[J]. 电子政务，2015，(06)：39 – 48.

③ Im, I., Kim, Y., Han, H. J., The Effects of Perceived Risk and Technology Type on Users' Acceptance of Technologies[J]. *Information Management*, 2008(45)：1 – 9.

④ Shin, D. H., User Centric Cloud Service Model in Public Sectors：Policy Implications of Cloud Services [J]. *Government Information Quarterly*, 2013, 30(2)：194 – 203.

Ortega）①在讨论电子发票推广和应用的影响指标中特别指出感知安全性是重要因素。贝朗格和卡特（Belanger & Carter）等②学者分析认为感知信任是影响电子政务推广与应用的关键指标。毛羽等学者也认为，在智能养老服务的 UTAUT 模型构建中需要增加感知安全、感知信任两个因素。

3）在国内公共管理领域的应用

国内基于 UTAUT 模型的实证研究还处于起步阶段，大多数研究也都围绕信息技术应用以及电子化服务平台推广，从研究方向到研究数量都呈现出上升的趋势。在公共管理领域的代表性研究并不多，如徐峰等学者主要从政府主体和公务员个体的互动视角分析电子政务系统采纳过程中的影响因子，在公共行政领域具有一定开创性意义。③ 李勇等学者基于 UTAUT 模型多领域拓展的应用经验，将其应用于政务微博接受度影响因素研究④，开始从市场化平台转向公共平台的关注；梁洁珍等学者利用 UTAUT 模型研究公众使用广东省网上办事大厅的意向及影响因素，⑤将传统的研究用户初始采纳意向转向持续使用意向。另外尤其值得注意的是，台湾学者开发了基于 UTAUT 模型的结构化问卷，并对 600 多名台湾公务员的在线学习意图与行为接受的影响因素进行模型构建与分析验证，显示出该模型在公务员行为研究领域的有效性。⑥

4）对本书的指导作用

由于 UTAUT 模型针对新理念和新技术的采纳与形成研究方面做出了重要的实证探索，尤其在影响因素探索方面逐渐被更多学者接纳和认可，并根据研究主题对影响因素维度以及调节变量等不断予以重新解释和模型修正，取得了许多重要的研究成果。本书以 UTAUT 初始模型为基本路径，分析公务员终身学习影响

---

① Hernandez – Ortega, B. Key Factors for the Adoption and Subsequent Use of E – invoice[J]. *Academia Revista Latinoamericana de dministracion*, 2012(50): 15 – 30.

② Carter, L., Belanger, F., The Utilization of E – government Services: Citizen Trust, Innovation and Acceptance Factors[J]. *Information Systems Journal*, 2005(1): 5 – 25.

③ 徐峰，聂彤彤，孙亚男. 基于 TOE 和 UTAUT 整合的电子政务创新采纳模型研究[J]. 现代管理科学, 2012, (02): 81 – 83.

④ 李勇，田晶晶. 基于 UTAUT 模型的政务微博接受度影响因素研究[J]. 电子政务, 2015, (06): 39 – 48.

⑤ 梁洁珍，刘伟章，杨莹. 广东省网上办事大厅的公众持续使用意向研究[J]. 广东行政学院学报, 2015, (05): 25 – 32.

⑥ Huang, H. M., Liao, Y. C., Peng, M. C., The Affecting Factors of Public Servants' Intention and Behavior toward E – learning [A]. *Proceedings of the Eighth International Conference on Information and Management Sciences*[C]. Kunming: Series of Information and Management Sciences, 2009: 394 – 398.

因素构成，并由此进一步探索影响因素与行为动机的量化关系，最后从整体上分析公务员对终身学习的采纳与形成。

2. 地方公务员终身学习影响因素结构模型与研究假设

1）地方公务员终身学习影响因素结构模型

前述关于成人学习动机影响因素的文献整理发现，动机影响因素主要来自两个部分：一部分是成人自身因素，如年龄、性别、职业、学历等，一部分是来自外部因素，如社会地位、经济水平、效益预期、激励制度、社会舆论、学习氛围、学习内容等。本书分析认为，第一部分来自成人自身的因素对学习动机产生的影响具有相对稳定性，公共政策可调整的程度和有效性较低，但对政策效果的分组比较有意义，故而将人口统计学方面收集的信息作为控制变量，用于总体情况的分组分类比较，不作为影响因素的构成内容；而第二部分来自外界的各种干扰因素对学习动机及行为都有不同程度的影响，具有公共政策调整的可行性与必要性，这一类的外部影响因素构成及其与学习动机的关系才是公共政策循证的切入点。

根据 UTAUT 模型应用现状分析可知，经典 UTAUT 模型应用于公务员终身学习行为研究具有一定局限与不足。故而本书没有完全采用 UTAUT 中的测度变量，而是根据研究主题特征对测度项目进行了增减和内容表述修改，如在影响因素的自变量中增加了"感知风险"。公务员终身学习影响因素的结构模型如图 4.4 所示。

各变量含义如下：

（1）绩效期望。绩效期望是指个人相信通过终身学习是有用的、有效的，可以为其带来效率、收益及效果的期望。本书将绩效期望定位为：地方公务员认为终身学习对完成困难的工作任务有帮助、对改变或改善现状有用处、对未来职业发展有价值，从而会增强学习动机与意愿。即终身学习对地方公务员的帮助或用处越大，则公务员保持终身学习的动机与意愿就会越强烈。

（2）感知风险。学习动机归因理论指出当控制位置在行为外部就会归因于任务太难、运气不佳等因素。其中"运气"就隐含一种无法确切知道行为预期结果的风险，而公务员终身学习动机中同样隐含各种风险因素的力量。本书增加"感知

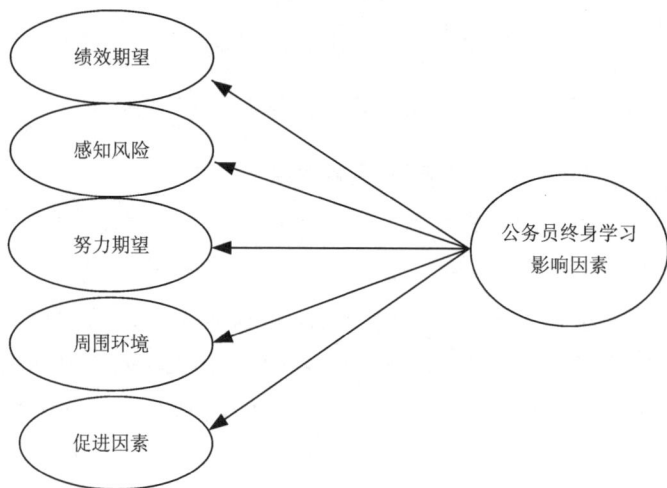

图 4.4　公务员终身学习影响因素结构模型

资料来源：本书自编

风险"[①]因素，从行为感受最直观的角度选取了财务风险、时间风险、身体风险等三个观测量。财务风险定义为公务员开展终身学习活动可能需要投入的经济成本以及未曾预料的经济损失。时间风险定义为公务员开展终身学习活动可能需要投入的时间成本以及未曾预料的时间浪费。身体风险定义为公务员开展终身学习活动可能对身体健康产生未曾预料的影响与风险。当公务员感知风险越大，则保持终身学习的动机与意愿就会降低。

（3）努力期望。文卡塔斯（Venkatesh）教授等将努力期望定义为个人对新技术、新系统易用性的期望，并认为越是易用易学，程序不复杂、新颖有趣，越容易增加用户使用意愿。同样，坚持终身学习的期望也会直接影响公务员对该理念的接受及付诸实践，本书将努力期望定义为一种与学习本身有关的认知期望，即公务员在保持终身学习过程中，认为学习内容有吸引力、学习过程顺畅、学习任务难度不大、易学易用等，则坚持终身学习需要付出的努力较少，从而学习动机和意愿越强烈。什罗夫（Shroff）等学者的实证研究也表明学习过程中学习任务的难

---

① 注：美国学者鲍尔（Bauer）教授于1960年提出感知风险概念后，行为经济学研究将感知风险归纳为财务风险、身体风险、时间风险、社会风险、心理风险、隐私风险、来源风险等。

易程度是学习动机的影响因素。①

(4)周围环境。UTAUT 模型将周围环境定义为用户感知到重要人物对其使用或接纳新技术、新理念的期望。刺激—反应学习理论也指出学习者会对周围环境刺激做出反应,因而公务员作为特定职业的成人学习者,也必然会感知周围环境带来的影响。本书将周围环境对公务员终身学习的影响分为五个方面,包括地方政府的重视与支持、社会舆论对学习教育的支持引导、工作单位提供各种学习便利与制度保障、同事与朋友的积极推荐与支持、家庭的鼓励与全方位支持等,并认为周围环境的支持可以推动公务员终身学习。

(5)促进因素。UTAUT 模型中将便利条件定义为用户感知到外部条件对自己使用新技术或接纳新服务、新系统的支持程度,其强调各种组织、各种设备等外部条件为用户直接提供便利,甚至会直接促使用户采取行动。在网络通信技术的快速发展,尤其近年来的移动终端和各种应用软件普及的背景下,终身学习已经得到了各种现代教育技术的支持,故而本书将促进因素定义从三个方面为对终身学习行为有直接促进作用,第一是各种知识储备、现代技术等客观条件对公务员终身学习的促进,即技术条件的充沛性;第二是公务员较容易获得外部资源与帮助,即外部资源的便利性;第三是个人经验、习惯与终身学习的兼容性和一致性。并认为条件越充沛、资源获取越便利、个人经验与习惯和终身学习理念越兼容,公务员学习动机越强烈。

2)研究假设

根据以上结构模型,提出一个研究假设:

H2:公务员终身学习影响因素由绩效期望、感知风险、努力期望、周围环境、促进因素等共五个因素共同构成。

3. 地方公务员终身学习影响因素与终身学习动机的关系模型与假设

1)模型构建

社会发展、科技进步、组织变革、观念创新等多种因素形成公务员工作、学习、生活的外界压力,不同程度地激发或者强化公务员终身学习动机。因而在公务员终身学习动机循证的政策研究中,为有效回答"哪些因素如何影响公务员终

---

① Shroff, R. H., Vogel, D. R., Coombes, J., Assessing Individual – Level Factors Supporting Student Intrinsic Motivation in Online Discussion:A Qualitative Study[J]. Journal of Information Technology Education, 2008,(1):111 –126.

身学习动机?"这一关键问题，必须探索终身学习影响因素与学习动机之间因果关系的量化水平，因而构建了公务员终身学习动机与其影响因素间因果关系的结构模型，如图4.5所示。

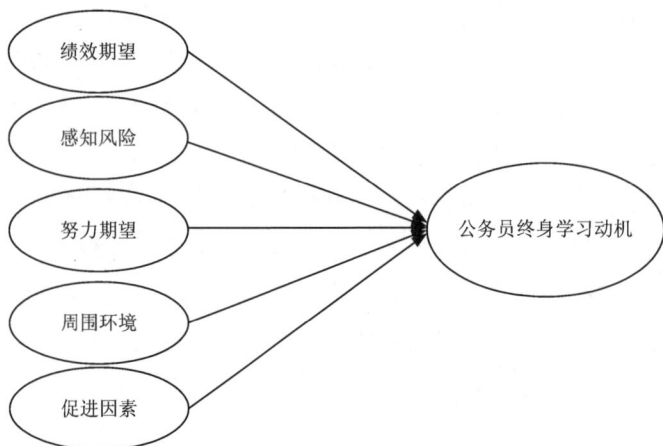

图4.5　公务员终身学习动机与影响因素间关系模型

资料来源：本书自编

2）研究假设

基于公务员终身学习影响因素中关于绩效期望、感知风险、努力期望、周围影响、促进因素等潜在变量的基本定义，本书对公务员终身学习动机与其影响因素间的关系模型做出如下假设：

H3：绩效期望正向显著影响公务员终身学习动机。

H4：感知风险负向显著影响公务员终身学习动机。

H5：努力期望正向显著影响公务员终身学习动机。

H6：周围环境正向显著影响公务员终身学习动机。

H7：促进因素正向显著影响公务员终身学习动机。

4. 地方公务员终身学习分析的整体结构模型

1）模型构建

根据公务员终身学习动机的概念模型图，终身学习内在动机受外在影响因素影响，需要经过主体自我调适与自我决定才转化为内心接受并形成终身学习行为习惯,由此构建终身学习影响因素、学习动机以及终身学习采纳与形成的关系模型,如图4.6所示。

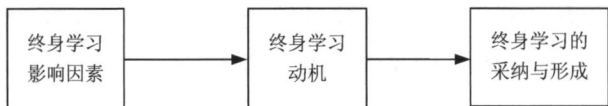

图4.6　公务员终身学习的整体分析模型

资料来源:本书自编

本书中的"终身学习的采纳与形成"是指公务员通过对终身学习影响因素的认知、感悟以及对学习动机的综合判断、自我调适等对终身学习持有正面或负面的情绪、态度、自我调适与认知,并自我决定形成终身学习的行为策略。因而可以用学习态度、学习效能以及实际行动等可以反映终身学习的采纳与形成。

(1)学习态度是内心接受程度的反映,是个体关于学习的一种内部心理状态,是认知、情绪、情感、意愿等方面的综合体现,决定学习行为方向与选择,影响学习行为与学习质量。[①]菲什拜因(Fishbein)的实证研究指出态度与意向以及实际使用行为之间有不容忽视的联系。而文卡塔斯(Venkatesh)的实证研究也证明态度与意向显著影响使用行为。[②]

(2)学习效能是行为采纳的前提,是关于学习方面的自我效能,即个人对自己在特定学习情境中,是否有能力去完成学习目标的期望。美国教育心理学家班杜拉(Bandura, A.)早在20世纪70年代就已经研究了自我效能与学习动机的关系。[③]而基于学者阿马比尔(Amabile)、洛欧(Loo)以及邱皓政的研究成果,池丽萍等学者对中国大学生的实证研究也表明,一般效能和专门领域的效能感都与行为呈正相关,但与外在因素无关。[④]基于此可以认为,公务员对于自己学习效能的评估与判断将影响学习行为的采纳。

(3)实际行为是对采纳与形成终身学习的有力证明。根据终身学习的概念内

---

① 黄健.造就组织学习力[M].上海:三联书店,2003:16.

② 毛羽,李冬玲.基于UTAUT模型的智慧养老用户使用行为影响因素研究——以武汉市"一键通"为例[J].电子政务,2015,(11):99–106.

③ Bandura, A. Self-efficacy in changing societies[M]. New York:Cambridge University Press, 1995:12.

④ 池丽萍,辛自强.大学生学习动机的测量及其与自我效能感的关系[J].心理发展与教育,2006,(02):64–70.

涵，自觉主动和长期坚持是终身学习的行为特征之一，因此对公务员主动学习和长期学习的调查可以形成对接受和采纳终身学习的反应。

2）研究假设

根据 UTAUT 模型定义，各种资源便利、信息技术支持等也会直接促使公务员接受和形成终身学习行为。由此本书提出以下假设，并构建了以"学习动机"为中介变量的公务员采纳与形成终身学习的整体结构模型。如图 4.7 所示。

H8：公务员终身学习动机正向显著影响终身学习的采纳与形成。

H9：促进因素正向显著影响终身学习的采纳与形成。

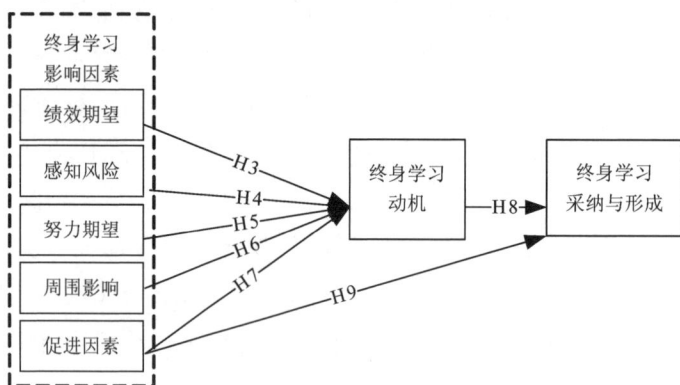

图 4.7　公务员终身学习分析的整体结构模型

资料来源：本书自编

4.2　地方公务员终身学习动机测量工具

4.2.1　初始问卷的编制

根据以上模型构建及研究假设内容，研究者需要设计一份面向广州市与南宁市各层级政府公务员的终身学习动机调查问卷作为测量工具。

1.初试与修改

研究者通过对公务员终身学习动机相关文献进行梳理，对成人学习动机与影响因素的已有成果进行了深入比较与筛选，开发了《地方公务员终身学习动机研究》的调查问卷初稿。[①]

为了解地方公务员对该问卷阅读与填写的直观感受，将问卷发送给 Y 市信访办，在一次信访工作会议前组织现场公务员进行了一次集中填答，填答前讲解了调查目的与填写要求，填答完后统一将问卷收回。共计发放问卷 50 份，收回 45 份，回收率为 90%，但存在错漏卷 3 份、极端卷 8 份、空白卷 4 份，有效问卷 30 分，有效填答率 60%。然后针对回收问卷中的问题回访部分公务员，主要反映以下几个问题：第一，问项过多，没有耐心看；第二，不愿意接受问卷调查，或者态度比较谨慎，全选最佳答案；第三，语句太长导致阅读的"惰性"，语句太短出现理解的歧义。

为了更为全面精准的提炼公务员终身学习动机结构维度与影响因素，采取深度访谈法为有关问项提供补充和修正，以获得更好的信度和效度。访谈主要发生于 2016 年 3 月到 2016 年 7 月期间，访谈对象是基层公务员和组织实施公务员培训的工作人员。

第一，基层公务员的访谈，主要关注其自身开展学习的动机与影响因素调查。基层公务员的访谈以熟人推荐为开端，通过"滚雪球"方式对深圳市、广州市、中山市以及南宁市、梧州市、河池市等共 26 名公务员（其中处级 5 人、科级 11 人、科员 10 人）进行半结构式电话访谈和办公室访谈。被访者工作于各个不同层级的机关单位，从事不同岗位类别的工作，拥有一定年限的公务员工作经验，对于终身学习有切身认知。访谈时间为 15 分钟到 40 分钟不等，根据受访者时间以及兴趣进行调整。访谈结构问卷见附录 1 的提纲 1。

第二，公务员培训管理者与组织实施者的访谈，主要关注公务员教育与培训工作的管理问题与政策问题。公务员管理局、人力资源与社会保障局、行政学院公务员培训部的相关工作人员，共 8 人（其中处级 3 人、科级 3、科员 2 人）在办公室进行面对面的访谈，时间为 20 分钟到 50 分钟不等。访谈结构问卷见附录 1 的提纲 2。

根据深度访谈对初编问卷进行修正并形成预测问卷，见附录 2。

---

① 公务员终身学习动机量表设计参考了学者博希尔（R. Boshier）等于 1978 年编制的"教育参与测定表"（education participation scale，EPS），黄富顺于 1985 编制的"成人参与继续教育动机量表"，吴峰、王辞晓与李杰（美）2015 年编制的"非约束条件下成人在线学习动机量表"。公务员终身学习动机影响因素量表设计参考文卡塔斯（Venkatesh）等人 2003 年提出的 UTAUT 模型及其变量条目的解释。公务员自我效能感问项设计参考了德国临床和健康心理学家拉尔夫·施瓦泽（Ralf Schwarzer）教授及其合作者于 1981 年编制的"一般自我效能感分量表"（general self-efficacy scale，简称 GSES）。

2.预试问卷构成

1）预试问卷的构成

预测问卷主要分为两个部分：

第一部分为个人基本信息，共设置 9 个单选问题，主要用于收集受访者的人口统计学特征数据。在调查问卷中可以将个人基本信息设置为调节变量。[①]

第二部分包含公务员终身学习的动机结构、影响因素、采纳与形成的自我评价等分量表，主要用于收集测量模型和路径模型的变量数据。该部分采用社会研究中用得最多的李克特量表（Likert scaling）来测量被测者对陈述语句的态度倾向。李克特量表有 3 点至 7 点的多种度量方法，根据学者 Berdie 的经验，5 点量表法更为可靠[②]，因此学习动机调查相关题项统一采用 Likert 5 点量表法，回答选项从非常不同意、大部分不同意、一般同意、大部分同意、非常同意分别表示态度倾向得分从 1 到 5。预测问卷中，将包含公务员终身学习内在动机调查的 23 个问项作为第一个分量表；将包含公务员终身学习影响因素的 19 个问项作为第二个分量表，另外将学习态度、学习效能、学习行为调查的 6 个问项作为第三个分量表[③]，并将三个分量表内容汇总在一张问卷上，形成包含 48 个测量项的预试问卷。

2）各分量表的介绍

公务员终身学习动机结构量表由 4 个维度 23 个问题组成，具体见表 4.1。公务员终身学习动机影响因素量表由 5 个维度 19 个问题组成，具体见表 4.2。公务员采纳与形成终身学习的自我评价量表由 6 个问项组成，用于衡量地方公务员采纳与形成终身学习的自我评价。具体见表 4.3。其中，D1、D2 问项是考察学习态度，由一个正向问项和一个反向问项构成，它决定个体对学习行为的选择方向；D3、D4 问项由学习能力自我评价与学习毅力自我评价问项构成；D5、D6 是关于公务员近期主动开展学习和长期坚持学习的问项。6 个问项之间并不构成量表的

---

① 具体设置包括性别（1＝男，2＝女）、婚姻状况（1＝已婚，2＝未婚）、年龄（1＝30 岁及以下，2＝31~40 岁，3＝41~50 岁，4＝51 岁及以上）、学历（1＝大专及以下，2＝本科，3＝研究生及以上）、职务级别（1＝科员及以下，2＝科级，3＝处级及以上）、在政府工作时间（1＝5 年及以下，2＝6~10 年，3＝11~20 年，4＝21 年及以上）、工作岗位层级（1＝乡镇（街道办）及以下，2＝区（县），3＝市级及以上）、职位类别（1＝综合管理，2＝专业技术，3＝行政执法，4＝其他）、城市（1＝广州，2＝南宁，3＝其他）。
② 吴明隆. SPSS 统计应用实务——问卷分析与应用统计[M]. 北京：科学出版社，2003：23.
③ 其中包含一个反向题，只用于检测填答者的认真程度，不做为观察变量。

多个构面, 而是基于学习力①的自我评价指标, 用于反映公务员对终身学习的采纳与形成。

表 4.1　公务员终身学习动机结构调查设计内容及依据

潜在变量	编号	问项内容	问项设计依据
"经济人"学习动机	B1	获得工作和生活的各种便利	安东尼. 唐斯 (Anthony Downs) 官僚行为理论 博希尔 (R. Boshier) 编制的 " 教育参与测定表" (EPS)
	B2	增加收入或提高工薪	
	B3	提高学历层次和声望	
	B4	追求优雅气质的生活	
	B5	获得职务、职称提升	
	B6	使未来生存有保障和安全	
"公务人"学习动机	B7	对党组织或国家使命的忠诚	安东尼. 唐斯 (Anthony Downs) 官僚行为理论 博希尔 (R. Boshier) 编制的 " 教育参与测定表" (EPS)
	B8	精通工作的自豪感	
	B9	为公共利益服务的愿望	
	B10	组织内部学习与考核	
	B11	对攻克工作难题而学习	
	B12	适应社会发展与科技进步	
"学习人"学习动机	B13	发展兴趣爱好的需要	黄富顺编制的 " 成人参与继续教育动机量表" 吴峰等编制的 " 非约束条件下成人在线学习动机量表"
	B14	通过学习求得精神和心灵寄托	
	B15	探求新的知识、了解未知世界	
	B16	"活到老、学到老" 的传统观念	
	B17	提高专业技术和技能	

---

① 学习力常被看成衡量个人或组织核心竞争力重要指标。国内外研究者给出了不同的要素构成和提升路径。如刘海峰认为学习力由学习的动力、学习的毅力和学习的能力等三个要素组成, 黄健认为学习力以每个人的生理因子为基础, 包括学习态度和学习毅力、学习能力等。而柯比 (W. C. Kirby) 认为学习动力、态度、能力、效率和创造力等方面是提升学习力的有效途径。(参见: 刘海峰. 学习力 [M]. 北京: 中国华侨出版社, 2008; 黄健. 造就组织学习力 [M]. 上海: 三联书店, 2003; 柯比. 学习力——哈佛大学对学习能力问题的最终解决方案 [M]. 海口: 南方出版社, 2005.)

续表4.1

潜在变量	编号	问项内容	问项设计依据
"社会人"学习动机	B18	社会和家庭中读书表率或榜样	受访者提供 黄富顺编制的"成人参与继续教育动机量表" 吴峰等编制的"非约束条件下成人在线学习动机量表"
	B19	扩展社交圈，结交新朋友	
	B20	融入集体，改善人际关系	
	B21	提高素质修养，希望被人尊重	
	B22	通过读书缓解压力、释放情绪	
	B23	掌握一定知识会让我有成就感	

资料来源：本书自编

表4.2 公务员终身学习动机影响因素调查设计内容及依据

潜在变量	编号	问项内容	问项设计依据
绩效期望	C1	相信终身学习是可以改变现状的	UTAUT初始模型（Venkatesh，2003）受访者提供
	C2	感觉终身学习对职业发展是有用的	
	C3	认为终身学习能推动自我完善	
感知风险	C4	学习需要支出的经济额度	风险感知理论（Bauer，1960）；
	C5	投入的时间成本与风险	
	C6	感知的身体健康状况	
努力期望	C7	学习带来的心情愉悦度	UTAUT初始模型（Venkatesh，2003）学习难度（Ronnie，2008）
	C8	学习过程顺畅	
	C9	学习内容有吸引力	
	C10	学习任务难度不大，易学易用	
周围环境	C11	地方政府对学习与教育的重视程度	UTAUT初始模型（Venkatesh，2003）
	C12	社会舆论对于学习风气的导向性	
	C13	工作单位提供的学习便利及制度、薪金保障	
	C14	朋友、同事的积极推荐以及学习经验分享	
	C15	家庭的鼓励与全方位支持	

续表 4.2

潜在变量	编号	问项内容	问项设计依据
促进因素	C16	具备知识储备、现代技术等客观条件	UTAUT 初始模型 （Venkatesh, 2003） 受访者提供
	C17	容易获得学习需要外部资源与帮助	
	C18	终身学习与工作经验、习惯具有内在一致性	
	C19	终身学习与自身性格、价值观具有兼容性	

资料来源：本书自编

表 4.3　公务员采纳与形成终身学习的自我评价设计及依据

潜在变量	编号	问项内容	问项设计依据
采纳与形成	D1	我认为终身学习是有必要的	UTAUT 初始模型 （Venkatesh, 2003）
	D2	终身学习对于一些人有用，但我觉得没有用	
	D3	我对自己的学习能力很自信	Albert Bandura（1995） Ralf Schwarzer（1981）
	D4	如果有困难，我还是想尽一切办法坚持学习	
	D5	我主动开展了多种学习活动	UTAUT 初始模型 （Venkatesh, 2003）
	D6	我长期坚持了学习习惯	

注：德国临床和健康心理学家拉尔夫 – 施瓦泽（Ralf Schwarzer）教授及其合作者于 1981 年编制的"一般自我效能感分量表"（general self-efficacy scale, 简称 GSES）是测量一般自我效能感的经典问卷，已被翻译成 20 多种语言在全世界广泛应用。量表共 10 个项目，得分越高表示效能感越高。由于本书关心公务员学习信心与毅力，因此将 GSES 问卷缩略为 2 个题项。

资料来源：本书自编。

3）预试问卷使用

问卷预试中多半使用立意抽样或便利性抽样方式建立一个小型样本，进行预试样本测验，以决定问卷题项的可用程度，并删除或修改不良题目，决定正式量表。本研究者主要采用便利抽样方法，在四川大学 MPA 班、南宁市以及广州市委党校公务员学习班共发放问卷 150 份，回收问卷 114 份，其中有效问卷 103 份（四川大学 MPA 班回收 39 份，占比为 38%；南宁市委党校回收 41 份，占比为 40%；广州市委党校回收 23 份，占比为 22%）。问卷回收率为 76%，有效问卷约占回收问卷的90%，达到预试样本数量的基本要求。[①]

4.2.2 正式问卷的形成与使用

1. 正式问卷的形成

1）专家评价与再次修正

由于预测问卷的反馈结果显示，量表中有题项需要删除和修改，为进一步提高问卷的表面效度与内容效度，采用专家咨询法与专家评价法进行再次修正，以提升问卷内容效度。研究者对预试问卷进行整理，先将有多项指标未达标准的题项予以删除，保留需要修改的题项，并将问卷修改稿以电子邮件形式提交给公共管理相关学科的专家、教授以及政府机关的实践工作者征求意见，编制《公务员终身学习动机调查（专家内容效度评定用表）》（见附录3）提供给专家用于问卷效度测评。专家构成见表4.31。综合专家反馈意见，进一步对问卷进行了以下修正。

表4.31 专家来源构成及人数分布

专家构成	工作机构	人数分布（单位：人）
理论界	高等院校	6
	省（区）委、市委党校	4
实践领域	省级机关	2
	市级机关	2
	区（县）级机关	1

资料来源：咨询对象统计

（1）删除题项。专家认为，公务员职业由国家财政负担工资福利，无重大过失不得随意开除公职，外部竞争压力较小，具有工作较稳定、收入可靠的特点，因而"生活安全与保障"的解释不合适作为学习动机内容，故而建议删除学习动机

[①] 预试样本数量选择没有一致结论，多数学者赞同受试样本数至少要比量表题项数多，也有学者认为问卷中包含题项最多的分量表题项数与受试者的比例最好为1:5，或者受试总样本总数不得少于100人。参见：吴明隆. 问卷统计分析实务——SPSS操作与应用[M]. 重庆：重庆大学出版社，2010：207.

量表中的"使未来生活有保障和安全"题项。另外,专家认为可以将"公务员工作经验和工作习惯"理解为外部因素影响的结果,当终身学习与其较为兼容时,行为动机和行为能力都有可能增强,但"自身性格和价值观"是学习、生活、工作等多重因素积累形成的,不构成其终身学习的外部影响因素,因而建议将学习影响因素量表中的"终身学习与自身性格、价值观的一致性"题项删除。

(2)修改题项。专家对题项表述的修改提出以下意见:准确凝练问项内容表述,语言要通俗易懂;不使用敏感性词语和多重含义语句,提高问项条目与维度间的内容匹配度。因此结合专家意见和预试问卷结果,对部分题项的表达方式和语言措辞进行了修改,最后形成了正式调查问卷(见附录 4)。

2)问卷结构

正式问卷由 53 个题项构成,包含三个部分:

(1)基本信息,包含人口信息统计的 9 个题项,可以作为差异性分析的控制变量;

(2)李克特法编制的三个量表,用来衡量公务员终身学习动机、影响因素以及采纳与形成终身学习的自我评价,共 42 个题项,是模型假设中用于测量潜变量的观察变量;

(3)开放式问项,用于补充量表问项的不足。

2.抽样设计

为提高循证研究的可靠性和针对性,本书所指"地方公务员"在层级上是指市(地)级、县级和乡镇级三级地方政府,范围上是指各级党委机关、人大机关、行政机关、政协机关、监察机关①、审判机关、检察机关和民主党派机关及部分社团机关除工勤人员以外所有正式工作人员。即:在地方政府层级界定方面采纳三级观的解释,在地方政府内涵范围方面采信"公共权力"观点,在公务员身份方面遵守《中华人民共和国公务员法》对公务员职能标准、编制标准以及薪酬保障标准的规定。

---

① 2018 年 3 月 11 日,第十三届全国人民代表大会第一次会议通过,第一百二十五条,中华人民共和国国家监察委员会是最高监察机关。《中华人民共和国监察法(草案)》第三章对于监察委员会的监察范围做出了详细的规定,公职人员中公务员的范围相比《〈中华人民共和国公务员法〉实施方案》增加了"检察机关"。

1）调查对象

根据"地方公务员"的范围界定以及学习情境分析框架的应用，筛选并确认以广州和南宁两地公务员为研究对象总体，具体包括在广州市和南宁市的各级党委机关、人大机关、行政机关、政协机关、审判机关、检察机关和民主党派机关等行使国家权力、纳入国家行政编制、由国家财政负担工资福利的所有在职在岗公务员。

2）抽样方案

概率抽样包括简单随机抽样、系统抽样、分层抽样等方法与技术，[①]但应用这些技术的前提是界定总体和制定抽样框。虽然在理论上能够依据公务员局的管理名册与统计数据建立一个有效的抽样框[②]，但实践操作中要获取公务员总体的数量和名册并不容易[③]，总是存在这样或者那样的不可能或者不方便，正如美国学者莱文和福克斯所言："随机抽样虽然要求总体的每个成员在抽样前必须被确定……然而在研究一个巨大而复杂的总体时要获得总体的完整清单并非易事"[④]。这在很大程度上说明要严格按照公务员花名册来编制抽样框并进行随机抽样是一件令人困扰的难题。进一步来说，抽样调查的研究经验显示，即使有完整的抽样框并进行随机抽样，在实际操作中也会因为信息更新、空户、搬迁、拒访和调查员作弊等各种原因使随机抽样在操作中变形并引起抽样偏差。[⑤]

为了解决概论抽样设计中总体名册不可得的困难，本书采取艾尔·巴比（Earl Babble）提出的多级整群抽样方法[⑥]。整群抽样以成群的个体为抽样单位，只要该群被选中，则该群中的所有成员都进入随后的子样本中，这样就不需要获

---

① 风笑天.社会学研究方法[M].北京：中国人民大学出版社，2009：130.

② 抽样框又称抽样范围，它指的是一次直接抽样时总体中所有抽样单位的名单。参见：风笑天.社会学研究方法[M].北京：中国人民大学出版社，2009：117.

③ 注：中央组织部、中央编办、财政部、人力资源社会保障部《关于加快推进机构编制实名制管理工作的通知》（中央编办发〔2009〕39号）文件规定"机构编制部门核定编制，组织人事部门在编制限额内使用编制，落实实名制，财政部门按照编制使用情况核定预算、核拨经费，共同做好机构编制实名制管理工作"，然而将实名制通过政府网络平台予以信息公示的地方政府并不多。比如深圳市已将市政府直属机关工作人员实名信息予以公开。http://www.sz.gov.cn/cn/

④ 杰克·莱文，詹姆斯·艾伦·福克斯.社会研究中的基础统计学[M].北京：中国人民大学出版社，2008：16.

⑤ 刘林平，范长煜，王娅.被访者驱动抽样在农民工调查中的应用：实践与评估[J].社会学研究，2015，02：149 – 173.

⑥ 艾尔·巴比.社会研究方法[M].第11版.邱泽奇，译.北京：华夏出版社，2009：209.

得总体中所有成员名册。[①] 在多级整群抽样中可以先按照相关的、可行的分层变量对抽样单位进行分类、分层，在每一层中选取一定数量的抽样单位，再以抽样单位的整体成员作为研究所需子样本。整群抽样方法虽然效率较高，但存在样本精确度降低的风险，所以为减少多级整群抽样误差，抽样设计中需要尽可能地多选取群。[②]

3）样本量计算

（1）计算依据。吴明隆教授介绍的样本量计算公式如下：[③]

有限总体下的抽样：

$$n \geqslant \frac{N}{\left(\dfrac{\partial}{k}\right)^2 \dfrac{N-1}{P(1-P)} + 1} \tag{4.1}$$

总体相当大或者无限大的抽样：

$$n \geqslant \left(\frac{k}{\partial}\right)^2 P(1-P) \tag{4.2}$$

式（4.1）与式（4.2）中：N 为总体样本数；P 通常设为 0.5（$P=0.5$ 可以得到最可信的样本大小）；∂ 为显著水平（在行为与社会科学领域中一般被设定为 0.05，也可根据具体要求设置），k 为正态分布的分位数（当 $\partial=0.05$ 时，$k=1.96$；当 $\partial=0.01$ 时，$k=2.58$）。

（2）总体规模。《中国统计年鉴》按"城镇单位分行业从业人员"统计中，与公务员统计口径最接近的数据体现在"公共管理和社会组织从业人员"条目。从省（区）级统计口径来看，该数据略高于"城镇单位从业人员"统计中的机关人数，是相对宽泛意义上的公务员数，能够有效反映公务员规模。

在目前缺乏各市级机关人数统计的情况下，用各市的"公共管理和社会组织从业人员"数据反映广州和南宁两地的公务员规模是较为妥帖的。从 2004—2017 年的《广东统计年鉴》与《广西统计年鉴》中广州与南宁的"公共管理和社会组织从业人员数"可见（表4.32），公务员抽样的总体规模较大且呈增长趋势。

①　风笑天. 社会学研究方法［M］. 北京：中国人民大学出版社，2009：134.

②　艾尔·巴比. 社会研究方法［M］. 第 11 版. 邱泽奇，译. 北京：华夏出版社，2009：210 - 211.

③　吴明隆. 问卷统计分析实务——SPSS 操作与应用［M］. 重庆：重庆大学出版社，2010：59.

表 4.32　广州与南宁的公共管理和社会组织单位从业人员数(万人)

年度	南宁	广州
2003 年	5.23	11.25
2004 年	5.90	11.61
2005 年	6.25	12.4
2006 年	6.35	12.63
2007 年	6.37	14.02
2008 年	6.44	14.45
2009 年	6.56	15.05
2010 年	6.59	15.63
2011 年	6.91	17.48
2012 年	7.34	18.48
2013 年	7.73	15.45
2014 年	7.83	16.14
2015 年	7.65	17.22
2016 年	8.00	18.23

资料来源:广西壮族自治区统计局. 广西统计年鉴[J]. 北京:中国统计出版社,2004—2017;广东省统计局. 广东统计年鉴[J]. 北京:中国统计出版社,2004—2017.

(3)样本量决策。根据(4.1)式的计算,对于已知条件设定总体置信度为95%、抽样误差区间在 ±5% 的抽样来说,当总体规模从 5000 增长到 40000,样本必需数量从 357 增加到 381。[①] 这也就说明,而当总体规模达到一定程度时样本规模的增加并不需要与其成同等比例。[②] 图 4.8 反映置信水平 95%、$Z = 1.96$ 时,不同抽样误差所要求的样本规模,说明对调查估计的精度提高并不与样本量的增加成正比。[③]

---

① 吴明隆. 问卷统计分析实务——SPSS 操作与应用[M]. 重庆:重庆大学出版社,2010:59-60.
② 风笑天. 社会学研究方法[M]. 北京:中国人民大学出版社,2009:150.
③ 风笑天. 社会学研究方法[M]. 北京:中国人民大学出版社,2009:150.

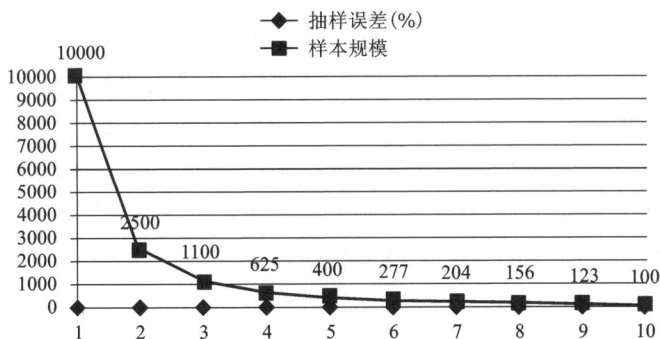

图 4.8　不同抽样误差所对应的样本量

资料来源：风笑天. 社会学研究方法 [M]. 北京：中国人民大学出版社，2009：136.

根据 (4.2) 式的计算，当总体数 N 无限大或者不知，已知条件设定总体置信度为 95%，如果抽样误差区间在 ±5%，抽样规模为 400，而抽样误差区间在 ±7%，则抽样规模仅需 200 以上。

本书综合考虑认为，对于一个地方性问卷调查，抽样误差在 5%～10% 都是可取的，但样本量决策还涉及调查目的、性质和精度要求，以及操作的可行性、经费承受能力以及时间有限性问题。因此，鉴于本书涉及广州与南宁两个地方的调查，因此调查估计的精度不宜过高，样本量也不宜过大，要求置信水平 95%、抽样误差区间在 ±7%，样本量在 200 以上是一个性价比较高的节点，能够满足地方公务员终身学习动机调查的抽样设计要求。因此要求在广州和南宁两地各获取 200 份以上有效问卷作为样本量。

4）样本抽取

研究者认为，虽然抽样样本数越多推论的效度越可靠，但考虑到时间、精力、财力等各种因素的限制，抽取有代表性的样本来推断总体比单纯的抽取数量多更具有外在效度。[1] 因而，本书在分层整体抽样中多选取群以增加样本的代表性。根据多级整群抽样方法，将公务员工作单位分为市级、区（县）级、乡镇（街道办）三个层级，在每层尽可能地多选取群，并分别委托代理人发放，以减少多级整群抽样误差。以南宁市为例，抽样方法为：

（1）中国地方政府的组织机构设置中，市政府机关设置虽各具一定地方特色，

---

① 吴明隆. 问卷统计分析实务　SPSS 操作与应用 [M]. 重庆：重庆大学出版社，2010：59-60.

但机构数量基本在 40 ~ 50，而市级党委机关、人大机关、政协机关、审判机关、检察机关和民主党派机关的常设机构数是相对固定的，总数在 70 ~ 80，因此市级公务员工作机构总体在 110 个左右，再从中抽出 10 个工作机构，在每个抽到工作机构中发放问卷 10 ~ 20 份。

（2）在南宁市所辖 12 区（县）级中，抽取 2 个。由于各区（县）内机关设置与市级机关设置基本相似，二者间有垂直指导关系，机关数量接近，从每个区（县）级单位抽出 5 个工作机构，再在每个抽到工作机构中发放问卷 10 ~ 20 份。

（3）在南宁市所辖 124 个乡镇（民族乡、街道办）中，抽取 10 个①。在每个抽中单位中发放问卷 10 ~ 15 份。

3.调查方法

2016 年 7 月 2 日到 2017 年 1 月 20 日，研究者对广州和南宁的市、区（县）、乡镇（街道）等各层级公务员进行了正式问卷调查。以公务员为样本对象的问卷调查与以普通公民为样本的调查存在显著不同：第一，研究总体和样本名册获取困难，难以进行严格意义上的随机抽样；第二，公务员工作地点一般都是政府机关各部门，门禁系统等安保措施严格，难以开展大规模入户调查。

因此，问卷调查采用委托调查法，即委托政府部门内部工作人员组织发放和回收问卷。在委托前，向对方详细说明了调查目的与意义、答卷要求与注意事项等等。问卷发放形式有电子问卷调查和纸质问卷调查。电子问卷调查是委托政府部门工作人员通过本单位的 QQ 群、微信群、公共邮箱等发放 10 ~ 20 份问卷，纸质问卷调查是委托政府部门工作人员在本单位各楼层办公室发放 10 ~ 20 份，然后在一定时间内收回。问卷填写采用自填问卷方式。

本次调查在广州共发放调查问卷 400 份，回收调查问卷 291 份，问卷回收率为 73%。在南宁共发放调查问卷 400 份，回收调查问卷 309 份，问卷回收率为 77%。由于本书采取的是委托调查，因而有部分答题者并不属于本书关于"地方公务员"的对象界定范围，在问卷清理中进行了挑选和排除。通过对回收问卷进行有效性、完整性检查和整理，删除乱答、漏答、雷同、重复、矛盾等无效问卷，最终确定本次调查有效问卷总数为 428 份，其中广州的有效问卷为 204 份，有效

---

① 注：按街道大小和工作任务多少，一般综合性设置 5 ~ 7 个机构。按大、中、小分类核定编制，平均 20 ~ 30 名。乡镇（街道办）政府常设机构有：党工委办公室、政务办公室、城市管理科、社会事务管理科、经济发展科、计划生育办公室。另有设立事业性质的财政所等。

问卷占回收问卷比率为 70%，南宁的有效问卷为 224 份，有效问卷占回收问卷比率为 73%。

4.3　地方公务员终身学习动机调查的分析工具与理论模型

4.3.1　数据分析工具

本书采用的数据分析工具为 SPSS22.0 和 AMOS22.0。数据分析方法包括：

1. 描述性分析

采用 SPSS22.0 对调查对象的人口信息变量进行频率统计，包括最大值、最小值、平均值和标准差等，并采用皮尔逊相关分析法（Pearson correlation analysis）进行潜在变量相关分析，初步探析外因潜在变量之间、内因潜在变量之间以及外因潜在变量与内因潜在变量之间的相关性。

2. 信度分析

本书对调查问卷各量表变量进行信度分析，采用克隆巴哈系数检验各量表及各维度的内部一致性，采用"该题与总分的相关"（corrected item—total correlation）和"内部一致性系数"（cronbach's alpha if item deleted）来检验量表内每个题项与其余题项的同质性。

3. 效度分析

效度是指能够测到该测验所欲测量的心理或行为特质到何种程度[1]。最常用的是内容效度（content validity）和结构效度（construct validity）。内容效度是关注于内容的适当性和代表性，本书在地方公务员终身学习动机调查问卷编制中采用的专家咨询法就是为了提高和保障量表的内容效度。而结构效度指能够测出理论的特质或概念的程度，采用因素分析法能够求出量表的构建效度。

---

[1]　吴明隆. 问卷统计分析实务——SPSS 的操作与应用[M]. 重庆：重庆大学出版社，2010：194.

4.因子分析[①]

因子分析法(factor analysis)是多元统计分析的一种重要方法,其主要目的是浓缩数据,将原有数据变量浓缩成几个可以描述大部分原有数据信息的变量,再通过多变量证据的内部依赖关系探求数据中的基本结构。[②] 因子分析模型在形式上和多元回归模型相似,每个观测变量由一组因子的线性组合来表述。设有 k 个观测变量,分别为 χ_1,χ_2,$\cdots$,χ_k,其中 χ_i 为具有零均值、单位方差的标准化变量,则因子模型的一般表达形式为:

$$\chi_i = a_{i1} f_1 + a_{i2} f_2 + \cdots + a_{im} f_m + u_i \quad (i = 1, 2, \cdots, k) \tag{4.3}$$

其中:f_1,f_2,$\cdots$,f_m 叫作公因子;u_i 称为特殊因子,相当于残差项;a_{ij} 称为因子负载($i = 1, 2, \cdots, k$;$j = 1, 2, \cdots, m$)。

因子分析包括探索性因子分析和验证性因子分析。本书应用 SPSS22.0 软件对公务员终身学习动机结构和终身学习影响因素构成进行了探索性因子分析;应用 AMOS22.0 软件对动机结构假设和影响因素构成假设进行了验证性因子分析。

5.结构方程分析法[③]

结构方程模型方法(structural equation modeling,简称 SEM)具有因素分析(factor analysis)与路径分析(path analysis)两种统计技术的优势,可以同时检验模型中包含的观测变量、潜在变量、干扰或误差变量间的关系,获得自变量对因变量影响的直接效果、间接效果或总效果,在模型中通过路径系数体现,常用以验证某一理论模型或假设模型是否适切。[④]

结构方程模型包括测量模型、结构方程和模型假设,其模型及假定如下。具体应用中通过模型设定得到方程组,再经过模型计算得到各个参数的估计值。

测量模型:

内生潜变量的测量方程:

$$Y = \Lambda_y \eta + \varepsilon \tag{4.4}$$

外生潜变量的测量方程:

---

① 郭志刚. 社会统计分析方法——SPSS 软件应用[M]. 北京:中国人民大学出版社,1999:88-89.
② 吴明隆. 问卷统计分析实务——SPSS 的操作与应用[M]. 重庆:重庆大学出版社,2010:413.
③ 易丹辉.结构方程模型:方法与应用[M]. 北京:中国人民大学出版社,2008:50,169.
④ 吴明隆. 结构方程模型——AMOS 的操作与应用[M]. 重庆:重庆大学出版社,2010:1-3.

$$X = \Lambda_x \xi + \delta \tag{4.5}$$

结构模型：

$$\eta = B\eta + \Gamma\xi + \zeta \tag{4.6}$$

模型假设：

$E(\varepsilon) = 0$；$E(\delta) = 0$；ε 与 η，ξ 与 δ 无关；ε 与 δ，η 与 ξ 无关。

$E(\eta) = 0$；$E(\xi) = 0$；$E(\zeta) = 0$；$Cov(\zeta, \xi) = 0$。

以上方程式中，Y 是 p 个内生指标组成的 $p \times 1$ 向量，X 是 q 个内生指标组成的 $q \times 1$ 向量；Λ_y 是 Y 在 η 上的 $p \times m$ 因子负荷矩阵，Λ_x 是 X 在 ξ 上的 $q \times n$ 因子负荷矩阵；η 是 m 个内生潜变量组成的 $m \times 1$ 向量，ξ 是 n 个外生潜变量组成的 $n \times 1$ 向量；ε 是 p 个测量误差组成的 $p \times 1$ 向量，δ 是 q 个测量误差组成的 $q \times 1$ 向量。B 是 $m \times n$ 系数矩阵，描述内生潜变量 η 之间的彼此影响，Γ 是 $m \times n$ 系数矩阵，描述外生潜变量 ξ 对内生潜变量 η 的影响；ζ 是 $m \times 1$ 残差向量。[①]

结构方程模型方法在本书中的适切性体现在以下几个方面：

1）SEM 可以较好地应用于行为动机测量研究中。SEM 采用的验证性因子分析（confirmatory factor analysis；CFA）可以直接反映研究者所选构念的测量指标的有效性，既考虑因素分析模型的整体质量以及构成模型的参数，也评估因素构念与其指标变量间的关系密切程度。

2）SEM 可以较好地解决本书所关注的动机与行为"预测"问题。行为及社会科学领域的复杂性使得传统的复回归统计难以解决现实问题中的多元共线性问题，而 SEM 可以同时进行动机、影响因素以及行为间多个变量的关系探讨、预测及因果模型分析。

3）SEM 可以同时处理 CFA 及路径分析问题，更为可信地验证理论架构以反映公务员终身学习的真实世界，也是目前统计方法应用改革的前沿趋势。

4.3.2　理论模型构建

结构方程建模的主要环节包括模型设定、模型识别、模型估计、模型评价以及模型修正等，本节主要对模型设定予以说明。在模型设定后就可以在后续实证研究中通过参数估计得到结构方程模型中各个参数的估计值，完成其他分析环节。

---

① 易丹辉. 结构方程模型：方法与应用［M］. 北京：中国人民大学出版社，2008：170.

1. 变量设定

在结构方程模型分析中，变量可以分为观测变量与潜变量、外因变量和内因变量。本书中变量间的对应关系简要说明如下（表4.33）。

1）外因潜在变量。研究假设公务员终身学习动机影响因素（YXYS）由绩效期望（PE）、感知风险（PR）、努力期望（EE）、社会影响（SI）、促进条件（FC）等五个维度构成，这5个外因潜在变量都是对其他变量产生影响而未受其他变量影响，分别记为$\xi_1 \sim \xi_5$。

2）内因潜在变量。"经济人"学习动机（DJ1）、"公务人"学习动机（DJ2）、"学习人"学习动机（DJ3）、"社会人"学习动机（DJ4）以及"终身学习的采纳与形成"（BU），是受到某些其他变量影响的内因潜在变量，分别记为$\eta_1 \sim \eta_5$。

3）中介变量。公务员终身学习动机（DJ）是高阶因子潜变量，具有中介变量性质，既是受到外因潜在变量影响的内因潜在变量，也是影响终身学习采纳与形成的外因潜在变量，记为η_6。

表 4.33　模型变量对应表①

外因潜变量	观测变量	题项	内因潜变量	观测变量	题项
PE(ξ_1)	x_1，x_2，x_3	Q29 ~ Q31	DJ1(η_1)	y_1，y_2，y_3，y_4	Q10 ~ Q13
PR(ξ_2)	x_4，x_5，x_6	Q32 ~ Q34	DJ2(η_2)	y_5，y_6，y_7，y_8，y_9，y_{10}	Q14 ~ Q19
EE(ξ_3)	x_7，x_8，x_9	Q35 ~ Q37	DJ3(η_3)	y_{11}，y_{12}，y_{13}，y_{14}，y_{15}	Q20 ~ Q24
SI(ξ_4)	x_{10}，x_{11}，x_{12}，x_{13}，x_{14}	Q38 ~ Q42	DJ4(η_4)	y_{16}，y_{17}，y_{18}，y_{19}	Q25 ~ Q28
FC(ξ_5)	x_{15}，x_{16}，x_{17}	Q43 ~ Q45	BU(η_5)	y_{20}，y_{21}，y_{22}，y_{23}，y_{24}	Q46 ~ Q51

资料来源：本书分析编制

2. 结构方程建模

1）测量方程式的构建

根据结构方程原理以及本书的基本假设，用$x_1 \sim x_{17}$代表公务员终身学习动机

---

① 注：正式问卷中，除了Q1 ~ Q9为控制变量以外，Q10 ~ Q51为观察变量。

影响因素的 17 个问题，$\xi_1 \sim \xi_5$ 代表 5 个外因潜在变量，λ_{ik}^x 是第 i 个观测变量在第 k 个外因潜变量上的因子负荷；e_i 表示测量误差，构建外生潜在变量的测量方程式：

$$x_1 = \lambda_{11}\xi_1 + e_1, \qquad x_2 = \lambda_{21}\xi_1 + e_2, \qquad x_3 = \lambda_{31}\xi_1 + e_3,$$
$$x_4 = \lambda_{42}\xi_2 + e_4, \qquad x_5 = \lambda_{52}\xi_2 + e_5, \qquad x_6 = \lambda_{62}\xi_2 + e_6,$$
$$x_7 = \lambda_{73}\xi_3 + e_7, \qquad x_8 = \lambda_{83}\xi_3 + e_8, \qquad x_9 = \lambda_{93}\xi_3 + e_9,$$
$$x_{10} = \lambda_{10,4}\xi_4 + e_{10}, \qquad x_{11} = \lambda_{11,4}\xi_4 + e_{11}, \qquad x_{12} = \lambda_{12,4}\xi_4 + e_{12},$$
$$x_{13} = \lambda_{13,4}\xi_4 + e_{13}, \qquad x_{14} = \lambda_{14,4}\xi_4 + e_{14}, \qquad x_{15} = \lambda_{15,5}\xi_5 + e_{15},$$
$$x_{16} = \lambda_{16,5}\xi_5 + e_{16}, \qquad x_{17} = \lambda_{17,5}\xi_5 + e_{17} \qquad\qquad (4.7)$$

方程的矩阵形式：

$$X_i = \lambda_{ik}^x \xi_k + e_i \quad (i = 1, 2, \cdots, 17; \ k = 1, 2, \cdots, 5) \qquad (4.8)$$

用 $y_1 \sim y_{19}$ 代表公务员终身学习动机结构的 19 个问题，$y_{20} \sim y_{24}$ 代表公务员采纳与形成终身学习的 5 个问题，$\eta_1 \sim \eta_5$ 代表 5 个内因潜变量，λ_{jk}^y 是第 j 个观测变量在第 k 个外因潜变量上的因子负荷；r_j 表示测量误差，构建内生潜变量的测量方程式：

$$y_1 = \lambda_{11}\eta_1 + r_1, \qquad y_2 = \lambda_{21}\eta_1 + r_2, \qquad y_3 = \lambda_{31}\eta_1 + r_3,$$
$$y_4 = \lambda_{41}\eta_1 + r_4, \qquad y_5 = \lambda_{52}\eta_2 + r_5, \qquad y_6 = \lambda_{62}\eta_2 + r_6,$$
$$y_7 = \lambda_{72}\eta_2 + r_7, \qquad y_8 = \lambda_{82}\eta_2 + r_8, \qquad y_9 = \lambda_{92}\eta_2 + r_9,$$
$$y_{10} = \lambda_{10,2}\eta_2 + r_{10}, \qquad y_{11} = \lambda_{11,3}\eta_3 + r_{11}, \qquad y_{12} = \lambda_{12,3}\eta_3 + r_{12},$$
$$y_{13} = \lambda_{13,3}\eta_3 + r_{13}, \qquad y_{14} = \lambda_{14,3}\eta_3 + r_{14}, \qquad y_{15} = \lambda_{15,3}\eta_3 + r_{15},$$
$$y_{16} = \lambda_{16,4}\eta_4 + r_{16}, \qquad y_{17} = \lambda_{17,4}\eta_4 + r_{17}, \qquad y_{18} = \lambda_{18,4}\eta_4 + r_{18},$$
$$y_{19} = \lambda_{19,4}\eta_4 + r_{19}, \qquad y_{20} = \lambda_{20,5}\eta_5 + r_{20}, \qquad y_{21} = \lambda_{21,5}\eta_5 + r_{21},$$
$$y_{22} = \lambda_{22,5}\eta_5 + r_{22}, \qquad y_{23} = \lambda_{23,5}\eta_5 + r_{23}, \qquad y_{24} = \lambda_{24,5}\eta_5 + r_{24} \quad (4.9)$$

方程的矩阵形式：

$$Y_j = \lambda_{jk}^y \eta_k + r_j \quad (j = 1, 2, \cdots, 24; \ k = 1, 2, \cdots, 5) \qquad (4.10)$$

2）结构方程式的构建

η_6 代表中介变量公务员终身学习动机，η_5 代表公务员采纳与形成终身学习。$\xi_1 \sim \xi_5$ 代表 5 个外因潜变量，γ 反映外生变量影响内生变量的路径系数，β 反映内生变量影响内生变量的路径系数，下标规则依据结构方程模型，第一个表示指向的结果变量，第二个表示原因变量。[①] $\zeta_i(i=1, 2, \cdots, 5)$ 为残差项。

$$\eta_6 = \gamma_{61}\xi_1 + \gamma_{62}\xi_2 + \gamma_{63}\xi_3 + \gamma_{64}\xi_4 + \gamma_{65}\xi_5 + \zeta_6 \tag{4.11}$$

$$\eta_5 = \beta_{56}\eta_6 + \gamma_{55}\xi_5 + \zeta_5 \tag{4.12}$$

对内因潜在变量 $\eta_1 \sim \eta_4$ 与高阶外因潜在变量 η_6 的关系构建结构方程如下：

$$\eta_1 = \beta_{16}\eta_6 + \zeta_1 \tag{4.13}$$

$$\eta_2 = \beta_{26}\eta_6 + \zeta_2 \tag{4.14}$$

$$\eta_3 = \beta_{36}\eta_6 + \zeta_3 \tag{4.15}$$

$$\eta_4 = \beta_{46}\eta_6 + \zeta_4 \tag{4.16}$$

3）模型假定

（1）每一个指标 X_i，Y_j 只在其对应潜在变量上有不为 0 的因子负荷，而在其他潜在变量上的因子负荷都为 0。

（2）测量误差 e_i 与因子 ξ_k 不相关，r_j 与因子 η_k 不相关，并且 e_i 与 r_j 之间不相关。

3. 地方公务员终身学习潜变量关系路径图

应用 AMOS22.0 软件描绘潜变量路径图可以更直观地描述地方公务员终身学习动机理论模型及变量关系（图 4.9）。绘图原则遵循结构方程模型约定。[②]

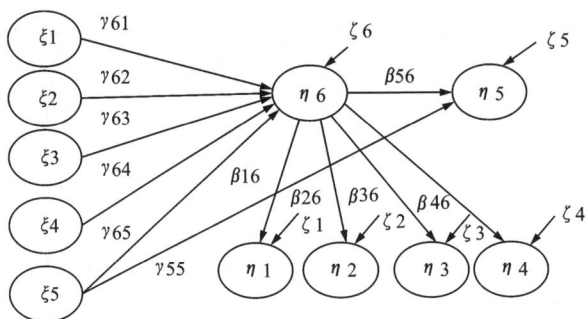

图 4.9　地方公务员终身学习潜变量关系路径图

资料来源：根据模型设定绘制

---

①　易丹辉. 结构方程模型：方法与应用[M]. 北京：中国人民大学出版社，2008：8.

②　吴明隆. 结构方程模型——AMOS 的操作与应用[M]. 重庆：重庆大学出版社，2010：8 - 16.

第 5 章　实证分析与比较研究

▼

本章将运用现代统计软件 SPSS 22.0 和 AMOS 22.0 对广州和南宁的实证数据进行系统分析,对理论模型和研究假设进行验证,最后通过对比分析发现地方公务员终身学习动机强化的理论依据。

5.1　基于广州公务员终身学习动机调查的实证数据分析

5.1.1　广州市基本情况介绍

政策问题的环境因素早已成为政策分析的重要前提,因而对政策环境可能变数的阐述更有利于政策框架分析、政策工具选择等核心问题研究。本节从城市简介、发展现状、终身学习情况等方面简要阐述广州市公务员终身学习的基本环境。

1. 城市简介

广州是广东省省会,是国务院定位的国家中心城市、国际商贸中心和综合交通枢纽,国家历史文化名城,地处中国大陆南方、广东省的中南部、珠江三角洲的北缘,接近珠江流域下游入海口。广州市总面积为 7434.40 平方公里,2015 年年末常住人口超过 1350 万,有少数民族人口 71.8 万人,分属 55 个少数民族。①

---

① 广州市人民政府. 广州概况[EB/OL]. (2017 - 07 - 28). http://www.gz.gov.cn/gzgov/s2/68/sq_tt.shtml

现辖越秀、海珠、荔湾、天河、白云、黄埔、花都、番禺、南沙、从化、增城 11 个区。曾被联合国评为"国际花园城市"、获联合国改善人居环境最佳范例奖,联合国开发计划署发布的《2016 年中国城市可持续发展报告:衡量生态投入与人类发展》指出广州人类发展指数居中国城市第一位。[①]

2. 城市发展现状

广州市经济综合实力较强、经济保持较快增长。2016 年地区生产总值 1.96万亿元,地方一般公共预算收入 1394 亿元。年末常住人口 1404.35 万人,城镇人口占 86.06%。全年城市常住居民人均可支配收入 50940.70 元,农村常住居民人均可支配收入 21448.60 元。城市常住居民消费支出中教育文化娱乐支出所占比重为 13.1%。农村常住居民消费支出中教育文化娱乐支出所占比重为 9.5%。[②]

广州市社会事业发展状况良好,公共事业发展欣欣向荣。民生和社会事业支出占财政支出总额的 76%。学前教育公益性普惠性投入加大,职业教育、高等教育办学实力明显增强。已建成一批基层医疗服务设施,基层医疗卫生机构综合改革取得显著成效。建设广州图书馆新馆、粤剧艺术博物馆等一批文化、教育、民政设施。成功创建全国版权示范城市。在全国率先完成地方足协和足球改革,全民健身和体育产业取得新成绩。[③]

广州市政府自身建设卓有成效。新一轮政府机构改革、行政区划调整以及事业单位分类改革等稳步进行。开展法治政府示范区和依法行政示范单位创建活动,建立重大行政决策和政府合同合法性审查机制,推行政府法律顾问制度,法治政府建设处于全国前列。实行重大民生决策公众咨询监督制度,建立舆情反映事项和处理机制。创新"五个一"基层治理模式,统一设立 12345 政府服务热线,"一窗办事""一号受理""一网服务"等在全国推广,阳光政府建设有新突破。[④]

综上所述,广州城市整体发展水平较高,经济发达、公共事业繁荣、政府法治

---

① 南方日报.中国城市可持续发展报告:人类发展指数广州居首深圳第五[EB/OL].(2016 – 12 – 02).http://gd.people.com.cn/n2/2016/1202/c123932 – 29402745.html

② 广州市统计局.2016 年广州市国民经济和社会发展统计公报[EB/OL].(2017 – 03 – 19).http://www.gz.gov.cn/gzgov/s2885/201703/f20194ead7634aff91fad921aad0e913.shtml

③ 温国辉.2017 年广州市政府工作报告——2017 年 1 月 5 日在广州市第十五届人民代表大会第一次会议上[EB/OL].(2017 – 01 – 18).http://zwgk.gd.gov.cn/007482532/201701/t20170118_690427.html

④ 温国辉.2017 年广州市政府工作报告——2017 年 1 月 5 日在广州市第十五届人民代表大会第一次会议上[EB/OL].(2017 – 01 – 18).http://zwgk.gd.gov.cn/007482532/201701/t20170118_690427.html

水平较高、治理能力较强,是人类发展水平高且均衡发展的创新学习型城市代表。

3. 终身学习状况

1)广州市终身学习开展情况

广州市政府高度重视终身学习与终身教育,采取一系列措施稳步推进终身学习活动的开展,现已成为学习型社会建设的标杆城市。主要体现在以下几个方面:

(1)加强网络建设、推广应用数字化教育资源。为落实教育部 2006 年提出的"全力推进终身学习网建设战略",以广州市政府为主导,国家开放大学(广州)及广州远程教育中心为数字化教育服务主体、当地著名院校为教育主体,构建了"天网 + 地网""共建 + 共享"特色的"广州数字化学习港",成为向广州全体市民提供终身学习服务的区域性终身教育公共服务供给综合体。[1]

(2)积极落实相关政策、探索法规建设。认真落实教育部等多部门联合发布的《关于推进学习型城市建设的意见》[2]《关于进一步推进社区教育发展的意见》[3]《广东省教育厅关于大力发展社区教育推进学习型社会建设的意见》[4]等文件精神,积极推展终身学习政策。2015 年 5 月 1 日起施行的《广州市公共图书馆条例》[5]使广州成为拥有地方性图书馆法规的城市,其以建设"图书馆之城"为目标、为全民阅读、终身学习提供长效保障。在 2017 年 5 月出台《广州市人民政府办公厅关于印发广州市教育事业发展第十三个五年规划(2016—2020 年)的通知》(穗府办〔2017〕22 号)中明确指出"十三五"期间主要任务之一是"完善终身教育服务体系,搭建多元开放平台"。[6]

(3)以社区教育为抓手推进终身学习。广州市政府从 2005 年开始连续十多

---

① 广州广播电视大学. 广州终身学习网简介[EB/OL]. (2013 – 11 – 6). http://www. gzlll. cn/index. php? s = zixun&c = show&id = 1276

② 教育部等. 教育部等七部门关于推进学习型城市建设的意见[EB/OL]. (2014 – 08 – 11). http://old. moe. gov. cn//publicfiles/business/htmlfiles/moe/s3865/201409/174804. html

③ 教育部等. 教育部等九部门关于进一步推进社区教育发展的意见[EB/OL]. (2016 – 07 – 25). http://www. moe. edu. cn/srcsite/A07/zcs_cxsh/201607/t20160725_272872. html

④ 广东省教育厅. 广东省教育厅关于大力发展社区教育推进学习型社会建设的意见[EB/OL]. (2016 – 05 – 06). http://www. sz. gov. cn/zzrdfwzt/zcfg_3/201605/t20160506_3618528. htm

⑤ 广东省广州市人大常委会. 广州市公共图书馆条例[EB/OL]. (2017 – 03 – 02). http://www. gzlib. gov. cn/policiesRegulations/78168. jhtml

⑥ 广州市人民政府办公厅. 广州市教育事业发展第十三个五年规划[EB/OL]. (2018 – 11 – 20). http://www. gzmz. gov. cn/gzgov/s2812/201705/3836644ca56495985cb0edb359d7e73. shtm

年坚持每年举办全民终身学习活动周，将全面终身学习活动周与社区教育相结合，得到群众热烈响应和支持。① 广州市在充分整合辖区各类社区教育资源、加强各社区的沟通和相互学习、进一步提高社区教育服务的质量、为社区居民提供更优质便利的社区教育服务等方面取得了成效，在广州召开的全国社区教育2016年度工作研讨会上获得了肯定。②

2）广州市公务员学习与培训情况

广州市由市委组织部干部培训处、市人力资源和社会保障局公务员培训与考核奖惩处具体负责干部教育培训、公务员培训工作。前者主要职责为：制订干部教育培训工作的政策规划；协调、指导与检查各区干部培训工作；做好领导干部培训期间的考察工作；协调做好有关干部培训班党员选送工作；承担市干部培训工作领导小组的日常工作。③ 后者的主要职责是综合管理全市的公务员培训工作；负责公务员施教机构认定工作；组织实施市直机关公务员及参照公务员法管理单位工作人员的培训工作。④

广州市从2007年起对市各级机关公务员和参照公务员法管理人员参加各类培训情况都实行积分制管理，规定了学分计算明细，并通过"广州市公务员培训信息管理系统"进行登记，公务员年度培训积分完成情况将作为公务员年度考核与任职晋升的依据。⑤ "广州市公务员培训网"负责公务员培训政策、法规通知等信息的发布以及相关业务管理，"广州市公务员培训网络大学堂"为公务员提供选课学习的便捷式网络平台，课程大类分为Ⅰ类和Ⅱ类，Ⅰ类学时是市组织人事部门组织的培训课程，重点以政治理论、党性修养、政策法规、理想信念、道德品行教育为培训内容，Ⅱ类学时是除市组织人事部门之外组织的培训课程，包括各业务知识、科学人文素养等方面。课程资源非常丰富，形成了十二个课程系列，基本按照每月10门左右、每年200门的速度进行课程更新。⑥

---

① 黄丽虹. 2015年"广州市全民终身学习活动周"启动［EB/OL］.（2015 – 11 – 02）. http://edu. southcn. com/yczt/content/2015 – 11/02/content_136049078. htm

② 闫景臻. 2016年社区教育研讨会在广州召开 终身学习深入人心［EB/OL］.（2016 – 06 – 13）. http://edu. people. com. cn/n1/2016/0613/c1053 – 28430789. html

③ 广州党建. 干部培训处［EB/OL］.（2017 – 08 – 22）. http://www. gzdj. gov. cn/jgsz/info_51_itemid_ 145. html

④ 广州市人力资源和社会保障局. 主要职责和内设机构［EB/OL］.（2011 – 01 – 11）. http://www. hrssgz. gov. cn/zwxxgk/xxgkml/jgzn/jggk/201101/t20110111_131801. html

⑤ 广州市人事局. 广州市公务员培训积分制管理实施细则（试行）［Z］. 2006 – 12 – 05.

⑥ 注：资料来源于广州公务员培训网络大学堂.（http://www. hrssgz. gov. cn/wldxt/）

另外,广州市公务员还接受干部教育培训。中共广东省委印发《2014—2018年广东省干部教育培训规划》通知明确了各类培训对象的培训工作量化指标,[①]如表 5.1 所示。在办学资源方面,各级各类干部的培训、轮训等主要依托各地级以上市、县(市、区)委党校、部门及行业干部教育培训机构、以及依托高等学校、科研院所优质培训资源建设的干部教育培训基地等。[②]在管理制度方面,建立了干部调训和选学制度、干部学习培训考核评价机制、干部教育培训质量评估机制等。2014 年底开发上线了"广东省干部网络学院平台"学习平台,截至 2017 年 7月 31 日平台学员人数为 434638,课件数量为 1536,访问学习次数为 33992767。[③]

总体来看,广州市公务员学习培训工作开展的时间较早、规模较大、投入较多、管理制度较规范、管理体系较完善、网络平台建设较成熟。

表 5.1　广东省干部培训工作量化指标

干部类别	县处级及以上党政干部	科级及以下干部	非公务员基层干部	企业经营管理人员	专业技术人员
每年每单位脱产培训课不低于	30%	25%	25%	30%	20%
每年每单位干部参训率不低于	50%	40%	40%	50%	50%
人均年脱产培训学时数不低于/个	110	90	40	110	90
网络培训全省覆盖率	厅级:2014 年 100% 县级:2015 年 100%	2018 年100%	—	—	—
网络培训每人每年达到的学时数不低于/个	50	80	—	—	—

资料来源:中共广东省委.2014—2018 年广东省干部教育培训规划[Z].2014 - 01 - 29.

① 中共广东省委.2014—2018 年广东省干部教育培训规划[Z].2014 - 01 - 29.
② 中共广东省委.2014—2018 年广东省干部教育培训规划[Z].2014 - 01 - 29.
③ 注:数据来源于该平台公布的动态数据。(http://test.gd.gov.cn/gdceportal/index.aspx)

5.1.2 数据分析与模型检验

1. 变量的描述性分析

1) 人口统计特征

本次广州调查共回收问卷 291 份，其中有效问卷 204 份。从表 5.2 可知，被调查的广州公务员样本中，男性公务员比女性公务员多 19.6%；已婚群体占到总数的 83.8%；各个年龄段的群体都有覆盖，其中 31~40 岁年龄段和 30 岁以下年龄段占到总数的 80.4%；学历层次都相对较高，绝大多数公务员都具有本科及以上学历；职务级别主要是科级及以下，但处级及以上也占到 13.2%；工作经验方面显示各个工龄段的公务员都有一定数量；岗位层级分布均匀，乡镇级公务员占 38.2%，县级公务员占 35.8%，市级公务员占 26%；职位类别中综合管理岗占 49.5%，专业技术岗占 15.7%，行政执法岗占 34.8%。总的来看，调查对象结构比较合理，符合抽样设计方案，具有较好的样本代表性。

表 5.2 人口统计特征（广州）

特征变量		调查对象	
		人数	比例（%）
性别	男	123	60.3
	女	81	39.7
婚姻	已婚	171	83.8
	未婚	33	16.2
年龄	30 岁以下	66	32.4
	31~40 岁	98	48.0
	41~50 岁	34	16.7
	51 岁以上	6	2.9
学历	大专及以下	4	2.0
	本科	143	70.1
	研究生及以上	57	27.9

续表 5.2

特征变量		调查对象	
		人数	比例(%)
职务级别	科员及以下	86	42.2
	科级	91	44.6
	处级及以上	27	13.2
工作经验	5 年及以下	58	28.4
	6~10 年	74	36.3
	11~20 年	48	23.5
	21 年及以上	24	11.8
岗位层级	乡镇/街道办	78	38.2
	区(县)	73	35.8
	市级及以上	53	26.0
职位类别	综合管理	101	49.5
	专业技术	32	15.7
	行政执法	71	34.8
样本数合计		204	100.0

资料来源：统计分析整理

2）变量的描述性统计

通过计算所有变量的均值和标准差，可以对调查问卷的填答情况进行描述性分析。本书使用的是 Likert5 点计分法，中位数是 3，均值越高说明同意这种观点的人越多。表 5.3 显示各观测变量得分均高于中位数水平，样本数据分布合理、结构完整。

表 5.3　观测变量描述性分析(广州)

观测变量	样本量	最小值	最大值	平均值	标准差
Q10	204	1	5	3.47	0.091
Q11	204	1	5	3.47	0.093
Q12	204	1	5	3.16	0.096
Q13	204	1	5	3.99	0.08
Q14	204	1	5	3.22	0.102
Q15	204	1	5	3.68	0.089
Q16	204	1	5	3.65	0.085
Q17	204	1	5	3.34	0.093
Q18	204	1	5	3.62	0.087
Q19	204	1	5	4.03	0.072
Q20	204	1	5	3.8	0.084
Q21	204	1	5	4.05	0.071
Q22	204	1	5	4.06	0.073
Q23	204	1	5	3.7	0.084
Q24	204	1	5	3.6	0.088
Q25	204	1	5	3.4	0.088
Q26	204	1	5	3.32	0.088
Q27	204	1	5	3.19	0.089
Q28	204	1	5	4.1	0.068
Q29	204	1	5	4.23	0.066
Q30	204	1	5	4.23	0.067
Q31	204	1	5	4.07	0.076
Q32	204	1	5	3.35	0.096

续表 5.3

观测变量	样本量	最小值	最大值	平均值	标准差
Q33	204	1	5	3.38	0.088
Q34	204	1	5	3.57	0.085
Q35	204	1	5	3.54	0.078
Q36	204	1	5	4.08	0.069
Q37	204	1	5	3.55	0.078
Q38	204	1	5	3.39	0.089
Q39	204	1	5	3.28	0.089
Q40	204	1	5	3.84	0.081
Q41	204	1	5	3.49	0.083
Q42	204	1	5	3.91	0.074
Q43	204	1	5	3.76	0.078
Q44	204	1	5	3.73	0.075
Q45	204	1	5	4.11	0.064
Q46	204	1	5	4.47	0.059
Q47	204	1	5	3.93	0.095
Q48	204	1	5	3.91	0.065
Q49	204	1	5	3.68	0.068
Q50	204	1	5	3.70	0.071
Q51	204	1	5	3.68	0.074

资料来源：统计分析整理

3）变量的相关性分析

本书对潜在变量的均值和标准差进行了计算，各潜在变量得分均高于中位数水平；并采用皮尔逊相关分析（Pearson correlation）检验各潜在变量相关性与显著性，分析结果见表 5 4。

表 5.4　潜在变量的相关分析（广州）

	平均值	标准偏差	期望绩效	感知风险	努力期望	周围环境	促进因素	"经济人"动机	"公务人"动机	"学习人"动机	"社会人"动机	采纳与形成
期望绩效	4.1748	0.91538	1									
感知风险	3.4930	0.89505	0.232**	1								
努力期望	3.7239	0.87569	0.386**	0.631**	1							
周围环境	3.5824	0.94712	0.451**	0.363**	0.608**	1						
促进因素	3.8676	0.87689	0.512**	0.320**	0.572**	0.706**	1					
"经济人"动机	3.5208	0.98817	0.429**	-0.158*	0.327**	0.373**	0.350**	1				
"公务人"动机	3.5915	0.97943	0.487**	-0.146*	0.199**	0.432**	0.428**	0.562**	1			
"学习人"动机	3.8422	0.89442	0.485**	-0.132*	0.217**	0.402**	0.486**	0.432**	0.546**	1		
"社会人"动机	3.5025	0.95753	0.476**	-0.121*	0.198*	0.437**	0.394**	0.485**	0.618**	0.711**	1	
采纳与形成	3.4863	0.99492	0.378**	-0.175*	0.170*	0.198*	0.338**	0.245**	0.322**	0.562**	0.465**	1

注 **．在置信度（双侧）为 0.01 时，相关性是显著的。

*．在置信度（双侧）为 0.05 时，相关性是显著的。

资料来源：统计分析整理

（1）外因潜在变量与内因潜在变量之间的相关分析。由表5.4可见，除"感知风险"与5个内因潜在变量为负相关以外，其余4个外因潜在变量与内因变量间都是正相关：期望绩效与"公务人动机"的显著相关性最高，为0.487；努力期望与"经济人"学习动机的显著相关性最高，为0.327；周围环境与"社会人"学习动机的显著相关性最高，为0.437；促进因素与"学习人"学习动机的显著相关性最高，为0.486。

（2）外因潜在变量之间的相关分析。5个外因潜在变量中，广州终身学习动机影响因素的五个维度之间是正向相关，且在置信度（双侧）为0.01时，相关系数是显著异于0，说明终身学习影响因素的五个维度间显著相关。绩效期望与促进因素的显著相关性最高，为0.512；感知风险与努力期望的显著相关性最高，为0.631；周围环境与促进因素的显著相关性最高，为0.706。

（3）内因潜在变量之间的相关分析。5个内因潜在变量之间全部正向相关，且具有显著性，在置信度（双侧）为0.01时，相关系数是显著异于0，说明学习动机的4个潜变量之间及其与学习行为之间显著相关。其中，广州"经济人"学习动机与"公务人"学习动机的显著相关性最高，为0.562；"公务人"学习动机与"社会人"学习动机的显著相关性最高，为0.618；"学习人"学习动机与"社会人"学习动机的显著相关性最高，为0.711；终身学习的"采纳与形成"与"学习人"学习动机的显著相关性最高，为0.562。

从变量相关分析可见，与广州公务员终身学习"采纳与形成"相关程度较高的依次是"学习人"学习动机、"社会人"学习动机、绩效期望、促进因素等。

2.量表的有效性分析

1）量表的信度分析

运行SPSS22.0软件，对调查问卷所含三份量表中的所有变量进行信度分析，见表5.5，表5.6、表5.7。各量表及各维度Cronbach α 信度系数分析结果显示：

（1）广州公务员终身学习动机量表的整体 Cronbach α 系数是0.920；各维度因子的 Cronbach α 值分别是0.803、0.866、0.839、0.814，均大于0.80。

（2）广州公务员终身学习影响因素量表的整体 Cronbach α 系数是0.910；各维度因子的 Cronbach α 值分别是0.907、0.799、0.801、0.855、0.802，除一个维度的 α 值略低于0.80外，其余均在0.80以上。

（3）广州公务员采纳与形成终身学习自我评价量表的整体 Cronbach α 系数是

0.799。

　　根据内部一致性信度系数判断原则，只要量表的 Cronbach α 系数大于 0.70 就是可以接受的。本书用于调查广州公务员终身学习调查各量表 Cronbach α 系数都大于 0.70，说明量表及各维度具有较高的内部一致性，也说明问卷总体上具有较高的可靠性。

表 5.5　终身学习动机量表及各维度信度测量结果（广州）

公务员终身学习内部动机	题项个数	信度系数	评价
总量表	19	0.920	信度高，接受
"经济人"学习动机	4	0.803	信度高，接受
"公务人"学习动机	6	0.866	信度高，接受
"学习人"学习动机	5	0.839	信度高，接受
"社会人"学习动机	4	0.814	信度高，接受

资料来源：统计分析整理

表 5.6　终身学习影响因素量表及各维度测量信度结果（广州）

公务员终身学习影响因素	题项个数	信度系数	评价
总量表	17	0.910	信度高，接受
绩效期望	3	0.907	信度高，接受
成本风险	3	0.799	信度较高，可以接受
努力期望	3	0.801	信度高，接受
周围环境	5	0.855	信度高，接受
便利条件	3	0.802	信度高，接受

资料来源：统计分析整理

表 5.7　自我评价量表测量信度结果（广州）

公务员终身学习自我评价	题项个数	信度系数	评价
总量表	6	0.799	可以接受

资料来源：统计分析整理

表 5.8 所有变量的信度分析显示，删除任何一个题目都不会引起各维度信度系数的明显提高，说明内部一致性良好；从问项与总分的相关程度看，除了 Q47 题项与总分相关系数较低外①，其余各题项与总分的相关系数均大于 0.4，说明广州公务员终身学习调查量表均具有较好的信度与清晰的内部结构。

表 5.8　所有变量的信度分析（广州）

量表	维度	编号	问项内容	修正的项目总相关	删除该题后内部一致性系数
公务员终身学习动机量表	"经济人"学习动机	Q10	提升职位、改善工作环境	0.669	0.651
		Q11	增加收入或提高工薪	0.638	0.667
		Q12	提高学历和声望	0.605	0.687
		Q13	追求优雅而有品质的生活	0.460	0.803
	"公务人"学习动机	Q14	对党组织或行政组织的忠诚	0.660	0.846
		Q15	为获得工作成就感或自豪感	0.698	0.837
		Q16	为更好服务社会和公众	0.817	0.817
		Q17	组织内部学习与考核的常态化	0.501	0.863
		Q18	攻克工作难题、不断创新与超越	0.724	0.833
		Q19	适应新形势、新环境的工作需要	0.622	0.852
	"学习人"学习动机	Q20	探求和了解未知世界	0.693	0.791
		Q21	提高多种技术和技能	0.557	0.828
		Q22	培育广泛的兴趣爱好	0.675	0.799
		Q23	做社会和家庭读书学习的榜样	0.680	0.795
		Q24	坚定理想信念、获得精神支柱	0.616	0.815
	"社会人"学习动机	Q25	扩展社交圈，结交朋友	0.785	0.689
		Q26	融入集体生活，改善人际关系	0.734	0.716
		Q27	通过读书缓解压力、释放情绪	0.700	0.734
		Q28	提高素质修养，受人尊重	0.442	0.814

① 注：该题是反向计分题，主要作用在于考察被调查者填答问卷的认真程度，所以相关度低于0.4也个做处埋。

续表 5.8

量表	维度	编号	问项内容	修正的项目总相关	删除该题后内部一致性系数
公务员终身学习影响因素	绩效期望	Q29	终身学习对改变现状有作用	0.833	0.854
		Q30	终身学习对未来职业发展有价值	0.840	0.848
		Q31	终身学习对完成困难任务有帮助	0.783	0.902
	感知风险	Q32	投入的经济成本与风险	0.638	0.735
		Q33	投入的时间成本与风险	0.761	0.599
		Q34	感知的身体健康风险	0.545	0.799
	努力期望	Q35	学习过程的顺畅度	0.589	0.656
		Q36	学习内容有吸引力	0.517	0.735
		Q37	学习任务难度不大，易学易用	0.637	0.696
	周围影响	Q38	地方政府对终身学习的重视与支持	0.718	0.811
		Q39	社会舆论对于学习风气的导向与影响	0.717	0.812
		Q40	工作单位提供的学习便利及制度薪金等保障	0.666	0.826
		Q41	朋友、同事的评价与学习经验分享	0.641	0.832
		Q42	家庭的鼓励与全方位支持	0.604	0.841
	促进因素	Q43	信息技术进步等客观条件支持	0.717	0.653
		Q44	外部资源与帮助的获取便利性	0.770	0.691
		Q45	终身学习理念与工作经验、习惯的一致性	0.487	0.802
采纳与形成终身学习的自我评价		Q46	我认为终身学习是有必要的	0.606	0.719
		Q47	终身学习对于一些人有用，但我觉得无用	0.104	0.690
		Q48	我对自己的学习能力很自信	0.624	0.710
		Q49	如果有困难，我能想尽一切办法坚持学习	0.733	0.680
		Q50	我近期主动开展了学习活动	0.709	0.683
		Q51	我长期坚持了学习习惯	0.721	0.677

资料来源：统计分析整理

2）量表的效度分析

从统计学的角度，因子分析法是检验结构效度最常用的方法。据此，将问卷数据随机分成两部分，取一半用来进行探索性因子分析。[①]　总体来看，该问卷所含三个量表的结构效度很好。

（1）广州公务员终身学习动机结构量表的效度分析。运行 SPSS22.0 软件，针对公务员终身学习动机结构测量的 19 个问项以主成分分析法进行因子提取，因子旋转方法为最大方差法。

由表 5.9 可见，KMO 值为 0.890，表示适切性良好，Bartlett 值为 2334.564（自由度为 171），显著性概率值 $P = 0.000$，达到 0.05 显著水平，表示总体相关矩阵间有共同因素存在，适合进行因素分析。

表 5.9　KMO 和 Bartlett 检验（广州 – 动机量表）

KMO 取样适切性量数		0.890
Bartlett 的球形度检验	上次读取的卡方	2334.564
	自由度	171
	显著性	0.000

资料来源：统计分析整理

如表 5.10 所示，广州公务员终身学习动机结构问项回旋后的成分矩阵中，以因子载荷量 0.5 为标准，形成四个主成分。第一个成分有 4 个问项测学习自身特征，第二个成分有 6 个问项测公务员职业特征，第三个成分有 5 个问项测关于社会交往动机，第四个成分有 4 个问项测关于经济动机。由此可见，因子分析提取的四个主成分也可以归纳为"学习人"学习动机、"公务人"学习动机、"社会人"学习动机、"经济人"学习动机，其与本书提出的理论假设完全相符。

由表 5.11 可见，转轴前四个因素的特征值分别为 7.976、2.149、1.414、1.313，转轴后的特征值分别为 3.921、3.510、2.975、2.447，联合解释变异量为 67.645%，说明萃取四个因素是适切的。

[①]　注：关于因素分析中样本量的大小存在不同观点，学者 Stevens 以及吴明隆都认为预试样本量最好为量表题项数的 5 倍，本书中将问卷数据取一半为 102，问卷中最大量表题项为 19，达到因素分析的基本要求。参见：吴明隆. 问卷统计分析实务——SPSS 的操作与应用[M]. 重庆：重庆大学出版社，2010：207.

表 5.10　因子分析旋转后的成分矩阵[a]（广州 – 动机量表）

	组件			
	1	2	3	4
Q20	0.796	0.236	0.109	0.010
Q22	0.789	0.011	0.196	0.100
Q21	0.531	0.274	0.147	0.368
Q24	0.639	0.280	0.358	0.112
Q23	0.621	0.131	0.500	0.168
Q16	0.277	0.767	0.276	0.188
Q18	0.387	0.760	0.176	0.065
Q15	0.273	0.755	0.130	0.219
Q19	0.199	0.695	0.059	0.243
Q14	0.083	0.671	0.327	0.159
Q17	0.206	0.600	0.472	0.212
Q26	0.196	0.207	0.822	0.282
Q25	0.291	0.212	0.810	0.151
Q27	0.418	0.158	0.711	0.025
Q28	0.023	0.270	0.706	0.017
Q11	0.005	0.138	0.113	0.864
Q10	0.092	0.181	0.126	0.838
Q12	0.168	0.335	0.235	0.616
Q13	0.143	0.202	0.095	0.583

提取方法：主成分分析。旋转方法：Kaiser 标准化最大方差法。a. 旋转在 7 次迭代后已收敛。

资料来源：统计分析整理

　　表 5.11 可见，转轴前四个因素的特征值分别为 7.976、2.149、1.414、1.313，转轴后的特征值分别为 3.921、3.510、2.975、2.447，联合解释变异量为 67.645%，说明萃取四个因素是适切的。

表5.11 总方差解释(广州 – 动机量表)

组件	初始特征值			提取载荷平方和			旋转载荷平方和		
	总计	方差%	累积 %	总计	方差%	累积 %	总计	方差%	累积 %
1	7.976	41.981	41.981	7.976	41.981	41.981	3.921	20.635	20.635
2	2.149	11.313	53.293	2.149	11.313	53.293	3.510	18.475	39.110
3	1.414	7.442	60.735	1.414	7.442	60.735	2.975	15.656	54.766
4	1.313	6.910	67.645	1.313	6.910	67.645	2.447	12.879	67.645

提取方法：主成分分析。

资料来源：统计分析整理

(2)广州公务员终身学习影响因素量表的效度分析。针对公务员终身学习影响因素测量的17个问项进行因子分析(方法如前所述)。

由表5.12可见，KMO值为0.873，表示适切性良好，Bartlett值为2122.000(自由度为136)，显著性概率值 $P = 0.000$，达到0.05显著水平，表示总体相关矩阵间有共同因素存在，适合进行因素分析。

表5.12 KMO和Barlett检验(广州 – 因素量表)

KMO 取样适切性量数		0.873
Bartlett 的球形度检验	上次读取的卡方	2122.000
	自由度	136
	显著性	0.000

资料来源：统计分析整理

由表5.13所示，广州市公务员终身学习影响因素问项回旋后的成分矩阵中，以因子载荷量0.5为标准，形成五个主成分。第一个成分有3个问项测风险因素，第二个成分有3个问项测有关便利条件，第三个成分有5个问项测周围环境，第四个成分有3个问项测学习效益和效果，第五个成分有3个问项测学习的付出成本。由此可见，因子分析提取的五个主成分也可以归纳为感知风险、促进因素、周围环境、绩效期望、努力期望，其与本书提出的理论假设完全相符。

表 5.13　因子分析旋转后的成分矩阵[a]（广州 – 因素量表）

	组件				
	1	2	3	4	5
Q33	0.876	0.128	0.135	0.062	0.060
Q32	0.813	0.094	0.037	0.036	0.158
Q34	0.731	0.110	0.171	0.112	0.054
Q43	0.127	0.780	0.367	0.198	0.099
Q44	0.201	0.765	0.266	0.179	0.202
Q45	0.057	0.637	0.080	0.339	0.463
Q42	0.025	0.211	0.700	0.272	0.318
Q41	0.250	0.446	0.635	0.093	0.046
Q39	0.136	0.301	0.801	0.138	0.011
Q38	0.102	0.397	0.753	0.168	0.046
Q40	0.098	0.227	0.664	0.157	0.471
Q30	0.106	0.079	0.149	0.901	0.154
Q29	0.095	0.251	0.089	0.879	0.131
Q31	0.098	0.214	0.172	0.851	0.072
Q36	0.363	0.104	0.176	0.131	0.784
Q35	0.021	0.061	0.166	0.164	0.588
Q37	0.137	0.236	0.283	0.084	549

提取方法：主成分分析。旋转方法：Kaiser 标准化最大方差法。a. 旋转在 12 次迭代后已收敛。

资料来源：统计分析整理

由表 5.14 可见，转轴前 5 个因素的特征值分别为 7.178、2.100、1.674、1.064、1.000，转轴后的特征值分别为 2.862、2.821、2.785、2.718、1.585，联合解释变异量为 75.122%，说明萃取五个因素是适切的。

（3）广州公务员采纳与形成终身学习自我评价量表的效度分析。对广州公务员采纳与形成终身学习自我评价量表的 5 个问项进行因子分析，方法如前。以特征值 1 为因子抽取标准。分析结果如表 5.15、表 5.16、表 5.17 所示。公务员采纳与形成终身学习自我评价 KMO 值为 0.815，表示适切性良好，Bartlett 值为

665.775（自由度为 10），显著性概率值 $P = 0.000$，达到 0.05 显著水平，说明总体相关矩阵间有共同因素存在，可以进行因素分析。抽取的共同因素在 0.464 ~ 0.796，均大于 0.200，表示共同性较高。但特征值大于 1 的共同因子只有一个主成分，联合解释变异量为 69.636%，说明这五个问项可以用来测量广州公务员采纳与形成终身学习自我评价情况。

表 5.14 总方差解释（广州 – 因素量表）

组件	初始特征值			提取载荷平方和			旋转载荷平方和		
	总计	方差%	累积 %	总计	方差%	累积 %	总计	方差%	累积 %
1	7.178	42.223	42.223	7.178	42.223	42.223	2.862	16.837	16.837
2	2.100	12.354	54.577	2.100	12.354	54.577	2.821	16.593	33.430
3	1.674	9.847	64.424	1.674	9.847	64.424	2.785	16.382	49.812
4	1.064	6.256	70.680	1.064	6.256	70.680	2.718	15.986	65.799
5	1.000	4.442	75.122	0.755	4.442	75.122	1.585	9.323	75.122

提取方法：主成分分析。

资料来源：统计分析整理

表 5.15 KMO 和 Bartlett 检验（广州 – 自我评价量表）

KMO 取样适切性量数		0.815
Bartlett 的球形度检验	上次读取的卡方	665.775
	自由度	10
	显著性	0.000

资料来源：统计分析整理。

表 5.16 公因子方差（广州 – 自我评价量表）

	初始值	提取
Q46	1.000	0.464
Q48	1.000	0.649
Q49	1.000	0.796

续表 5.16

	初始值	提取
Q50	1.000	0.778
Q51	1.000	0.794

提取方法：主成分分析。

资料来源：统计分析整理

表 5.17 总方差解释（广州 – 自我评价量表）

组件	初始特征值			提取载荷平方和		
	总计	方差%	累积 %	总计	方差%	累积 %
1	3.482	69.636	69.636	3.482	69.636	69.636
2	0.645	12.892	82.528			
3	0.504	10.072	92.600			
4	0.233	4.651	97.250			
5	0.137	2.750	100.000			

提取方法：主成分分析。

资料来源：统计分析整理

3. 结构模型检验

结构方程模型通过适配度检核指标来衡量理论模型与搜集数据的拟合程度。虽然有关模型适配度的评价有许多不同主张，但一般可以从模型基本适配度指标（preliminary fit criteria）、整体模型适配度指标（overall model fit）以及内在结构适配度指标（fit of internal structural model）等方面综合考虑[1]。

基本适配度指标是研究中先行检验模型是否违反估计、查核参数估计合理性的参考；内在结构适配度指标可以用于测量模型和结构模型内在质量的评估；而整体适配度评估包括的绝对适配指标值、相对适配指标值以及简约适配指标值可以用于模型外在质量的检核，具体见表 5.18、表 5.19、表 5.20。

---

[1] 吴明隆. 结构方程模型——AMOS 的操作与应用[M]. 重庆：重庆大学出版社，2010：39.

表 5.18　SEM 基本适配度检验项目与标准

评价项目	适配标准
是否没有负的误差变异量	没有出现负的误差变异量
因素负荷量是否介于 0.5 至 0.95 之间	介于 0.5 至 0.95 之间
是否没有很大的标准误	标准误值很小

资料来源：吴明隆. 结构方程模型——AMOS 的操作与应用[M]. 重庆：重庆大学出版社，2010：57.

表 5.19　SEM 内在适配度检验项目与标准

评价项目	适配标准
所估计的参数均达到显著水平	t 绝对值 >1.96，符号与期望的相符
指标变量个别项目的信度高于 0.50	$R^2 > 0.50$
潜在变量的平方方差抽取值大于 0.50	$\rho_v > 0.50$
潜在变量的组合信度大于 0.60	$\rho_c > 0.60$
标准化残差的绝对值小于 2.58	<2.58

资料来源：吴明隆. 结构方程模型——AMOS 的操作与应用[M]. 重庆：重庆大学出版社，2010：57.

表 5.20　SEM 整体模型适配度检验项目与标准

	统计检验量	适配标准或临界值
	χ^2 值(卡方值)	显著性概率值 $P > 0.05$(未达显著标准)
	GFI 值	>0.90 以上
	AGFI 值	>0.90 以上
	RMR 值	<0.05
绝对适配度 指数	SRMR 值	<0.05
	RMSEA 值	<0.05(适配良好)，<0.08(适配良好)
	NCP 值	愈小愈好，90% 的置信区间包含 0
	ECVI 值	理论模型的 ECVI 值小于独立模型的 ECVI 值，且小于饱和模型的 ECVI 值

续表 5.20

	统计检验量	适配标准或临界值
相对适配度 指数	NFI 值	>0.90
	RFI 值	>0.90
	IFI 值	>0.90
	TLI 值	>0.90
	CFI 值	>0.90
简约适配度 指数	PGFI 值	>0.50 以上
	PNFI 值	>0.50 以上
	CN 值	>200 以上
	NC 值（卡方自 由度比值）	1 < NC < 3，表示模型为简约适配程度；NC > 5，表示 模型需要修正
	AIC 值	理论模型的 AIC 值小于独立模型的 AIC 值，且小于 饱和模型的 AIC 值
	CAIC 值	理论模型的 CAIC 值小于独立模型的 CAIC 值，且小 于饱和模型的 CAIC 值

资料来源：吴明隆. 结构方程模型——AMOS 的操作与应用[M]. 重庆：重庆大学出版社，2010：52.

由于判断假设模型与观察数据适配性的指标很多，且不同适配指标的评估可能对模型支持与否不尽一致[1]，且由于模型的复杂性、样本大小等因素对不同指标有影响差异，学者休伯蒂与莫里斯（Huberty & Morris）经过观察分析也曾指出"在所有的统计推论中，主观判断是没有办法避免的"[2]，因此本书认为在实际分析中既要从适配度指数考察数据与理论模型的拟合程度，也不能完全因为数据主义导向而牺牲理论构建的合理性，需要多方面综合考虑、论断。以下是关于各结构模型检验的具体情况。

1）广州公务员终身学习动机结构的模型检验

（1）一阶验证性因子分析。为了验证公务员学习动机因素结构是否与实际数据适配，输入广州公务员调查样本中未用于信度分析的另一半随机数据，运行

---

[1] 吴明隆. 结构方程模型——AMOS 的操作与应用[M]. 重庆：重庆大学出版社，2010：57.
[2] 吴明隆. 结构方程模型——AMOS 的操作与应用[M]. 重庆：重庆大学出版社，2010：58.

AMOS22.0 软件，使用最大似然估计方法进行参数估计，得到广州公务员终身学习动机结构一阶验证模型的标准参数估计，见图 5.1。主要拟合指数见表 5.21，路径系数显著性见表 5.22，潜在变量协方差估计与相关系数见表 5.23。

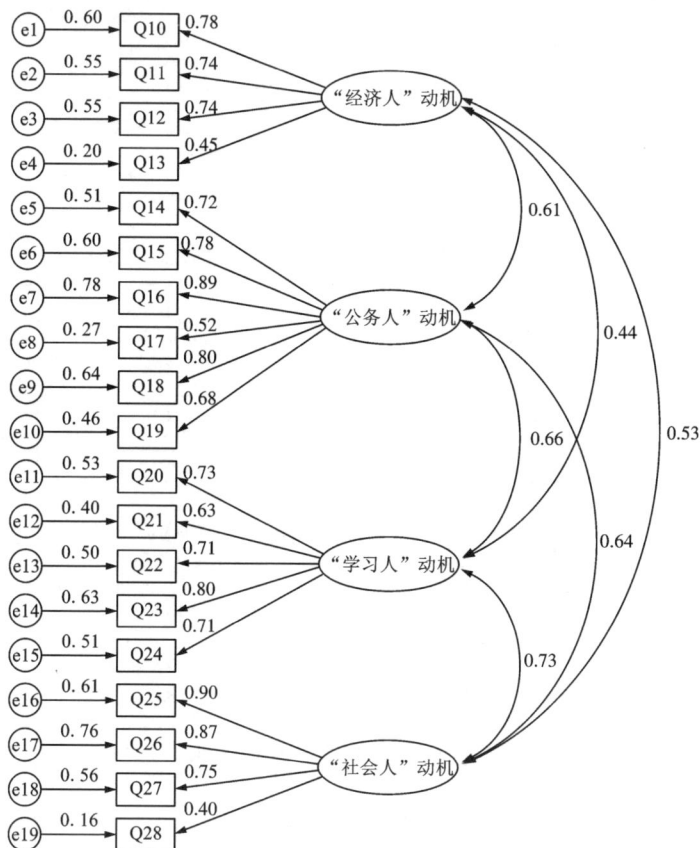

图 5.1　一阶验证模型的标准参数估计图(广州－学习动机)

资料来源：AMOS22.0 分析显示

表 5.21　一阶验证模型的主要拟合指数摘要表(广州－学习动机)

指标名称	χ^2	GFI	AGFI	RMR	RMSEA	NFI	CFI	NC
检定结果	613.144	0.889	0.901	0.053	0.048	0.868	0.921	2.702
拟合判断	($P>0.05$) 拟合	基本 拟合	拟合	基本 拟合	拟合	基本 拟合	拟合	拟合

资料来源：AMOS22.0 分析整理

表5.22 一阶验证模型路径系数统计结果(广州－学习动机)

			Estimate	S. E.	C. R.	P	Standardized
Q13	< - - -	"经济人"动机	1.000				0.453
Q12	< - - -	"经济人"动机	1.981	0.344	5.752	* * *	0.741
Q11	< - - -	"经济人"动机	1.928	0.352	5.474	* * *	0.744
Q10	< - - -	"经济人"动机	1.964	0.351	5.602	* * *	0.777
Q17	< - - -	"公务人"动机	1.000				0.523
Q16	< - - -	"公务人"动机	1.547	0.198	7.800	* * *	0.886
Q15	< - - -	"公务人"动机	1.418	0.193	7.341	* * *	0.776
Q14	< - - -	"公务人"动机	1.494	0.209	7.136	* * *	0.716
Q23	< - - -	"学习人"动机	1.000				0.795
Q22	< - - -	"学习人"动机	0.775	0.076	10.182	* * *	0.709
Q21	< - - -	"学习人"动机	0.669	0.076	8.836	* * *	0.631
Q20	< - - -	"学习人"动机	0.910	0.091	10.007	* * *	0.727
Q28	< - - -	"社会人"动机	1.000				0.488
Q27	< - - -	"社会人"动机	2.488	0.456	5.456	* * *	0.751
Q26	< - - -	"社会人"动机	2.829	0.512	5.529	* * *	0.871
Q25	< - - -	"社会人"动机	2.932	0.527	5.567	* * *	0.902
Q18	< - - -	"公务人"动机	1.419	0.191	7.444	* * *	0.802
Q19	< - - -	"公务人"动机	0.989	0.144	6.883	* * *	0.675
Q24	< - - -	"学习人"动机	0.939	0.094	10.037	* * *	0.712

$*P<0.05$；$**P<0.01$；$***P<0.001$

资料来源：AMOS22.0分析整理

注：Estimate 为参数估计值；S. E. 为标准误；C. R. 为临界比；Standardized 为标准化回归路径系数

表 5.23　一阶验证模型的潜在变量协方差估计与相关系数(广州－学习动机)

			Covariances	S. E.	C. R.	P	Correlations
"经济人"动机	< - ->	"公务人"动机	0.218	0.056	3.881	＊＊＊	0.611
"经济人"动机	< - ->	"学习人"动机	0.215	0.062	3.492	＊＊＊	0.440
"经济人"动机	< - ->	"社会人"动机	0.104	0.031	3.358	＊＊＊	0.528
"公务人"动机	< - ->	"学习人"动机	0.435	0.083	5.243	＊＊＊	0.655
"公务人"动机	< - ->	"社会人"动机	0.171	0.044	3.890	＊＊＊	0.638
"学习人"动机	< - ->	"社会人"动机	0.268	0.062	4.347	＊＊＊	0.732

注：＊$P < 0.05$；＊＊$P < 0.01$；＊＊＊$P < 0.001$

资料来源：AMOS22.0 分析整理

　　数据分析显示,广州公务员终身学习动机一阶验证模型基本适配度指标良好,没有出现负的误差变异量,没有违反模型辨认规则。各主要拟合指标基本达到标准,说明模型外在质量可以,测量模型收敛效度可以。模型的内在质量方面,载荷系数基本介于 0.5 至 0.95 之间,且 C.R. 值均大于 1.96,P 值均达到显著性水平。由此可以验证探索性因素分析中得到的公务员学习动机因素结构与实际数据是适配性的。学习动机四个维度的潜在变量之间协方差检验结果都达到显著,且一阶潜在因素间相关系数在 0.440～0.732,相关性显著,说明这些潜在变量之间可能有更高阶共同因素存在。

　　(2)二阶验证性因子分析。为了探明一阶因素构建是否有受到一个更高阶潜在特质影响,对广州公务员终身学习动机结构二阶验证模型进行标准参数估计,见图 5.2。主要拟合指数见表 5.24,内在适配指标摘要见表 5.25,路径系数显著性见表 5.26。

表 5.24　二阶验证模型的主要拟合指数摘要表(广州－学习动机)

指标名称	χ^2	GFI	AGFI	RMR	RMSEA	NFI	CFI	NC
检定结果	882.539	0.889	0.871	0.068	0.059	0.907	0.919	2.761
拟合判断	($P > 0.05$) 拟合	基本拟合	基本拟合	基本拟合	基本拟合	拟合	拟合	拟合

资料来源：AMOS22.0 分析整理

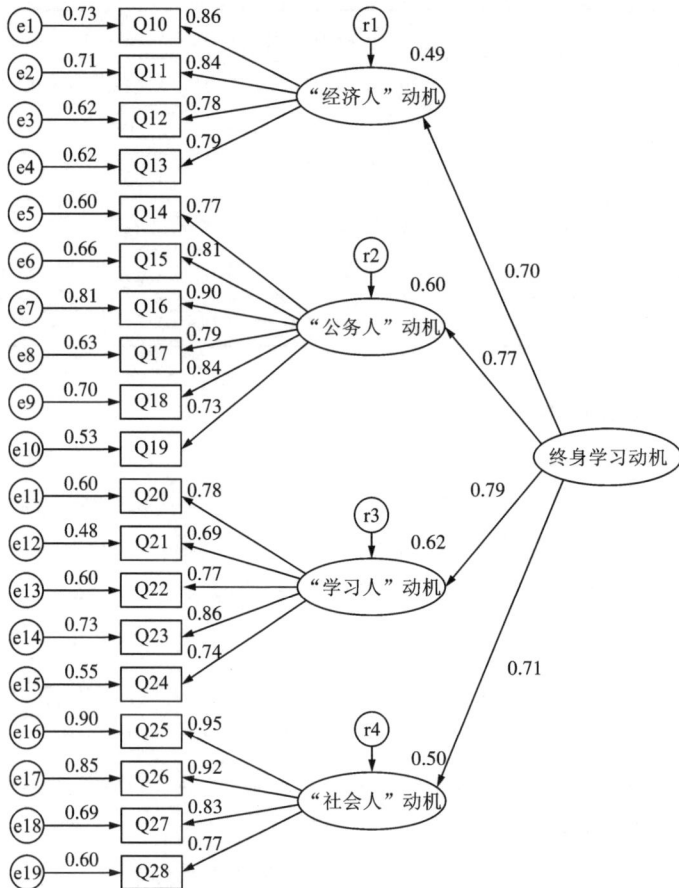

图 5.2   二阶验证模型的标准参数估计图(广州 – 学习动机)

资料来源:AMOS22.0 分析显示

表 5.25   二阶验证模型内在适配指标摘要(广州 – 学习动机)

潜在变量	测量指标	因素负荷量	信度系数	潜在变量组合信度	平均变异量抽取值
"经济人"学习动机	Q10	0.857	0.734	0.891	0.671
	Q11	0.843	0.711		
	Q12	0.785	0.616		
	Q13	0.79	0.624		

续表 5.25

潜在变量	测量指标	因素负荷量	信度系数	潜在变量组合信度	平均变异量抽取值
"公务人"学习动机	Q14	0.773	0.598	0.919	0.654
	Q15	0.811	0.658		
	Q16	0.898	0.806		
	Q17	0.793	0.629		
	Q18	0.836	0.699		
	Q19	0.731	0.534		
"学习人"学习动机	Q20	0.776	0.602	0.878	0.592
	Q21	0.692	0.479		
	Q22	0.774	0.599		
	Q23	0.856	0.733		
	Q24	0.74	0.548		
"社会人"学习动机	Q25	0.947	0.897	0.925	0.757
	Q26	0.92	0.846		
	Q27	0.829	0.687		
	Q28	0.774	0.599		

资料来源：AMOS22.0 分析整理

表 5.26　二阶验证模型路径系数统计结果(广州 – 学习动机)

			Estimate	S. E.	C. R.	P	Standardized
"经济人"动机	< - - -	终身学习动机	0.903	0.064	14.126	＊＊＊	0.701
"公务人"动机	< - - -	终身学习动机	0.996	0.065	15.359	＊＊＊	0.772
"学习人"动机	< - - -	终身学习动机	1.005	0.066	15.274	＊＊＊	0.791
"社会人"动机	< - - -	终身学习动机	0.984	0.058	17.117	＊＊＊	0.705

注：＊$P < 0.05$；＊＊$P < 0.01$；＊＊＊$P < 0.001$

资料来源：AMOS22.0 分析整理

数据分析显示，广州公务员终身学习动机二阶验证模型基本适配度指标良好，没有违反模型辨认规则，模型可以顺利收敛识别。各主要拟合指标基本达到标准，卡方自由度比值小于 3，显著性概率值 P 大于 0.05，接受虚无假设，表示广州公务员终身学习动机结构二阶验证模型可以被接受。测量指标信度 R^2 都大于 0.5。潜在变量的组合信度均大于 0.6，平均变异量抽取值均大于 0.5，说明终身学习动机结构的四个因素构念具有较好的内部质量。

模型路径系数基本上介于 0.5 至 0.95 之间，且 C.R. 值均大于 1.96，P 值均达到显著性水平，说明模型路径系数的显著性概率都检验通过，即"经济人"动机、"社会人"动机、"公务人"动机、"学习人"动机等四个亚动机都具有显著性。

(3) 研究结论。

根据上述分析和检验，可以得到以下结论：

结论 1：研究假设 H1 成立。即根据广州调查问卷的数据分析，可以推论广州公务员的终身学习动机由"经济人"动机、"公务人"动机、"学习人"动机、"社会人"动机等共四种亚动机构成。其中，"学习人"动机最为重要，回归系数 0.791，然后依次是"公务人"动机的回归系数 0.772、"社会人"动机的回归系数 0.705、"经济人"动机的回归系数 0.701。

结论 2：在广州公务员终身学习动机的四种亚动机构成中，每种亚动机都有与之相对应的观测变量，其重要性也不同。其中：

"经济人"学习动机包含 Q10、Q11、Q12、Q13 等四个问项，其中 Q10 最重要，回归系数为 0.857，说明"经济人"学习动机对"提升职位、改善工作环境"的解释量最大。

"公务人"学习动机包含 Q14、Q15、Q16、Q17、Q18、Q19 等六个问项，其中 Q16 最重要，回归系数为 0.898，说明"公务人"学习动机对"更好地服务社会与公众"的解释量最大。

"学习人"学习动机包含 Q20、Q21、Q22、Q23、Q24 等五个问项，其中 Q23 最重要，回归系数为 0.856，说明"学习人"学习动机对"做社会和家庭读书学习的榜样"的解释量最大。

"社会人"学习动机包含 Q25、Q26、Q27、Q28 等四个问项，其中 Q25 最重要，回归系数为 0.947，说明"社会人"学习动机对"扩展社交圈、结交朋友"的解释量最大。

2) 广州公务员终身学习影响因素构成的模型检验

（1）一阶验证性因子分析。为了验证公务员影响因素是否与实际数据适配，使用最大似然估计方法对广州公务员终身学习影响因素一阶验证模型进行标准参数估计，结果如图 5.3 所示。主要拟合指数摘要见表 5.27，路径系数显著性见表 5.28，潜在变量协方差估计与相关系数见表 5.29。

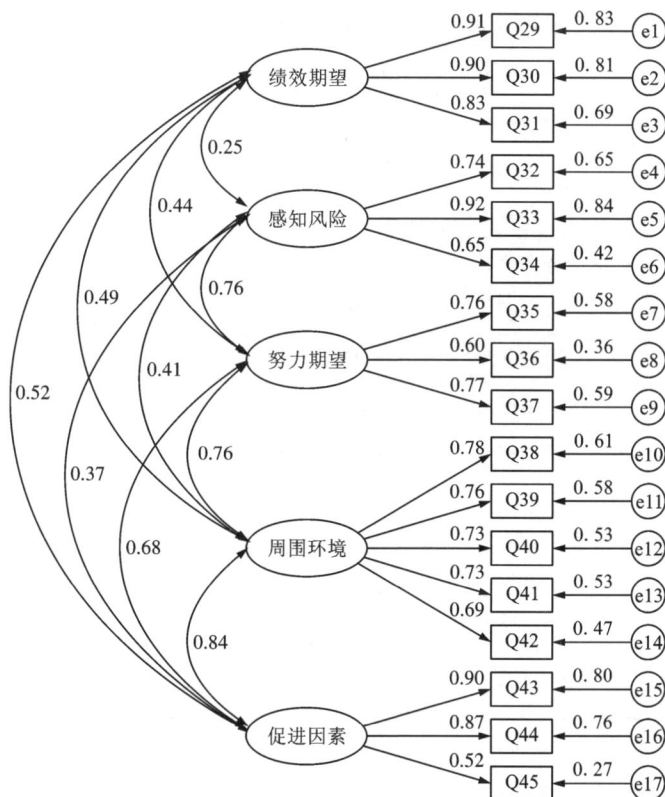

图 5.3　一阶验证模型的标准参数估计图（广州 – 影响因素）

资料来源：AMOS22.0 分析显示

表 5.27　一阶验证模型的主要拟合指数摘要表（广州 – 影响因素）

指标名称	χ^2	GFI	AGFI	RMR	RMSEA	NFI	CFI	NC
检定结果	334.042	0.831	0.811	0.053	0.047	0.878	0.861	2.183
拟合判断	（$P > 0.05$）拟合	基本拟合	基本拟合	基本拟合	拟合	基本拟合	基本拟合	拟合

资料来源：AMOS22.0 分析整理

表5.28 一阶验证模型载荷系数统计结果(广州-影响因素)

			Estimate	S.E.	C.R.	P	Standardized
Q30	<---	绩效期望	1.000				0.901
Q29	<---	绩效期望	1.001	0.055	18.279	***	0.909
Q31	<---	绩效期望	1.047	0.066	15.817	***	0.828
Q33	<---	感知风险	1.000				0.917
Q32	<---	感知风险	0.882	0.074	11.931	***	0.744
Q34	<---	感知风险	0.680	0.073	9.296	***	0.646
Q36	<---	努力期望	1.000				0.597
Q35	<---	努力期望	1.445	0.180	8.028	***	0.761
Q37	<---	努力期望	1.451	0.177	8.188	***	0.768
Q39	<---	周围环境	1.000				0.763
Q38	<---	周围环境	1.019	0.088	11.593	***	0.782
Q40	<---	周围环境	0.869	0.083	10.403	***	0.728
Q44	<---	促进因素	1.000				0.87
Q43	<---	促进因素	1.077	0.068	15.745	***	0.897
Q45	<---	促进因素	0.513	0.066	7.800	***	0.524
Q41	<---	周围环境	0.891	0.088	10.152	***	0.726
Q42	<---	周围环境	0.752	0.081	9.267	***	0.687

注：*P<0.05；**P<0.01；***P<0.001

资料来源：AMOS22.0分析整理

表5.29 一阶验证模型的潜在变量协方差估计与相关系数(广州-影响因素)

			Covariances	S.E.	C.R.	P	Correlations
绩效期望	<-->	感知风险	0.246	0.080	3.087	**	0.248
绩效期望	<-->	努力期望	0.222	0.051	4.382	***	0.442
绩效期望	<-->	周围环境	0.405	0.075	5.366	***	0.488
绩效期望	<-->	促进因素	0.413	0.071	5.824	***	0.519
感知风险	<-->	努力期望	0.513	0.084	6.090	***	0.757
感知风险	<-->	周围环境	0.458	0.100	4.588	***	0.409

表 5.29

			Covariances	S. E.	C. R.	P	Correlations
感知风险	< - - >	促进因素	0.396	0.092	4.293	＊＊＊	0.369
努力期望	< - - >	周围环境	0.431	0.074	5.813	＊＊＊	0.76
努力期望	< - - >	促进因素	0.370	0.066	5.623	＊＊＊	0.679
周围环境	< - - >	促进因素	0.752	0.102	7.396	＊＊＊	0.838

注：＊$P<0.05$；＊＊$P<0.01$；＊＊＊$P<0.001$

资料来源：AMOS22.0 分析整理

　　数据分析显示，广州公务员终身学习影响因素一阶验证模型基本适配度指标良好，没有出现负的误差变异量，没有违反模型辨识规则。各主要拟合指标基本达到标准，说明模型外在质量可以，测量模型收敛效度可以。模型的内在质量方面，载荷系数全都介于 0.5 至 0.95 之间，且 C. R. 值均大于 1.96，P 值均达到显著性水平。由此可以验证探索性因素分析中得到的公务员终身学习影响因素构成与实际数据是适配性的。终身学习影响因素五个维度的潜在变量之间协方差检验结果都达到显著，且一阶潜在因素间相关系数在 0.4～0.7，相关性显著，说明这些潜在变量之间可能有更高阶共同因素存在。

　　（2）二阶验证性因子分析。一阶验证性因子分析表明各测量模型与数据具有适配性，还需进一步探索公务员终身学习影响因素是否由绩效期望、感知风险、努力期望、周围影响、促进条件等五个因素构成以及各个因素的重要程度。因此，采用最大似然估计法进一步对广州公务员终身学习影响因素二阶验证模型进行标准参数估计，结果如下图 5.4 所示。主要拟合指数摘要见表 5.30，内在适配指标摘要见表 5.31，路径系数显著性见表 5.32。

表 5.30　二阶验证模型的主要拟合指数摘要表（广州－影响因素）

指标名称	χ^2	GFI	AGFI	RMR	RMSEA	NFI	CFI	NC
检定结果	387.205	0.912	0.857	0.059	0.061	0.917	0.891	2.531
拟合判断	（P＞0.05）拟合	拟合	基本拟合	基本拟合	基本拟合	拟合	基本拟合	拟合

资料来源：AMOS22.0 分析整理

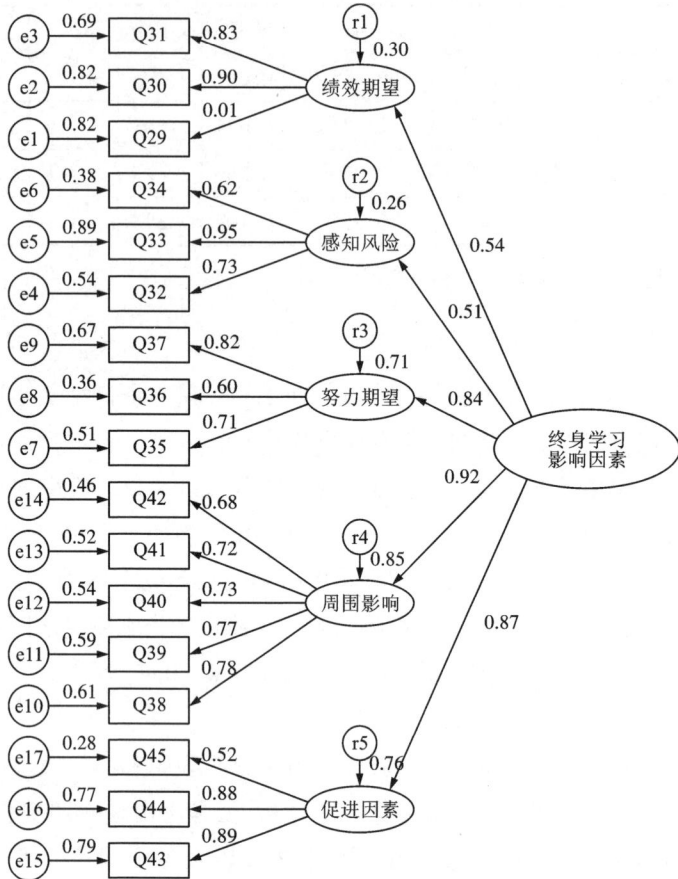

图 5.4　二阶验证模型的标准参数估计图(广州－影响因素)

资料来源:AMOS22.0分析显示

表 5.31　二阶验证模型内在适配指数摘要(广州－影响因素)

潜在变量	测量指标	因素负荷量	信度系数	潜在变量组合信度	平均变异量抽取值
绩效期望	Q29	0.907	0.823	0.912	0.776
	Q30	0.903	0.815		
	Q31	0.83	0.689		

续表 5.31

潜在变量	测量指标	因素负荷量	信度系数	潜在变量组合信度	平均变异量抽取值
感知风险	Q32	0.735	0.540	0.817	0.606
	Q33	0.945	0.893		
	Q34	0.619	0.383		
努力期望	Q35	0.711	0.506	0.756	0.512
	Q36	0.599	0.359		
	Q37	0.819	0.671		
周围影响	Q38	0.781	0.610	0.857	0.545
	Q39	0.769	0.591		
	Q40	0.733	0.537		
	Q41	0.723	0.523		
	Q42	0.68	0.462		
促进因素	Q43	0.889	0.790	0.819	0.612
	Q44	0.878	0.771		
	Q45	0.525	0.276		

资料来源：AMOS22.0 分析整理

表 5.32　二阶验证模型路径系数统计结果（广州 – 影响因素）

			Estimate	S. E.	C. R.	P	Standardized
努力期望	<---	终身学习影响因素	1.059	0.186	5.682	***	0.841
周围影响	<---	终身学习影响因素	1.921	0.286	6.717	***	0.920
促进因素	<---	终身学习影响因素	1.752	0.248	7.050	***	0.873
感知风险	<---	终身学习影响因素	1.298	0.249	5.213	***	0.509
绩效期望	<---	终身学习影响因素	0.945	0.166	5.682	***	0.544

注：$*P < 0.05$；$**P < 0.01$；$***P < 0.001$

资料来源：AMOS22.0 分析整理

数据分析显示，广州公务员终身学习影响因素二阶验证模型基本适配度指标良好，没有出现负的误差变异量，没有违反模型辨认规则，模型可以顺利收敛识别。各主要拟合指标基本达到标准，卡方自由度比小于 3，显著性概率值 P 小于 0.05，接受虚无假设，表示广州公务员终身学习影响因素二阶验证模型可以被接受。测量指标信度 R^2 基本大于 0.5。潜在变量的组合信度均大于 0.6，平均变异量的抽取值均大于 0.5，说明公务员终身学习影响因素结构的五个构念具有较好的内部质量。

模型路径系数基本上介于 0.5 至 0.95 之间，且 C. R. 值均大于 1.96，P 值均达到显著性水平，说明模型路径系数的显著性概率符合要求，即绩效期望、感知风险、努力期望、周围环境、促进因素等共五个因素都具有显著性。

(3)研究小结。根据上述分析和检验，可以得到以下结论：

结论 1：研究假设 H2 成立。根据广州调查问卷的数据分析，可以推论广州公务员终身学习影响因素由绩效期望、感知风险、努力期望、周围环境、促进因素等共五个因素构成。其中，周围环境对终身学习的影响最大，回归系数为 0.920，然后依次是促进因素、努力期望、绩效期望和感知风险，回归系数分别为 0.873、0.841、0.544、0.509。

结论 2：在广州公务员终身影响因素构成中，每种影响因素都有与之相对应的观测变量，其重要性也不同。其中：

绩效期望因素包含 Q29、Q30、Q31 等三个问项，其中 Q29 最重要，回归系数为 0.907，说明公务员在绩效期望中最关注"终身学习对改变现状的贡献与作用"。

感知风险因素包含 Q32、Q33、Q34 等三个问项，其中 Q33 最重要，回归系数为 0.945，说明公务员在感知风险因素中最关注"终身学习需要投入的时间成本与风险"。

努力期望因素包含 Q35、Q36、Q37 等三个问项，其中 Q37 最重要，回归系数为 0.819，说明公务员在努力期望中最关注"学习任务难度不大，易学易用"。

周围环境因素包含 Q38、Q39、Q40、Q41、Q42 等五个问项，其中 Q38 最重要，回归系数为 0.781，说明周围影响因素中"地方政府对学习、教育的重视与支持"对公务员学习的影响最大。

促进因素包含 Q43、Q44、Q45 等三个问项，其中 Q43 最重要，回归系数为 0.889，说明促进因素中"具备一定知识储备、现代技术等客观条件"最能有效促进公务员学习。

3）广州公务员终身学习影响因素与学习动机的因果关系检验

（1）终身学习影响因素与终身学习动机的因果关系模型验证。为检验本书提出的关于绩效期望、感知风险、努力期望、周围环境、促进因素与公务员终身学习动机之间的因果关系，运行 AMOS22.0 软件，使用最大似然估计方法进行参数估计，得到广州公务员终身学习动机与影响因素间因果关系模型的标准参数估计，见图 5.5。主要拟合指数见表 5.33，路径系数显著性见表 5.34。

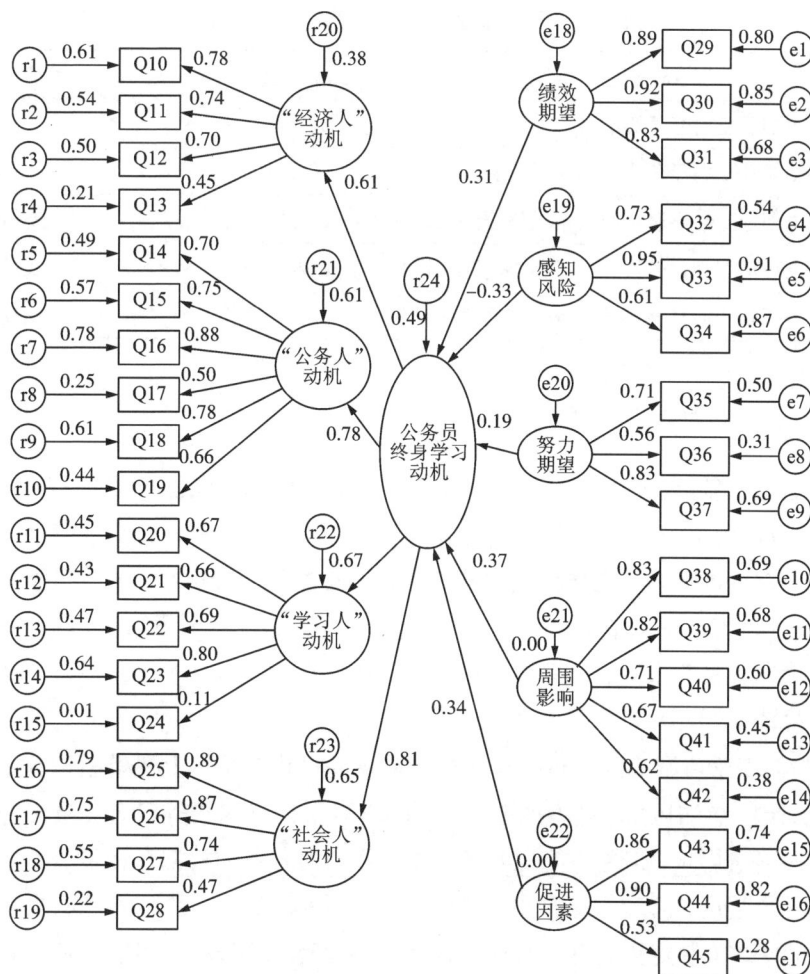

图 5.5　因果关系模型的标准参数估计图（广州）

资料来源：AMOS22.0 分析整理

表 5.33　因果关系模型的主要拟合指数摘要表(广州)

指标名称	χ^2	GFI	AGFI	RMR	RMSEA	NFI	CFI	NC
检定结果	2116.333	0.862	0.827	0.071	0.068	0.877	0.887	3.12
拟合判断	$(P>0.05)$ 拟合	基本拟合	基本拟合	基本拟合	基本拟合	基本拟合	基本拟合	基本拟合

资料来源:AMOS22.0 分析整理

表 5.34　因果关系模型假设验证结果(广州)

研究假设	路径系数	P	验证结果
H3:绩效期望正向显著影响公务员终身学习动机	0.313	＊＊＊	支持
H4:感知风险负向显著影响公务员终身学习动机	-0.328	＊＊＊	支持
H5:努力期望正向显著影响公务员终身学习动机	0.190	＊＊＊	支持
H6:周围环境正向显著影响公务员终身学习动机	0.366	＊＊＊	支持
H7:促进因素正向显著影响公务员终身学习动机	0.337	＊＊＊	支持

注:＊$P<0.05$;＊＊$P<0.01$;＊＊＊$P<0.001$

资料来源:AMOS22.0 分析整理

数据分析显示,广州公务员终身学习动机与影响因素间因果关系模型基本适配度指标良好,没有出现负的误差变异量,没有违反模型辨认规则,模型可以顺利收敛识别。各主要拟合指标基本接近吴明隆推荐的指标标准,卡方自由度比值略大于3,显著性概率值 P 小于 0.05,接受虚无假设,表示模型可以通过检验。路径系数达到显著水平,符号与期望相符,所以研究假设 H3、H4、H5、H6、H7 均通过检验。

(2)终身学习影响因素与终身学习亚动机的量化关系。上述模型检验能够说明绩效期望、感知风险、努力期望、周围环境以及促进因素等对公务员终身学习动机具有显著影响,但并不能说明各个影响因素对各亚动机都存在显著影响以及影响的差异程度,而政策循证的目的正是在于探索哪些因素对哪些动机更有效果,才能使政策制定更具有针对性。因此本书运行 AMOS22.0 软件,使用最大似然估计方法进一步探索了终身学习影响因素的各个构念与终身学习的各个亚动机之间的量化关系。

①绩效期望因素与公务员终身学习亚动机的量化关系。广州公务员绩效期望

与终身学习各亚动机关系模型标准参数估计,见图 5.6。数据分析显示,该模型基本适配度指标良好,没有出现负的误差变异量,没有违反模型辨认规则,模型可以顺利收敛识别。各主要拟合指标基本达到标准,卡方自由度比值略大于 3,显著性概率值 P 小于 0.05,表示模型可以被接受。模型路径系数 P 值均达到显著性水平,即绩效期望对终身学习各亚动机的影响都具有显著性,路径系数分别为 0.716、0.637、0.643、0.602。

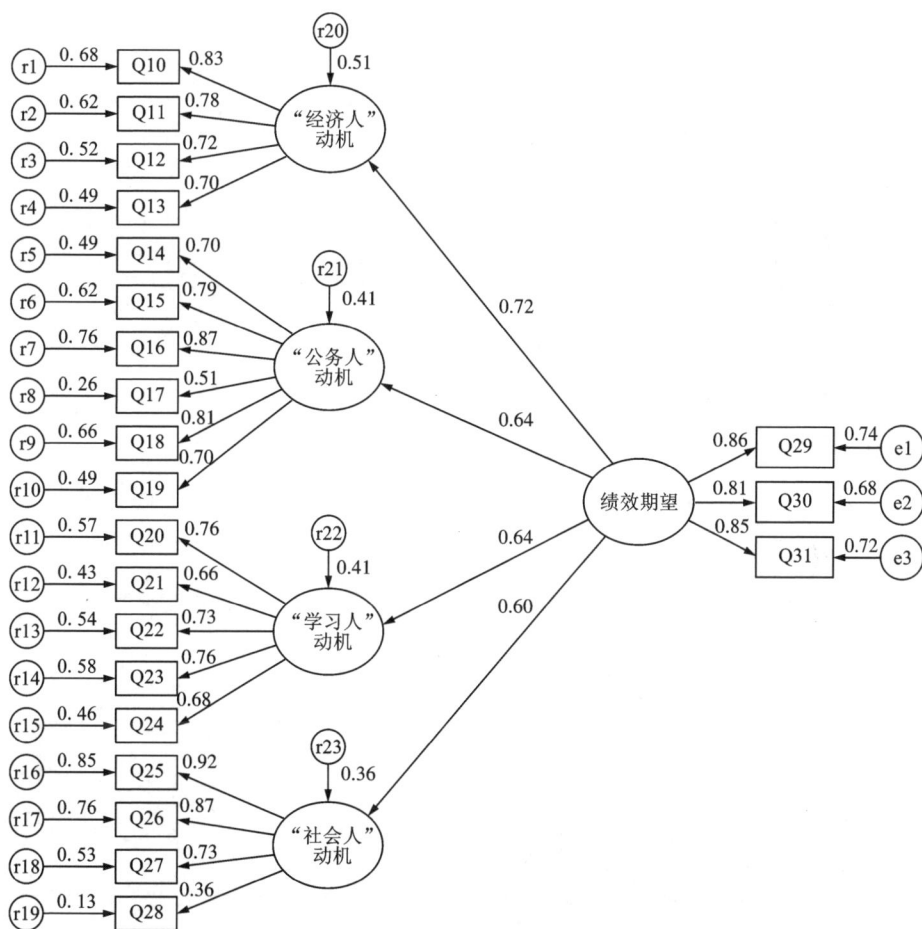

图 5.6　绩效期望与终身学习亚动机关系模型标准参数估计图(广州)

资料来源:AMOS22.0 分析显示

②感知风险因素与公务员终身学习亚动机的量化关系。广州公务员感知风险与终身学习各亚动机关系模型标准参数估计，见图5.7。数据分析显示，该模型基本适配度指标良好，没有违反模型辨认规则，模型可以顺利收敛识别。各主要拟合指标基本达到标准，卡方自由度比值略大于3，显著性概率值P小于0.05，接受虚无假设，表示模型可以被接受。模型路径系数P值均达到显著性水平，即感知风险对终身学习各亚动机的影响都具有显著性，路径系数分别为 -0.695、-0.791、-0.620、-0.852。

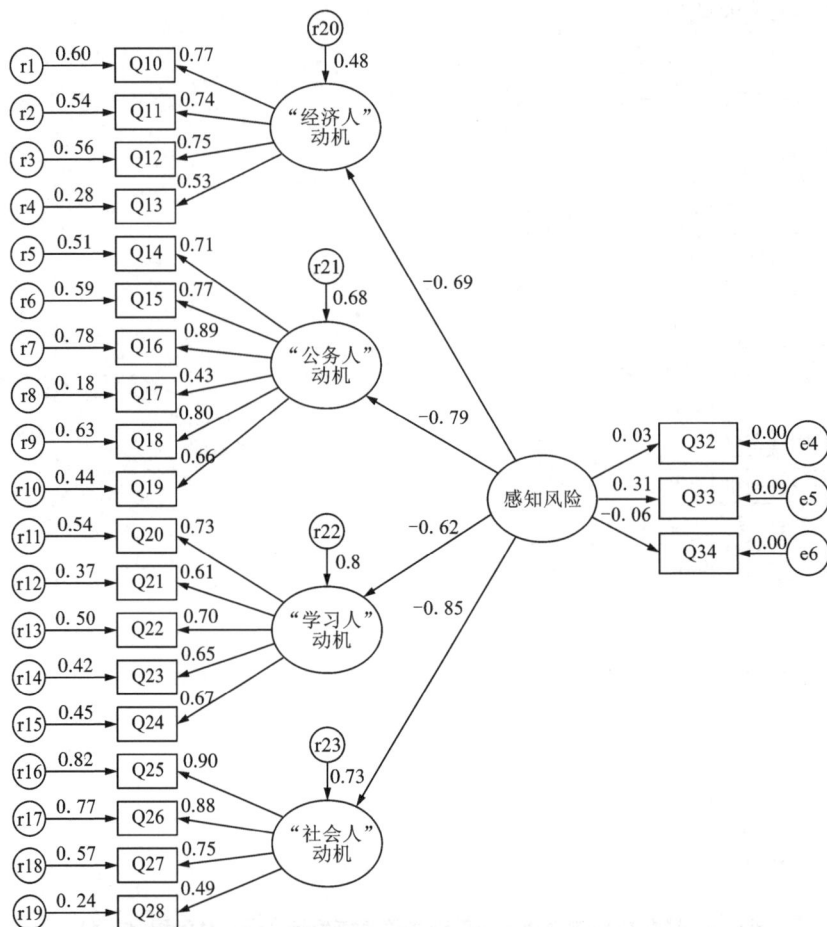

图5.7 感知风险与终身学习亚动机关系模型标准参数估计图(广州)

资料来源：AMOS22.0分析整理

③努力期望因素与公务员终身学习亚动机的量化关系。广州公务员努力期望与终身学习各亚动机关系模型标准参数估计，见图5.8。数据分析显示，该模型基本适配度指标良好，没有违反模型辨认规则，模型可以顺利收敛识别。各主要拟合指标基本达到标准，卡方自由度比值略大于3，显著性概率值 P 小于0.05，接受虚无假设，表示模型可以被接受。模型路径系数 P 值均达到显著性水平，即努力期望对终身学习各亚动机的影响都具有显著性，路径系数分别为0.711、0.775、0.654、0.756。

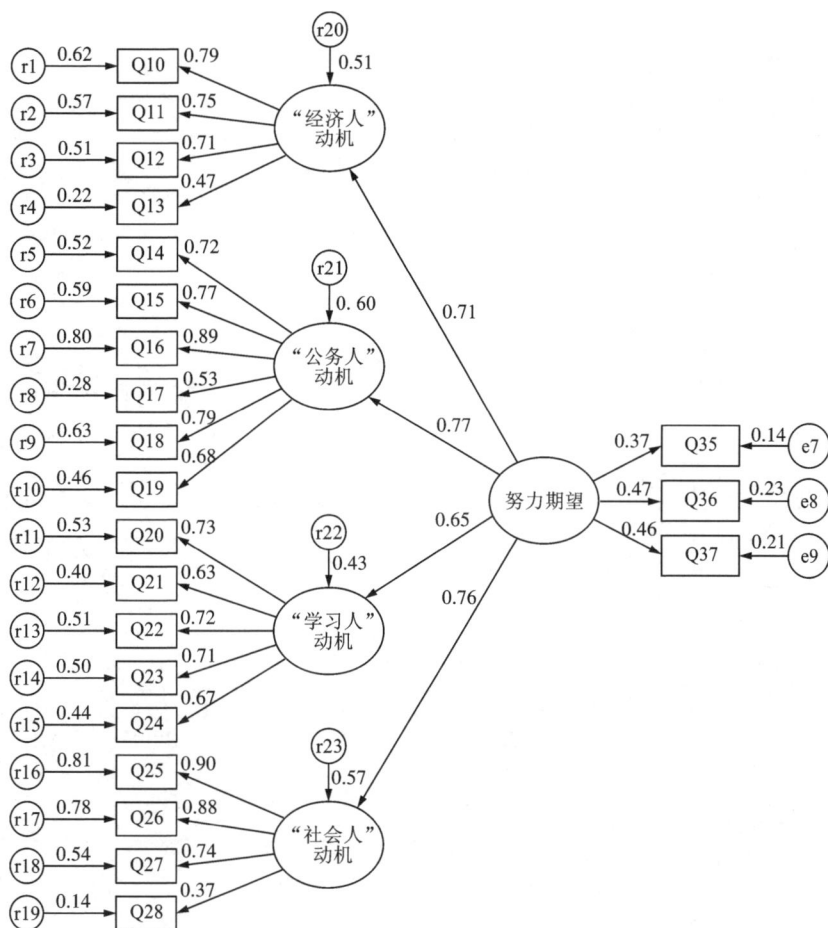

图5.8　努力期望与终身学习亚动机关系模型标准参数估计图(广州)

资料来源：AMOS22.0分析整理

④周围环境与公务员终身学习亚动机的量化关系。广州公务员周围环境因素与终身学习各亚动机关系模型标准参数估计，见图 5.9。数据分析显示，该模型基本适配度指标良好，没有违反模型辨认规则，模型可以顺利收敛识别。各主要拟合指标基本达到标准，卡方自由度比值略大于 3，显著性概率值 P 小于 0.05，接受虚无假设，表示模型可以被接受。模型路径系数 P 值均达到显著性水平，即周围环境对终身学习各亚动机的影响都具有显著性，路径系数分别为 0.563、0.737、0.645、0.674。

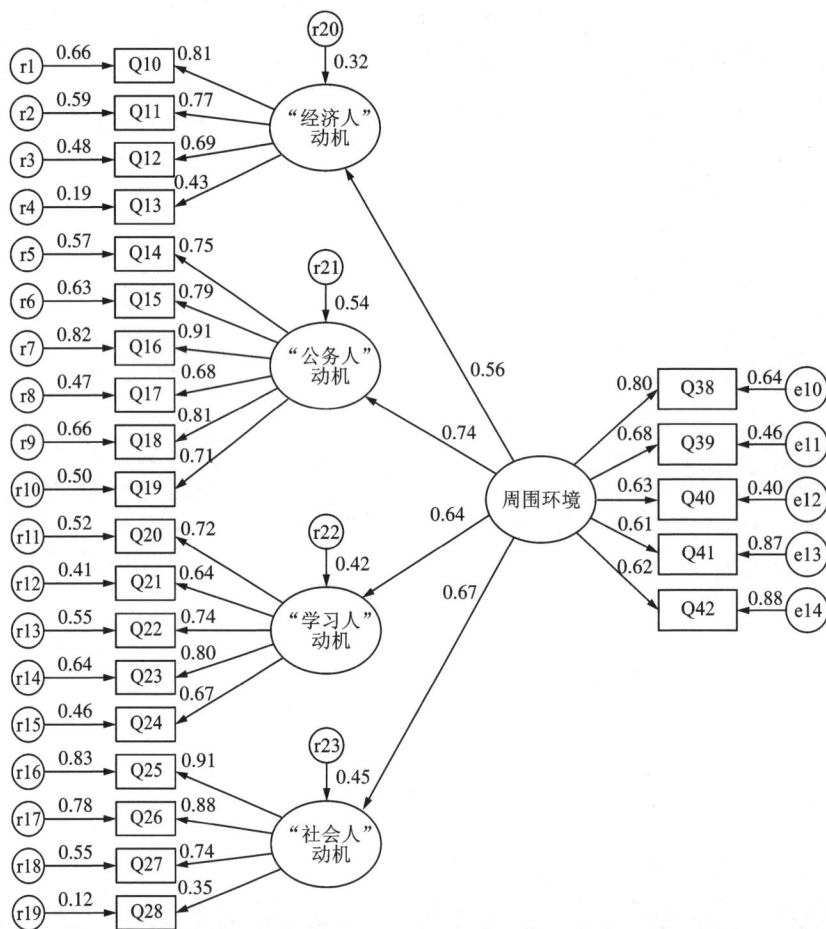

图 5.9　周围环境因素与终身学习亚动机关系模型标准参数估计图(广州)

资料来源：AMOS22.0 分析整理

　　⑤促进因素与公务员终身学习亚动机的量化关系。促进因素与广州公务员终身学习各亚动机关系模型标准参数估计，见图5.10。数据分析显示，该模型基本适配度指标良好，没有违反模型辨认规则，模型可以顺利收敛识别。各主要拟合指标基本达到标准，卡方自由度比值略大于3，显著性概率值 P 小于 0.05，接受虚无假设，表示模型可以被接受。模型路径系数 P 值均达到显著性水平，即周围环境对终身学习各亚动机的影响都具有显著性，路径系数分别为 0.706、0.790、0.832、0.748。

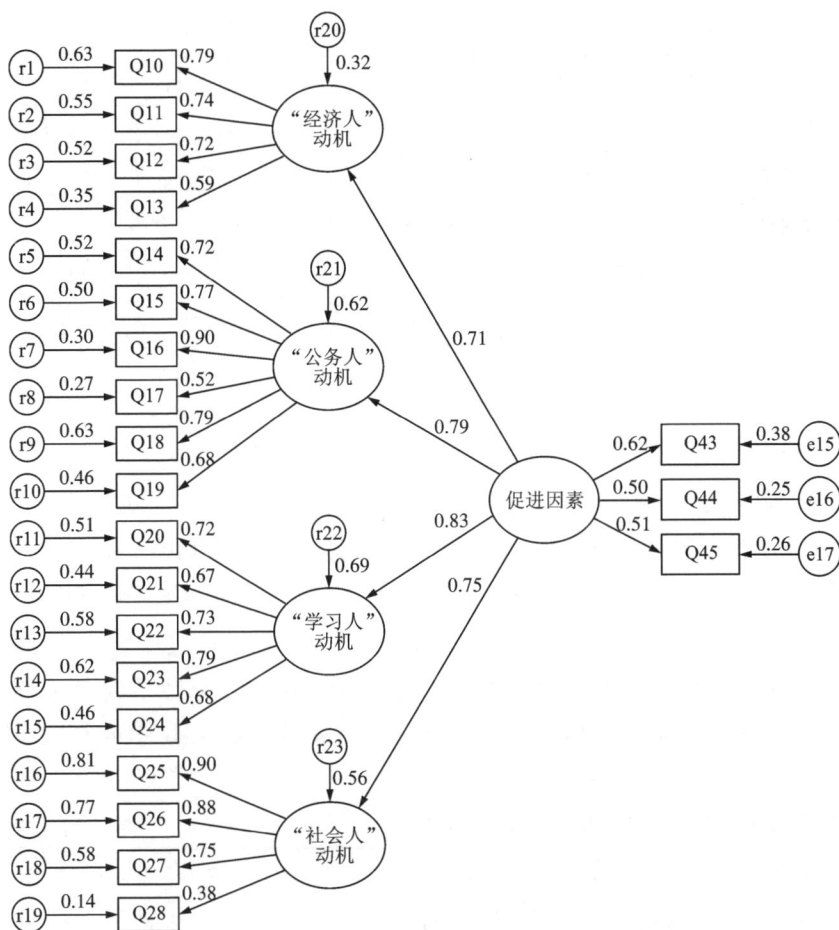

图 5.10　促进因素与终身学习亚动机关系模型标准参数估计图(广州)

资料来源：AMOS22.0 分析整理

（3）研究小结。根据上述分析和检验，可以得到以下结论：

结论1：研究假设 H3、H4、H5、H6、H7 都成立。即根据广州调查问卷的数据分析，可以推论公务员的绩效期望、努力期望、周围环境、促进因素等四个构念正向显著影响公务员终身学习动机，感知风险负向显著影响公务员终身学习动机。五个影响因素中周围环境对广州公务终身学习动机的影响程度最大，路径系数为0.366。

结论2：公务员终身学习动机与其影响因素路径系数关系整理成表5.35。

表5.35　公务员终身学习动机与其影响因素路径系数表（广州）

变量	"经济人"动机	"公务人"动机	"学习人"动机	"社会人"动机
绩效期望	0.716	0.637	0.643	0.602
感知风险	−0.695	−0.791	−0.620	−0.852
努力期望	0.711	0.775	0.654	0.756
周围环境	0.563	0.737	0.645	0.674
促进因素	0.706	0.790	0.832	0.748

资料来源：AMOS22.0分析整理

从横向看：绩效期望对公务员终身学习动机各亚动机都有显著影响，其中对"经济人"学习动机影响略大，路径系数为0.716；感知风险对公务员终身学习动机各亚动机都有显著影响，其中对"社会人"学习动机影响略大，路径系数为−0.852；努力期望对公务员终身学习动机各亚动机都有显著影响，其中对"公务人"学习动机影响略大，路径系数为0.775；周围环境对公务员终身学习动机各亚动机都有显著影响，其中对"公务人"学习动机影响略大，路径系数为0.737；促进因素对公务员终身学习动机各亚动机都有显著影响，其中对"学习人"学习动机影响略大，路径系数为0.832。

从纵向看："经济人"学习动机受绩效期望、感知风险、努力期望、周围环境、促进因素等影响，其中绩效期望的影响程度略大，路径系数为0.716；"公务人"学习动机受绩效期望、感知风险、努力期望、周围环境、促进因素等影响，其中感知风险的影响程度略大，路径系数为−0.791；"学习人"学习动机受绩效期望、感知风险、努力期望、周围环境、促进因素等影响，其中促进因素的影响程度略大，路径系数为0.832；"社会人"学习动机受绩效期望、感知风险、努力期望、周围环境、促进因素等影响，其中感知风险的影响程度略大，路径系数为 −0.852。

4）广州公务员终身学习分析的整体结构模型检验

（1）模型验证。公务员终身学习影响因素与学习动机的关系模型及量化研究指出了学习动机强化的循证路径，还可以进一步探讨公务员采纳与形成终身学习的有效路径。运行 AMOS22.0 软件，使用最大似然估计方法进行参数估计，得到公务员采纳与形成终身学习的整体结构模型标准参数估计，见图 5.11。主要拟合指数见表 5.37，内在适配指标摘要见表 5.38，模型假设验证结果见表 5.39。

表 5.36　终身学习整体结构模型主要拟合指数摘要表（广州）

指标名称	χ^2	GFI	AGFI	RMR	RMSEA	NFI	CFI	NC
检定结果	2435.530	0.792	0.811	0.091	0.112	0.767	0.887	3.09
拟合判断	（$P>0.05$）拟合	基本拟合	基本拟合	基本拟合	基本拟合	基本拟合	基本拟合	基本拟合

资料来源：AMOS22.0 分析整理

表 5.37　采纳与形成终身学习潜变量的内在适配指标摘要（广州）

潜变量	测量指标	因素负荷量	信度系数	潜在变量组合信度	平均变异量抽取值
采纳与形成终身学习	Q46	0.688	0.473	0.901	0.650
	Q48	0.675	0.456		
	Q49	0.821	0.674		
	Q50	0.905	0.819		
	Q51	0.909	0.826		

资料来源：AMOS22.0 分析整理

表 5.38　采纳与形成终身学习的路径假设验证结果（广州）

研究假设	路径系数	P	验证结果
假设 H8：公务员终身学习动机正向显著影响终身学习的采纳与形成。	0.401	＊＊＊	支持
假设 H9：促进因素正向显著影响公务员终身学习采纳与形成。	0.221	＊＊＊	支持

注：＊$P<0.05$；＊＊$P<0.01$；＊＊＊$P<0.001$

资料来源：AMOS22.0 分析整理

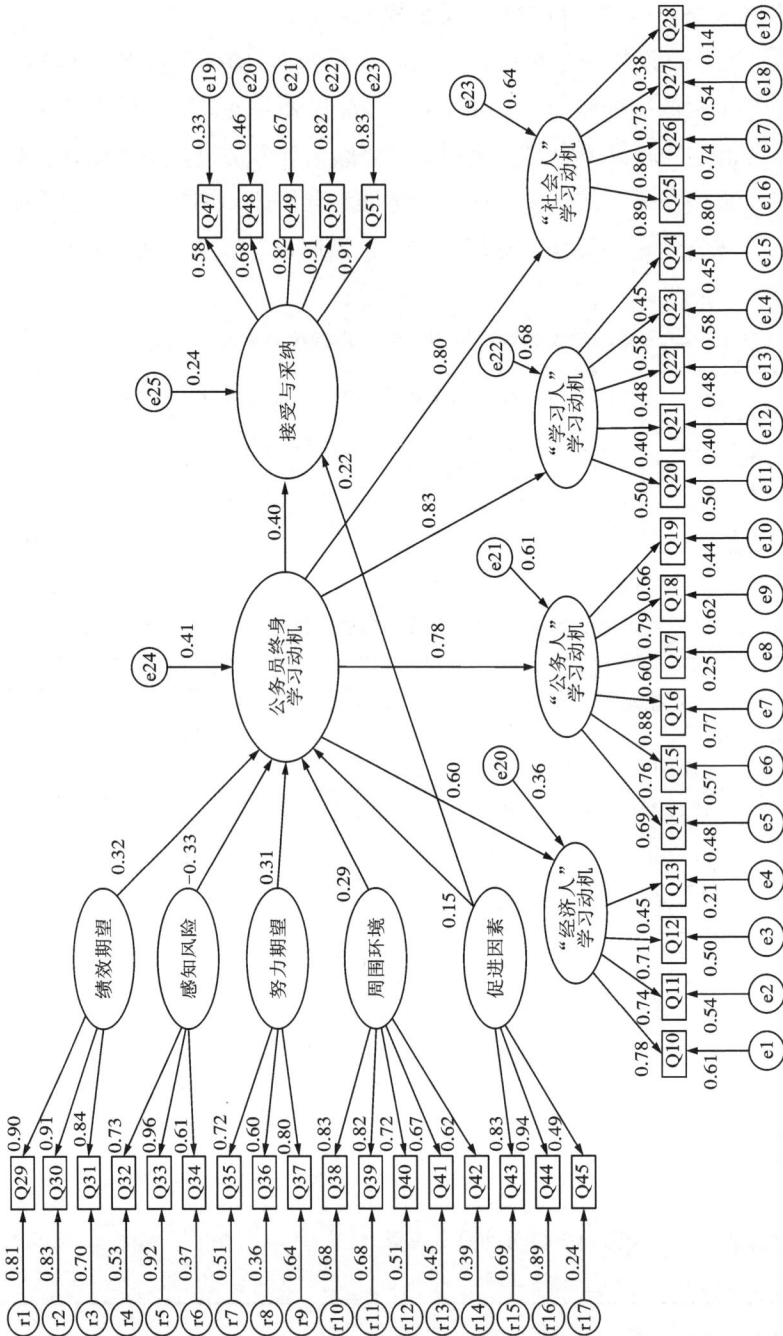

图 5.11　终身学习整体结构构型标准参数估计图（广州）

资料来源：AMOS22.0 分析显示

数据分析显示，该模型基本适配度指标良好，没有违反模型辨认规则，模型可以顺利收敛识别。各主要拟合指标基本达到标准，卡方自由度比值略大于 3，显著性概率值 P 小于 0.05，接受虚无假设，表示模型可以被接受。整体结构模型中采纳与形成终身学习潜在变量的测量指标信度系数基本在 0.5 以上，潜在变量组合信度远大于 0.6，平均变异量抽取值大于 0.5，说明该潜在变量内部质量较好。公务员终身学习动机以及促进因素对终身学习采纳与形成的路径系数分别为 0.401、0.221，P 值均达到显著性水平，说明路径系数的显著性概率符合要求，可以支持研究假设 H8 与 H9 通过检验。

(2)研究小结。根据上述分析和检验，可以得到以下结论：

结论 1：研究假设 H8、H9 俱成立。即根据调查问卷的数据分析，可以推论广州公务员终身学习动机和外在促进因素都正向显著影响公务员终身学习并产生直接效应，而绩效期望、感知风险、努力期望、周围环境等四个因素对推动公务员终身学习行为产生间接效应。

结论 2：广州公务员采纳与形成终身学习的路径效应分析。根据结构方程模型路径分析原理，直接效应大小等于原因变量到结果变量的路径系数，间接效应是所有从原因变量出发，通过所有中间变量结束于结果变量的路径系数乘积。[1] 公务员采纳与形成终身学习的各影响因素因果效应如下。

终身学习动机直接效应：0.401

绩效期望因素间接效应：$0.322 \times 0.401 = 0.129$

感知风险因素间接效应：$-0.326 \times 0.401 = -0.131$

努力期望因素间接效应：$0.305 \times 0.401 = 0.122$

周围环境因素间接效应：$0.292 \times 0.401 = 0.117$

促进条件因素的总效应：$0.152 \times 0.401 + 0.221 = 0.28$

比较以上因素效应值发现，终身学习动机直接效应和促进条件因素总效应最大，说明强化终身学习动机和创新各种便利条件是促进广州公务员终身学习的有效途径。

结论 3：广州公务员终身学习整体结构模型综合反映出学习影响因素、终身学习动机、采纳与形成终身学习等潜在变量间的因果关系，如感知风险每增加 1 个单位，公务员终身学习动机降低 0.33 个单位，绩效期望每增加 1 个单位，公务

---

① 易丹辉. 结构方程模型：方法与应用[M]. 北京：中国人民大学出版社，2008：8-9.

员终身学习动机增加 0.32 个单位，而公务员终身学习动机每增加 1 个单位，则其接受和采纳终身学习的行动可能性增加 0.4 个单位。

5.2 基于南宁公务员终身学习动机调查的实证数据分析

5.2.1 南宁市基本情况介绍

1. 城市简介

南宁是广西壮族自治区的首府，是中国面向东盟开放合作的前沿城市、中国－东盟博览会永久举办地、北部湾经济区核心城市、国家"一带一路"有机衔接的重要门户城市，地处广西南部，是华南、西南、中国－东盟经济圈的有机结合部。行政辖区包括兴宁、江南、青秀、西乡塘、邕宁、良庆、武鸣等 7 个城区和横县、宾阳、上林、马山、隆安等 5 个县，土地面积 22112 平方公里。2016 年年末常住人口超过 700 万，其中少数民族人口占 50% 以上，是一个以壮族为主体，多民族聚居的首府城市。①

2. 城市发展现状

南宁市经济发展稳中向好。2016 年地区生产总值完成 3703.39 亿元，完成财政收入 613.83 亿元，其中一般公共预算收入 312.76 亿元，一般财政预算支出 587.07 亿元。② 全市年末户籍人口 751.74 万人，其中市区人口 370.08 万人。按常住人口计算的人均地区生产总值为 52724 元，居民人均可支配收入 22862 元。城镇居民人均可支配收入为 30728 元；全年农村居民人均可支配收入为 11398 元。③

南宁市社会事业协调发展，扶贫、教育、养老、医疗、体育、文化等方面取得

---

① 南宁市委宣传部. 南宁简介 [EB/OL]. (2017 – 07 – 03). http://www. nanning. gov. cn/AboutNN/201707/t20170704_754174. html

② 周红波. 2017 年南宁市政府工作报告——2017 年 2 月 15 日在南宁市第十四届人民代表大会第二次会议上 [EB/OL]. (2017 – 02 – 27). http://www. nanning. gov. cn/Government/jcxxgk/zfgzbg/201702/t20170227_718206. html

③ 南宁市统计局. 2016 年南宁市国民经济和社会发展统计公报 [EB/OL]. (2017 – 04 – 25). [2017 – 05 – 020]. http://tj. nanning. gov. cn/tjgb/201704/t20170428_734949. html

较大进步。民生支出为 433.95 亿元，占一般公共预算支出的 73.92%。2016 年 12.8 万贫困人口实现脱贫。各级各类教育成果得到巩固和增强。全市城乡居民基本养老保险参保率 93.29%。南宁市入选全国健康城市试点和国家医养结合试点城市，基层医疗服务和保障水平已有明显提升。成功举办重大体育赛事 12 项，打造以民歌湖为主题的"百姓大舞台"等群众文化活动品牌，举办中国与东盟国家交流的各种文化周，对外文化交流中不断扩大影响力。[①]

南宁市政府在法治南宁、平安南宁建设方面成效显著。在推进社区网格化管理中初步建成覆盖市、县（区）、乡镇（街道）的三级公共法律服务体系。推行诉访分离的信访制度，加快社会治安防控体系建设；建立了市政府例行新闻发布制度；全年公开政务信息 14.1 万条；办理并办结国家、自治区、市三级人大代表议案 234 件、政协提案 316 件。同时，连续 6 年被评为人民网网友留言办理工作先进单位，市长留言回复率在全国地市级层面位列第一。[②]

综上所述，南宁整体发展水平相对广州较为落后，地区生产总值、财政收入、常住居民人均可支配收入等指标在全国 35 个大中城市中排名靠后，与广州相比差距较大，扶贫任务艰巨，各项社会公共事业平稳有进步，但政府法治水平较高、治理能力较强，是城市发展能力相对滞后、法治政府水平较高的全面学习型城市代表。

3.终身学习状况

1）南宁市终身学习开展情况

南宁市政府也高度重视全民终身学习，采取一系列积极措施鼓励市民终身学习。虽然全民终身学习周活动自 2011 年才开始启动，但每年坚持举办，并且形式多样、内容丰富。学习情况主要体现在以下几个方面：

（1）开展终身学习网络平台建设，推动学习资源的开放与共享。南宁市社区教育指导委员会主管、南宁市教育局主办的"南宁终身学习公共服务平台"是终身学习活动开展的主要网络载体，截至 2017 年 7 月 30 日共有注册用户 456123，学

---

① 周红波. 2017 年南宁市政府工作报告——2017 年 2 月 15 日在南宁市第十四届人民代表大会第二次会议上［EB/OL］.（2017 - 02 - 22）. http://www. nanning. gov. cn/xxgk/xxgkml/jcxxgk/ldzc/sz/ldjh/t1236611. html

② 周红波. 2017 年南宁市政府工作报告——2017 年 2 月 15 日在南宁市第十四届人民代表大会第二次会议上［EB/OL］.（2017 - 02 - 22）. http://www. nanning. gov. cn/xxgk/xxgkml/jcxxgk/ldzc/sz/ldjh/t1236611. html

习人次 41542131，课程门数 8978。①

（2）重视舆论宣传，传播终身学习正能量。重点建设有兴宁区民生街道、青秀区新竹街道和西乡塘区北湖街道等 3 个全国社区教育示范街道，开展"市民读书月""道德讲堂""四点半讲堂""多彩生活"等全民终身学习活动，还有"争当文明市民""社区文化月""教育便民服务站""一网一报"等社区教育载体。南宁市 2016 年的全民终身学习活动周开幕式上对终身学习活动品牌、学习之星、社区教育项目等予以了重点表彰。②

（3）起步较晚，但力度较大。2011 年出台的《南宁市"发展社区教育促进学习型城市建设"实施方案》确定了开展学习型城市建设的具体工作目标。③ 截至 2017 年 5 月，南宁市有 212 个社区，共建设有 1 个社区教育学院、28 所社区教育学校和 131 个社区教育基地。④ 2016 年共审批社区教育培训项目 1591 项，开课 5653 期、13300 课时，参加培训人数超过 21 万人次。在开展传统课堂学习的基础上，还创新推出"互联网＋"学习模式，利用南宁全民终身学习公共服务平台和南宁社区教育学院微信公众号向市民提供海量课程。⑤ 总体来说，南宁市的社区教育与学习型城市建设进展较快。

2）南宁市公务员学习与培训情况

广西壮族自治区党委组织部、人力资源和社会保障厅主管广西公务员培训工作，由公务员局承担具体政策性工作以及公务员培训的组织、管理、考核等，由广西远程学习中心责任运营广西教育培训网（www.gxpx365.com），并提供继续教育资源、培训服务以及技术支持。南宁市由市委组织部公务员管理科、市人力资源和社会保障局公务员培训与考核奖惩科对接上级安排的培训任务和相关工作，

---

① 注：资料来源于南宁终身学习公共服务平台。http://nanning.ttcdw.com/gxnn2/xxxnn/

② 韦静. 南宁"百姓学习之星"树立终身学习好榜样［EB/OL］. http://gx.wenming.cn/sbhr/201612/t20161202_3921645.htm

③ 南宁市人民政府办公厅. 南宁市"发展社区教育促进学习型城市建设"实施方案［EB/OL］. http://www.nanning.gov.cn/Government/jcxxgk/zcwj/bjwj/whfl/zxwj/201108/t20110831_67820.html

④ 南宁市教育局. 关于市政协第十一届二次会议第 11.02.144 号委员提案的会办意见［EB/OL］. http://jy.nanning.gov.cn/search/detail? record = 1&primarykeyvalue = DOCID2%3D%27754438%27&channelid = 255725&searchword = 社区教育 &keyword = 社区教育 &orderby = − DocRelTime&was_custom_expr = 社区教育 #11

⑤ 陈媚. 南宁全民终身学习活动周开幕［EB/OL］. http://www.gx.xinhuanet.com/nanning/20161118/3537164_c.html

具体负责本级公务员培训工作，除了行政级别有差异外①，机构设置和工作内容与广州市基本相当。

　　南宁市公务员培训发展较快，从单一的初任培训发展到各类培训全覆盖，培训方式包括网络培训、现场培训以及远程视频等。2014 年南宁市开始探索公务员自主选学培训，试行科级及以下公务员自主选学培训时开设 20 门课程，举办 23 期培训班。2015 年南宁市自主选学参训学员规模扩大，从 2014 年试点的 12 家市直机关的 600 多人扩大到 160 家市直单位的 4357 人。② 课程设置涵盖 9 个专题 40 门课程，见表 5.39。③ 2015 年开始试行《南宁市科级以下公务员培训学分制管理办法（试行）》，④ 详细规定了学分制的管理登记程序、一类学分和二类学分的课程设置、选课要求等事项。⑤

　　南宁市各级公务员同时接受干部教育培训。自治区党委印发《2013—2017 年广西干部教育培训规划》⑥明确规定各类干部的培训量化指标，见表 5.40。培训形式为脱产培训与网络培训相结合，依托各级党校（行政学院）、干部学院、社会主义学院、区直部门所属职能、业务相近的干部教育培训机构、干部教育培训高校基地、党史教育资源等开展培训工作。为适应网络信息化时代条件下干部教育培训与现代信息技术深度融合的新发展与新趋势，2014 年 12 月正式开通广西干部网络学院网站，集在线学习、信息发布、考试测评、培训管理、互动交流等多功能于一体，开通时共上线 595 门课程，内容涵盖政治理论、国情区情、领导能力、经济管理、科技前沿、政策法规、岗位技能、传统文化修养等方面。⑦ 干部培训的内部管理制度建设也日趋完善，出台了《广西干部网络学院关于规范学员信息管

---

　　①　注：广州市是国务院批准的副省级城市，其编制下属的委、办、局、部和辖区都是副厅级别编制，而南宁市是地级市，属于正厅级别，所以主管公务员培训的市委组织部、市人力资源和社会保障局是处级编制。

　　②　南宁市人力资源和社会保障局. 公务员自主选学培训工作的思考[J]. 人事天地,2016(04)：30 – 32.

　　③　中共南宁市委员会组织部 南宁市人力资源和社会保障局. 关于开展 2015 年南宁市公务员自主选学工作的通知[EB/OL]. (2015 – 04 – 17). http://www.gxrspx.com/Home/Content/252

　　④　中共南宁市委员会组织部 南宁市人力资源和社会保障局. 南宁市科级以下公务员培训学分制管理办法(试行)[Z]. 2015 – 04 – 01

　　⑤　中共南宁市委员会组织部 南宁市人力资源和社会保障局. 南宁市科级以下公务员培训学分制管理办法(试行)[Z]. 2015 – 04 – 01.

　　⑥　中共广西壮族自治区党委. 2013—2017 年广西干部教育培训规划[Z]. 2014 – 03 – 15.

　　⑦　广西机关党建. 广西干部网络学院网站正式开通[EB/OL]. (2014 – 12 – 15). http://www. gxjgdj. com/gxqzjggbxx/yxdt/20141215 – 3969. shtml

理的规定》①《广西干部网络学院关于管理员管理的若干规定》②《广西干部网络培训管理办法(试行)》③等。

表 5.39　南宁市公务员自主选学课程安排(2015 年)

专题名称	主干课程名称
一、协调沟通能力提升	1. 协调艺术与沟通策略 2. 提高科级领导干部与媒体的沟通能力 3. 重大活动的组织与协调
二、心理调适能力提升	1. 职业心态的调整与养成 2. 情绪与压力管理 3. 职业女性身心健康与调适
三、文字和语言表达能力提升	1. 公众演讲技巧(即席演讲艺术) 2. 领导讲话稿的写作技巧 3. 调查报告的撰写技巧 4. 常用公文写作入门 5. 常用公文写作能力提升
四、处事应变能力提升	1. 提高科级领导干部运用法治思维与法治方式化解矛盾的能力 2. 着力提升新媒体时代舆论引导能力 3. 提升科级领导干部应对突发事件的能力 4. 如何做好新时期信访工作
五、公共管理能力提升	1. 创新社会治理体制,提高社会治理水平 2. 公共服务市场化与社会组织发展 3. 政府职能转变的困境与出路 4. 社会转型与政府改革 5. 新常态下的南宁市情与发展思路
六、领导能力提升	1. 科级领导干部知人善任新视野 2. 科级领导干部的工作方式与艺术 3. 副职领导角色及其胜任 4. 如何提高科级干部执行力 5. 高绩效团队与团队精神打造

(说明:左侧跨多行合并单元格)(一)公务员岗位能力提升类自主选学课程模块(必选 1 门)(6 个专题:25 门课程)

---

①　广西干部网络学院. 广西干部网络学院关于规范学员信息管理的规定[EB/OL]. (2017 - 09 - 14). http://www. gxela. gov. cn/portal/info! detail. action? info. id =1493

②　广西干部网络学院. 广西干部网络学院关于管理员管理的若干规定[EB/OL]. (2017 - 09 - 14). http://www. gxela. gov. cn/portal/info! detail. action? info. id =1492

③　广西干部网络学院. 广西干部网络培训管理办法(试行)[EB/OL]. (2020 - 07 - 23). http://www. gxela. gov. cn/app/index/Index/show Notice. do? type = no tice & contentld = 20158

续表5.39

（二）公务员综合素质提升类自主选学课程模块（限选1门）（三个专题，15门课程）	一、职业素养提升	1.公务礼仪 2.办公自动化应用之excel表格的应用技巧 3.办公自动化应用之PPT应用与制作 4.高效时间管理，提高工作效率 5.摄影技术与欣赏
	二、传统文化传承与人文素养提升	1.汉字文化 2.诗词与修养 3.中国禅宗智慧 4.《孙子兵法》的战略思想和现代价值 5.音乐与人生
	三、公务员保健与养生	1.中医与养生 2.饮食与健康 3.茶与养生 4.肩颈保健与易学保健操 5.优雅形体塑造（适合女性）

资料来源：中共南宁市委员会组织部　南宁市人力资源和社会保障局．关于开展2015年南宁市公务员自主选学工作的通知[EB/OL]．(2015 – 04 – 17)．http://www.gxrspx.com/Home/Content/252

表5.40　广西壮族自治区干部培训工作量化指标

干部脱产培训量化指标				党政干部网络培训量化指标				
干部类别	每年每单位脱产培训课不低于/%	每年每单位干部参训率不低于/%	人均年脱产培训学时数不低于	干部类别	全区覆盖率/%			每人每年达到的学时数不低于
					2013年	2015年	2017年	
县级处及以上党政干部	30	50	110					
科级及以下干部	25	40	90					
非公务员基层干部	25	40	40	省厅级	80	100	—	50
企业经营管理人员	30	50	110	县处级	50	80	90	50
专业技术人员	20	50	90	科级及以下	20	50	80	80

资料来源．中共广西自治区党委．2013　2017年广西干部教育培训规划[Z]．2014 – 03 – 15．

5.2.2 数据分析与模型检验

1. 变量的描述性分析

1)人口统计特征

本次南宁公务员终身学习调查共发放问卷400份,回收问卷309份,其中有效问卷224份。从表5.41可知,公务员调查样本中男性公务员比女性公务员多17%;已婚人数占到总数的66.1%;各个年龄段的公务员都有覆盖,其中31~40岁年龄段和30岁以下年龄段占到总数的近70%;总体学历层次不太高,绝大多数公务员都只具有大专以及本科学历,研究生及以上学历只占到总数的8%;职务级别主要是科级及以下,但处级及以上也占到10.7%;工作经验方面显示各个工龄段的公务员都有一定数量;岗位层级中乡镇级公务员占17.9%,区(县)级公务员占54%,市级公务员占28.1%;职位类别中综合管理岗占46.9%,专业技术岗占29.9%,行政执法岗占23.2%。总的来看,调查对象结构比较合理,符合抽样设计方案,具有较好的样本代表性。

表5.41　人口统计特征(南宁)

特征变量		调查对象	
		人数	比例(%)
性别	男	131	58.5
	女	93	41.5
婚姻	已婚	148	66.1
	未婚	76	33.9
年龄	30岁以下	76	33.9
	31~40岁	79	35.3
	41~50岁	59	26.3
	51岁以上	10	4.5
学历	大专及以下	80	35.7
	本科	126	56.3
	研究生及以上	18	8.0

续表 5.41

特征变量		调查对象	
		人数	比例（%）
职务级别	科员及以下	117	52.2
	科级	83	37.1
	处级及以上	24	10.7
工作经验	5 年及以下	77	34.3
	6 – 10 年	50	22.3
	11 ~ 20 年	55	24.6
	21 年及以上	42	18.8
岗位层级	乡镇/街道办	40	17.9
	区（县）	121	54
	市级及以上	63	28.1
职位类别	综合管理	105	46.9
	专业技术	67	29.9
	行政执法	52	23.2
	样本数合计	224	100.0

资料来源：统计分析整理

2）变量的描述性统计

通过计算所有量表变量的均值和标准差，可以对南宁调查问卷的填答情况进行描述性分析。本书使用的是 Likert5 点计分法，中位数是 3，均值越高说明同意这种观点的人越多。从表 5.42 的分析结果可以看出，各变量得分均高于中位数水平，样本数据分布合理、结构完整。

表 5.42　所有变量的描述性分析（南宁）

问项	样本量	最小值	最大值	平均值	标准差
Q10	224	1	5	3.58	1.199
Q11	224	1	5	3.57	1.265

续表5.42

问项	样本量	最小值	最大值	平均值	标准差
Q12	224	1	5	3.46	1.234
Q13	224	1	5	3.90	1.093
Q14	224	1	5	3.86	1.169
Q15	224	1	5	3.92	1.019
Q16	224	1	5	3.97	1.063
Q17	224	1	5	3.74	1.099
Q18	224	1	5	3.84	1.187
Q19	224	1	5	4.24	1.017
Q20	224	1	5	3.73	1.202
Q21	224	1	5	4.19	0.966
Q22	224	1	5	3.78	1.176
Q23	224	1	5	3.86	1.147
Q24	224	1	5	3.78	1.191
Q25	224	1	5	3.73	1.047
Q26	224	1	5	3.65	1.127
Q27	224	1	5	3.59	1.217
Q28	224	1	5	3.90	1.093
Q29	224	1	5	3.86	1.005
Q30	224	1	5	4.00	0.968
Q31	224	1	5	3.89	0.922
Q32	224	1	5	3.39	1.166
Q33	224	1	5	3.54	1.062
Q34	224	1	5	3.57	1.114
Q35	224	1	5	3.65	1.094
Q36	224	1	5	3.86	0.995
Q37	224	1	5	3.62	1.150

续表 5.42

问项	样本量	最小值	最大值	平均值	标准差
Q38	224	1	5	3.75	1.053
Q39	224	1	5	3.76	1.081
Q40	224	1	5	3.96	0.979
Q41	224	1	5	3.50	1.108
Q42	224	1	5	3.94	0.998
Q43	224	1	5	3.89	1.051
Q44	224	1	5	3.73	1.075
Q45	224	1	5	3.94	0.998
Q46	224	1	5	4.43	0.778
Q47	224	1	5	3.86	1.226
Q48	224	1	5	3.87	0.885
Q49	224	1	5	3.79	0.934
Q50	224	1	5	3.50	1.020
Q51	224	1	5	3.49	1.112

资料来源：统计分析整理

3）变量的相关性分析

本书对潜在变量的均值和标准差进行了计算，各潜在变量得分均高于中位数水平；并采用皮尔逊相关分析（Pearson correlation）检验各潜在变量间的相关性与显著性，分析结果见表 5.43。

（1）外因潜在变量与内因潜在变量之间的相关分析。由表 5.43 可见，除"感知风险"与 5 个内因潜在变量为负相关以外，其余 4 个外因潜在变量与内因变量间都是正相关：绩效期望与"公务人动机"的显著相关性最高，为 0.338；感知风险与"社会人"学习动机的显著相关性最高，为 0.461；努力期望与"社会人"学习动机的显著相关性最高，为 0.485；周围环境与"社会人"学习动机的显著相关性最高，为 0.504；促进因素与"社会人"学习动机的显著相关性最高，为 0.620。

表 5.43 潜在变量的相关分析（南宁）

	平均值	标准偏差	期望绩效	感知风险	努力期望	周围环境	促进因素	"经济人"动机	"公务人"动机	"学习人"动机	"社会人"动机	采纳与形成
期望绩效	3.9182	0.81083	1									
感知风险	3.6030	0.93492	0.390**	1								
努力期望	3.7113	0.92304	0.374**	0.588**	1							
周围环境	3.7839	0.82609	0.360**	0.393**	0.566**	1						
促进因素	3.8542	0.92389	0.360**	0.483**	0.571**	0.718**	1					
"经济人"动机	3.6272	0.93810	0.277**	-0.307**	0.272**	0.267**	0.275**	1				
"公务人"动机	3.9271	0.86142	0.338**	-0.333**	0.442**	0.477**	0.566**	0.503**	1			
"学习人"动机	3.8679	0.92753	0.324**	-0.432**	0.389**	0.413**	0.505**	0.406**	0.657**	1		
"社会人"动机	3.7165	0.93271	0.284**	-0.461**	0.485**	0.504**	0.620**	0.430**	0.640**	0.744**	1	
采纳与形成	3.4937	0.69055	0.210**	-0.249**	0.269**	0.372**	0.402**	0.224**	0.418**	0.484**	0.460**	1

＊＊. 在置信度（双侧）为 0.01 时，相关性是显著的。

资料来源：统计分析整理

（2）外因潜在变量之间的相关分析。5 个外因潜在变量中，终身学习动机影响因素的五个维度之间是正向相关，且在置信度（双侧）为 0.01 时，相关系数是显著异于 0，说明终身学习影响因素的五个维度间显著相关。绩效期望与感知风险的显著相关性最高，为 0.390；感知风险与努力期望的显著相关性最高，为 0.588；周围环境与促进因素的显著相关性最高，为 0.718。

（3）内因潜在变量之间的相关分析。5 个内因潜在变量之间全部正向相关，且具有显著性，在置信度（双侧）为 0.01 时，相关系数是显著异于 0，说明学习动机的 4 个潜在变量之间及其与学习行为之间显著相关。其中，南宁公务员"经济人"学习动机与"公务人"学习动机的相关性最高，为 0.503；"公务人"学习动机与"学习人"学习动机的相关性最高，为 0.657；"学习人"学习动机与"社会人"学习动机的相关性最高，为 0.744；终身学习的"采纳与形成"与"学习人"学习动机的相关性最高，为 0.484。

从变量相关分析可见，与南宁公务员终身学习"采纳与形成"高相关程度依次是"学习人"学习动机、"社会人"学习动机、"公务人"学习动机、促进因素等。

2. 量表的有效性分析

1）量表的信度分析

运行 SPSS22.0 软件，对南宁公务员终身学习调查问卷各量表的所有变量进行信度分析，见表 5.44、表 5.45、表 5.46。分析结果显示：

表 5.44　终身学习动机量表及各维度信度测量结果（南宁）

公务员终身学习 内部动机	题项个数	信度系数	评价
总量表	19	0.929	信度高，接受
"经济人"学习动机	4	0.788	信度较高，可以接受
"公务人"学习动机	6	0.877	信度高，接受
"学习人"学习动机	5	0.873	信度高，接受
"社会人"学习动机	4	0.850	信度高，接受

资料来源：统计分析整理

表 5.45　终身学习影响因素量表及各维度测量信度结果（南宁）

公务员终身学习 影响因素	题项个数	信度系数	评价
总量表	17	0.913	信度高，接受
绩效期望	3	0.791	信度较高，可以接受
成本风险	3	0.804	信度高，接受
努力期望	3	0.814	信度高，接受
周围环境	5	0.850	信度高，接受
便利条件	3	0.864	信度高，接受

资料来源：统计分析整理

表 5.46　自我评价量表测量信度结果（南宁）

公务员终身学习 自我评价	题项个数	信度系数	评价
总量表	6	0.795	可以接受

资料来源：统计分析整理

（1）南宁公务员终身学习动机量表的整体 Cronbach α 系数是 0.929；四个维度的信度系数分别是 0.788、0.877、0.873、0.850，均在 0.80 左右。

（2）南宁公务员终身学习影响因素量表的整体 Cronbach α 系数是 0.913；五个维度的信度系数分别是 0.791、0.804、0.814、0.850、0.864，也均在 0.80 左右。

（3）南宁公务员采纳与形成终身学习自我评价量表的整体信度系数是 0.795。

根据前述内部一致性信度系数判断原则，本书调查使用的公务员终身学习动机结构量表、影响因素量表、采纳与形成终身学习自我评价量表信度都大于 0.70，说明量表及各维度具有较高的内部一致性。

表 5.47 所有变量的信度分析显示，删除任何一个题项都不会引起各维度信度水平明显提高；从问项与总分的相关程度看，除了 Q47 题项与总分的相关系数

较低外，①其余各题项与总分相关系数均大于0.4，说明南宁公务员终身学习调查各量表均具有较好的信度与清晰的内部结构。

表 5.47　所有变量的信度分析（南宁）

量表	维度	编号	问项内容	修正的项目总相关	删除该题后内部一致性系数
公务员终身学习动机量表	"经济人"学习动机	Q10	提升职位、改善工作环境	0.620	0.724
		Q11	增加收入或提高工薪	0.683	0.690
		Q12	提高学历和声望	0.619	0.724
		Q13	追求优雅而有品质的生活	0.469	0.788
	"公务人"学习动机	Q14	对党组织或行政组织的忠诚	0.735	0.847
		Q15	为获得工作成就感或自豪感	0.626	0.865
		Q16	为更好服务社会和公众	0.726	0.849
		Q17	组织内部学习与考核的常态化	0.674	0.858
		Q18	攻克工作难题、不断创新与超越	0.651	0.863
		Q19	适应新形势、新环境的工作需要	0.694	0.855
	"学习人"学习动机	Q20	探求和了解未知世界	0.707	0.844
		Q21	提高多种技术和技能	0.613	0.866
		Q22	培育广泛的兴趣爱好	0.791	0.822
		Q23	做社会和家庭读书学习的榜样	0.696	0.846
		Q24	坚定理想信念、获得精神支柱	0.700	0.846
	"社会人"学习动机	Q25	扩展社交圈，结交朋友	0.619	0.838
		Q26	融入集体生活，改善人际关系	0.722	0.796
		Q27	通过读书缓解压力、释放情绪	0.750	0.783
		Q28	提高素质修养，受人尊重	0.674	0.817

---

①　注：该题是反向计分题，主要作用在于考察被调查者填答问卷的认真程度，所以相关度低于0.4也不做处理。

续表 5.47

公务员终身学习影响因素	绩效期望	Q29	终身学习对改变现状有作用	0.690	0.651
		Q30	终身学习对未来职业发展有价值	0.705	0.635
		Q31	终身学习对完成困难任务有帮助	0.513	0.833
	感知风险	Q32	投入的经济成本与风险	0.736	0.636
		Q33	投入的时间成本与风险	0.726	0.656
		Q34	感知的身体健康风险	0.507	0.803
	努力期望	Q35	学习过程的顺畅度	0.669	0.740
		Q36	学习内容有吸引力	0.649	0.764
		Q37	学习任务难度不大，易学易用	0.683	0.727
	社会影响	Q38	地方政府对终身学习的重视与支持	0.763	0.791
		Q39	社会舆论对于学习风气的导向与影响	0.678	0.814
		Q40	工作单位提供的学习便利及制度薪金等保障	0.629	0.827
		Q41	朋友、同事的评价与学习经验分享	0.579	0.842
		Q42	家庭的鼓励与全方位支持	0.661	0.819
	促进因素	Q43	信息技术进步等客观条件支持	0.778	0.774
		Q44	外部资源与帮助的获取便利性	0.769	0.783
		Q45	终身学习理念与工作经验、习惯的一致性	0.680	0.863
采纳与形成终身学习的自我评价		Q46	我认为终身学习是有必要的	0.495	0.754
		Q47	终身学习对于一些人有用，但我觉得无用	0.200	0.740
		Q48	我对自己的学习能力很自信	0.573	0.735
		Q49	如果有困难，我能想尽一切办法坚持学习	0.715	0.699
		Q50	我近期主动开展了学习活动	0.671	0.706
		Q51	我长期坚持了学习的习惯	0.637	0.713

资料来源：统计分析整理

2)量表的效度分析

从统计学的角度，因子分析法是检验结构效度最常用的方法。据此，将问卷数据随机分成两部分，取一半用来进行探索性因子分析。①

（1）南宁公务员终身学习动机结构量表的效度分析。运行 SPSS22.0 软件，针对南宁公务员终身学习动机结构测量的 19 个问项进行因子分析，分析方法与广州调查一致。

由表 5.48 可见，KMO 值为 0.897，表示适切性良好，Bartlett 值为 2614.664（自由度为 171），显著性概率值 $P = 0.000$，达到 0.05 显著水平，表示总体相关矩阵间有共同因素存在，适合进行因素分析。

表 5.48　KMO 和 Bartlett 检验（南宁 – 动机量表）

KMO 取样适切性量数		0.897
Bartlett 的球形度检验	上次读取的卡方	2614.664
	自由度	171
	显著性	0.000

资料来源：统计分析整理

如表 5.49 所示，南宁市公务员终身学习动机结构问项回旋后的成分矩阵中，以因子载荷量 0.5 为标准，形成四个主成分。第一个成分有 4 个问项反映公务员学习自身特征，第二个成分有 6 个问项反映公务员职业特征，第三个成分有 5 个问项反映社会交往动机，第四个成分有 4 个问项反映公务员经济动机。由此可以将四个主成分归纳为"学习人"学习动机、"公务人"学习动机、"社会人"学习动机、"经济人"学习动机，其与本书提出的理论假设完全相符。

由表 5.50 可见，转轴前四个因素的特征值分别为 8.585、1.971、1.342、0.988，转轴后的特征值分别为 3.548、3.533、3.277、2.528，联合解释变异量为 67.823%，说明萃取四个因素是适切的。

---

①　注：关于因素分析中样本量的大小存在不同观点，学者 Stevens 以及吴明隆都认为预试样本量最好为量表题项数的 5 倍，本书中将问卷数据取一半为 112，问卷中最大量表题项为 19，达到因素分析的基本要求。参见：吴明隆. 问卷统计分析实务——SPSS 的操作与应用[M]. 重庆：重庆大学出版社，2010：207

表 5.49　因子分析旋转后的成分矩阵[a]（南宁－动机量表）

	组件			
	1	2	3	4
Q22	0.752	0.122	0.400	0.219
Q21	0.709	0.364	0.104	0.065
Q20	0.668	0.249	0.412	0.053
Q23	0.565	0.095	0.470	0.267
Q17	0.047	0.789	0.274	0.139
Q19	0.252	0.741	0.148	0.148
Q14	0.193	0.723	0.287	0.233
Q16	0.275	0.721	0.193	0.208
Q18	0.505	0.548	0.243	0.011
Q15	0.509	0.540	0.082	0.185
Q27	0.329	0.161	0.799	0.062
Q26	0.066	0.421	0.771	0.190
Q25	0.199	0.274	0.639	0.205
Q28	0.483	0.214	0.605	0.093
Q24	0.568	0.183	0.597	0.044
Q11	0.016	0.123	0.144	0.860
Q10	0.032	0.128	0.006	0.832
Q13	0.199	0.237	0.131	0.780
Q12	0.255	0.252	0.180	0.689

提取方法：主成分分析。旋转方法：Kaiser 标准化最大方差法。a. 旋转在 9 次迭代后已收敛。

资料来源：统计分析整理

表 5.50　总方差解释（南宁－动机量表）

组件	初始特征值			提取载荷平方和			旋转载荷平方和		
	总计	方差%	累积%	总计	方差%	累积%	总计	方差%	累积%
1	8.585	45.184	45.184	8.585	45.184	45.184	3.548	18.675	18.675
2	1.971	10.375	55.559	1.971	10.375	55.559	3.533	18.597	37.271

续表 5.50

组件	初始特征值			提取载荷平方和			旋转载荷平方和		
	总计	方差%	累积%	总计	方差%	累积%	总计	方差%	累积%
3	1.342	7.066	62.625	1.342	7.066	62.625	3.277	17.247	54.518
4	0.988	5.198	67.823	0.988	5.198	67.823	2.528	13.305	67.823

提取方法：主成分分析。

资料来源：统计分析整理

（2）南宁公务员终身学习影响因素量表的效度分析。分析方法与广州调查一致。

由表 5.51 可见，KMO 值为 0.887，表示适切性良好，Bartlett 值为 2162.609（自由度为 136），显著性概率值 $P = 0.000$，达到 0.05 显著水平，表示总体相关矩阵间有共同因素存在，适合进行因素分析。

如表 5.52 所示，南宁公务员终身影响因素问项回旋后的成分矩阵中，以因子载荷量 0.5 为标准，形成五个主成分。第一个成分有 5 个问项测周围环境，第二个成分有 3 个问项测有关便利条件，第三个成分有 3 个问项测学习的付出成本，第四个成分有 3 个问项测学习效益和效果，第五个成分有 3 个问项测风险因素。由此可见，因子分析提取的五个主成分也可以归纳为周围环境、促进因素、努力期望、绩效期望、感知风险，其与本书提出的理论假设完全相符。

由表 5.53 可见，转轴前五个因素的特征值分别为 7.238、1.881、1.625、0.990、0.816，转轴后的特征值分别为 2.933、2.616、2.554、2.282、2.165，联合解释变异量为 73.823%，说明萃取五个因素是适切的。

表 5.51　KMO 和 Bartlett 检验（南宁－因素量表）

KMO 取样适切性量数。		0.887
Bartlett 的球形度检验	上次读取的卡方	2162.609
	自由度	136
	显著性	0.000

资料来源：统计分析整理

表 5.52　因子分析旋转后的成分矩阵 a（南宁 – 因素量表）

	组件				
	1	2	3	4	5
Q39	0.796	0.288	0.010	0.069	0.092
Q38	0.755	0.295	0.321	0.032	0.063
Q40	0.694	0.205	0.291	0.214	0.174
Q41	0.658	0.132	0.133	0.050	0.502
Q42	0.514	0.477	0.302	0.268	0.044
Q43	0.397	0.793	0.125	0.134	0.156
Q44	0.273	0.768	0.305	0.070	0.166
Q45	0.364	0.689	0.182	0.134	0.119
Q36	0.241	0.105	0.781	0.166	0.170
Q35	0.111	0.259	0.757	0.100	0.235
Q37	0.263	0.239	0.729	0.079	0.208
Q30	0.111	0.148	0.002	0.888	0.050
Q29	0.058	0.034	0.108	0.880	0.075
Q31	0.155	0.180	0.329	0.617	0.184
Q33	0.068	0.153	0.241	0.087	0.869
Q32	0.038	0.149	0.222	0.145	0.865
Q34	0.019	0.179	0.227	0.317	0.759

提取方法：主成分分析。旋转方法：Kaiser 标准化最大方差法。a. 旋转在 6 次迭代后已收敛。

资料来源：统计分析整理

表 5.53　总方差解释（南宁 – 因素量表）

组件	初始特征值			提取载荷平方和			旋转载荷平方和		
	总计	方差%	累积 %	总计	方差%	累积 %	总计	方差%	累积 %
1	7.238	42.577	42.577	7.238	42.577	42.577	2.933	17.252	17.252
2	1.881	11.067	53.644	1.881	11.067	53.644	2.616	15.386	32.638
3	1.625	9.556	63.200	1.625	9.556	63.200	2.554	15.022	47.660

续表 5.53

组件	初始特征值			提取载荷平方和			旋转载荷平方和		
	总计	方差%	累积 %	总计	方差%	累积 %	总计	方差%	累积 %
4	0.990	5.823	69.024	0.990	5.823	69.024	2.282	13.426	61.086
5	0.816	4.799	73.823	0.816	4.799	73.823	2.165	12.737	73.823

提取方法：主成分分析。

资料来源：统计分析整理

（3）南宁公务员采纳与形成终身学习自我评价量表的效度分析。对该量表的 5 个问项进行因子分析，分析方法与广州调查一致。分析结果见表 5.54、表 5.55、表 5.56。南宁公务员采纳与形成终身学习自我评价 KMO 检验值为 0.797，表示达到适中程度并接近良好的指标，Bartlett 值为 552.761（自由度为 10），显著性概率值 $P = 0.000$，达到 0.05 显著水平，说明总体相关矩阵间有共同因素存在，可以进行因素分析。抽取的共同因素在 0.321 ~ 0.772，均大于 0.200，表示共同性较高。特征值大于 1 的共同因子只有一个主成分，联合解释变异量为 61.757%，说明这五个问项可以用来测量公务员采纳与形成终身学习自我评价情况。

表 5.54　KMO 和 Bartlett 检验（南宁 – 自我评价量表）

KMO 取样适切性量数		0.797
Bartlett 的球形度检验	上次读取的卡方	552.761
	自由度	10
	显著性	0.000

资料来源：统计分析整理

表 5.55　公因子方差（南宁 – 自我评价量表）

	初始值	提取
Q46	1.000	0.321
Q48	1.000	0.614
Q49	1.000	0.772

续表 5.55

	初始值	提取
Q50	1.000	0.761
Q51	1.000	0.721

提取方法：主成分分析。

资料来源：统计分析整理

表 5.56　总方差解释（南宁 – 自我评价量表）

组件	初始特征值			提取载荷平方和		
	总计	方差%	累积 %	总计	方差%	累积 %
1	3.088	61.757	61.757	3.088	61.757	61.757
2	0.853	17.051	78.807			
3	0.549	10.972	89.780			
4	0.280	5.604	95.384			
5	0.231	4.616	100.000			

提取方法：主成分分析。

资料来源：统计分析整理

3.结构模型检验

基于前述有关模型适配度评价的理论基础，对南宁公务员终身学习动机研究假设与相关模型进行验证，以下是各结构模型检验的具体情况。

1）南宁公务员终身学习动机结构模型检验

（1）一阶验证性因子分析。为了验证公务员学习动机因素结构是否与实际数据适配，输入南宁公务员调查样本中未用于信度分析的另一半随机数据，运行AMOS22.0 软件，使用最大似然估计方法进行参数估计，得到南宁公务员终身学习动机结构一阶验证模型的标准参数估计，见图 5.12。主要拟合指数见表 5.57，路径系数显著性见表 5.58，潜在变量协方差估计与相关系数见表 5.59。

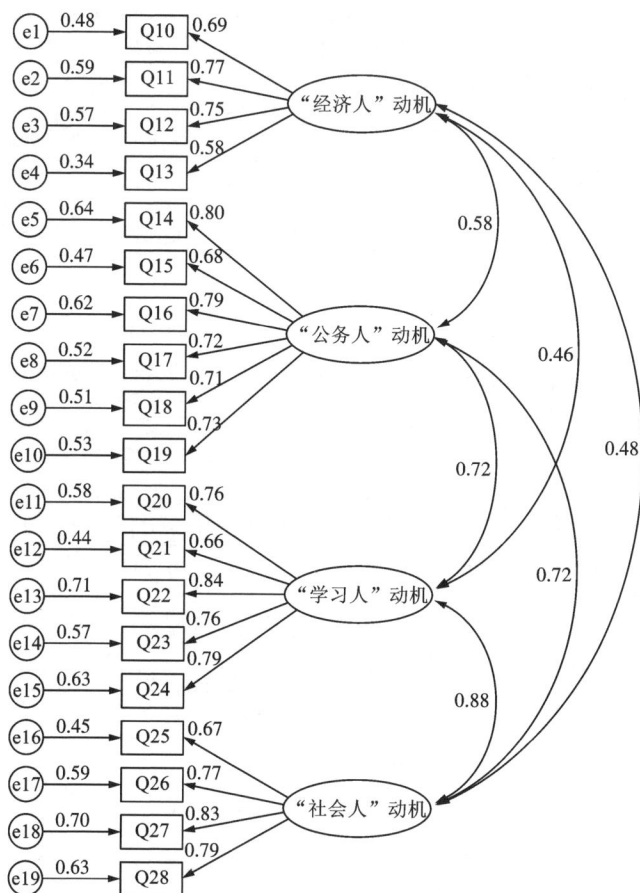

图 5.12　一阶验证模型的标准参数估计图 (南宁 – 学习动机)

资料来源：AMOS22.0 分析显示

表 5.57　一阶验证模型主要拟合指数摘要表 (南宁 – 学习动机)

指标名称	χ^2	GFI	AGFI	RMR	RMSEA	NFI	CFI	NC
检定结果	559.089	0.892	0.881	0.058	0.063	0.893	0.901	2.992
拟合判断	($P > 0.05$) 拟合	基本 拟合	基本 拟合	基本 拟合	基本 拟合	基本 拟合	拟合	拟合

资料来源：AMOS22.0 分析整理

表 5.58　一阶验证模型路径系数统计结果（南宁－学习动机）

			Estimate	S. E.	C. R.	P	Standardized
Q13	<---	"经济人"动机	1.000				0.580
Q12	<---	"经济人"动机	1.463	0.187	7.825	***	0.752
Q11	<---	"经济人"动机	1.526	0.217	7.041	***	0.766
Q10	<---	"经济人"动机	1.312	0.194	6.754	***	0.695
Q17	<---	"公务人"动机	1.000				0.718
Q16	<---	"公务人"动机	1.063	0.094	11.256	***	0.790
Q15	<---	"公务人"动机	0.882	0.092	9.557	***	0.684
Q14	<---	"公务人"动机	1.187	0.104	11.396	***	0.802
Q23	<---	"学习人"动机	1.000				0.756
Q22	<---	"学习人"动机	1.143	0.087	13.113	***	0.843
Q21	<---	"学习人"动机	0.737	0.076	9.745	***	0.661
Q20	<---	"学习人"动机	1.053	0.094	11.197	***	0.760
Q28	<---	"社会人"动机	1.000				0.794
Q27	<---	"社会人"动机	1.168	0.086	13.590	***	0.834
Q26	<---	"社会人"动机	0.995	0.086	11.512	***	0.767
Q25	<---	"社会人"动机	0.808	0.081	9.979	***	0.671
Q18	<---	"公务人"动机	1.070	0.108	9.913	***	0.712
Q19	<---	"公务人"动机	0.939	0.090	10.385	***	0.729
Q24	<---	"学习人"动机	1.087	0.092	11.853	***	0.791

资料来源：AMOS22.0 分析整理

表 5.59　一阶验证模型潜在变量协方差估计与相关系数（南宁－学习动机）

			Covariances	S. E.	C. R.	P	Correlations
"经济人"动机	<-->	"公务人"动机	0.290	0.061	4.778	***	0.582
"经济人"动机	<-->	"学习人"动机	0.251	0.062	4.053	***	0.458
"经济人"动机	<-->	"社会人"动机	0.263	0.061	4.305	***	0.479
"公务人"动机	<-->	"学习人"动机	0.493	0.074	6.674	***	0.723

续表 5.59

			Covariances	S. E.	C. R.	P	Correlations
"公务人"动机	< - - >	"社会人"动机	0.494	0.074	6.705	＊＊＊	0.723
"学习人"动机	< - - >	"社会人"动机	0.643	0.087	7.412	＊＊＊	0.857

注：＊P<0.05；＊＊P<0.01；＊＊＊P<0.001

资料来源：AMOS22.0 分析整理

　　数据分析显示，南宁公务员终身学习动机一阶验证模型基本适配度指标良好，没有出现负的误差变异量，也没有违反模型辨认规则。各主要拟合指标基本达到标准，说明模型外在质量可以，测量模型收敛效度可以。模型的内在质量方面，载荷系数基本介于0.5至0.95之间，且 C. R. 值均大于1.96，P 值均达到显著性水平。由此可以验证探索性因素分析中得到的公务员学习动机因素结构与实际数据具有适配性。学习动机四个维度的潜在变量之间协方差检验结果都达到显著，且一阶潜在因素间相关系数在0.479~0.857，相关性显著，说明这些潜在变量之间可能有更高阶共同因素存在。

　　(2)二阶验证性因子分析。为了探明一阶因素构建是否有受到一个更高阶潜在特质影响，对南宁公务员终身学习动机结构二阶验证模型进行标准参数估计，见图5.13。主要拟合指数见表5.60，内在适配指标摘要见表5.61，路径系数显著性见表5.62。

表 5.60　二阶验证模型的主要拟合指数摘要表(南宁 - 学习动机)

指标名称	χ^2	GFI	AGFI	RMR	RMSEA	NFI	CFI	NC
检定结果	718.426	0.869	0.875	0.073	0.067	0.877	0.879	3.08
拟合判断	(P>0.05)拟合	基本拟合	基本拟合	基本拟合	基本拟合	基本拟合	基本拟合	基本拟合

资料来源：AMOS22.0 分析整理

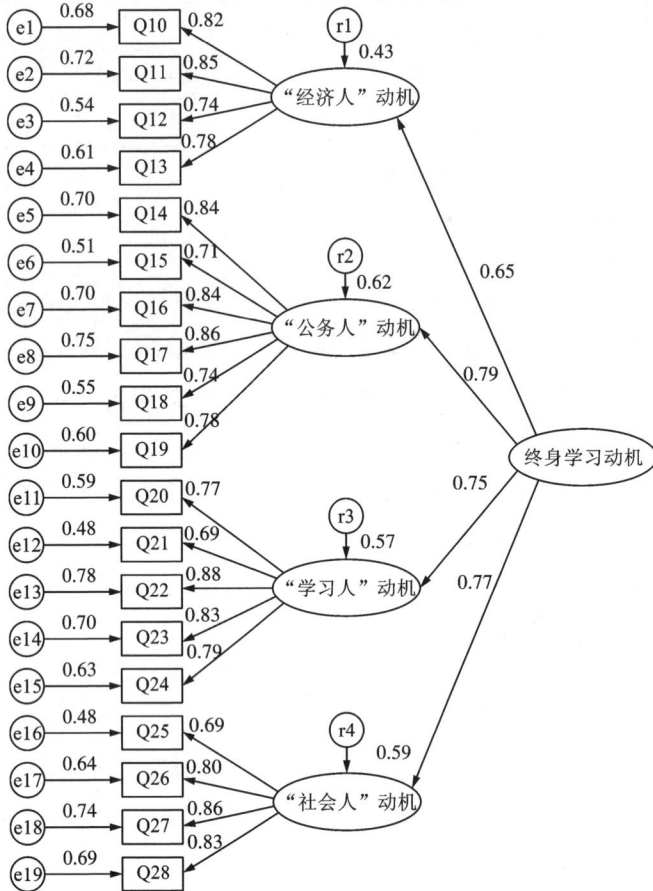

图5.13　二阶验证模型的标准参数估计图(南宁–学习动机)

资料来源：AMOS22.0分析显示

表5.61　二阶验证模型内在适配指标摘要(南宁–学习动机)

潜在变量	测量指标	因素负荷量	信度系数	潜在变量组合信度	平均变异量抽取值
"经济人"学习动机	Q10	0.824	0.679	0.8765	0.6402
	Q11	0.850	0.723		
	Q12	0.738	0.545		
	Q13	0.784	0.615		

续表 5.61

潜在变量	测量指标	因素负荷量	信度系数	潜在变量组合信度	平均变异量抽取值
"公务人"学习动机	Q14	0.839	0.704	0.9126	0.6361
	Q15	0.715	0.511		
	Q16	0.837	0.701		
	Q17	0.864	0.746		
	Q18	0.742	0.551		
	Q19	0.777	0.604		
"学习人"学习动机	Q20	0.766	0.587	0.8964	0.6353
	Q21	0.692	0.479		
	Q22	0.885	0.783		
	Q23	0.835	0.697		
	Q24	0.794	0.630		
"社会人"学习动机	Q25	0.695	0.483	0.876	0.6399
	Q26	0.803	0.645		
	Q27	0.861	0.741		
	Q28	0.831	0.691		

资料来源：AMOS22.0 分析整理

表 5.62　二阶验证模型路径系数统计结果（南宁－学习动机）

			Estimate	S. E.	C. R.	P	Standardized
"经济人"动机	<－－－	终身学习动机	0.826	0.060	13.801	＊＊＊	0.655
"公务人"动机	<－－－	终身学习动机	1.008	0.059	17.115	＊＊＊	0.788
"学习人"动机	<－－－	终身学习动机	0.950	0.059	16.112	＊＊＊	0.755
"社会人"动机	<－－－	终身学习动机	0.893	0.050	17.678	＊＊＊	0.767

注：＊$P<0.05$；＊＊$P<0.01$；＊＊＊$P<0.001$

资料来源：AMOS22.0 分析整理

数据分析显示，南宁公务员终身学习动机二阶验证模型基本适配度指标良好，没有违反模型辨认规则，模型可以顺利收敛识别。各主要拟合指标基本达到标准，卡方自由度比值略大于 3，显著性概率值 P 大于 0.05，接受虚无假设，表示南宁公务员终身学习动机结构二阶验证模型可以被接受。测量指标信度 R^2 都大于 0.5。潜在变量组合信度均大于 0.6，平均变异量抽取值均大于 0.5，说明四个因素构念的内部质量较好。

模型路径系数基本上介于 0.5 至 0.95 之间，且 C.R. 值均大于 1.96，P 值均达到显著性水平，说明模型路径系数的显著性概率都检验通过，即"经济人"动机、"社会人"动机、"公务人"动机、"学习人"动机等四个亚动机都具有显著性。

（3）研究结论。根据上述分析和检验，可以得到以下结论：

结论 1：研究假设 H1 成立。即根据南宁调查问卷的数据分析，可以推论南宁公务员的终身学习动机也是由"经济人"动机、"公务人"动机、"学习人"动机、"社会人"动机等四种亚动机构成。其中，"公务人"学习动机最为重要，回归系数 0.788，然后其余依次是："社会人"动机的回归系数 0.767、"学习人"动机的回归系数 0.755、"经济人"动机的回归系数 0.655。

结论 2：在南宁公务员终身学习动机的四种亚动机构成中，每种亚动机都有与之相对应的观测变量，其重要性也不同。其中：

"经济人"学习动机包含 Q10、Q11、Q12、Q13 等四个问项，其中 Q11 最重要，回归系数为 0.850，说明"经济人"学习动机对"增加收入或提高工薪"的解释量最大。

"公务人"学习动机包含 Q14、Q15、Q16、Q17、Q18、Q19 等六个问项，其中 Q17 最重要，回归系数为 0.864，说明"公务人"学习动机对"组织内部学习与考核常态化"的解释量最大。

"学习人"学习动机包含 Q20、Q21、Q22、Q23、Q24 等五个问项，其中 Q22 最重要，回归系数为 0.885，说明"培育广泛的兴趣爱好"对"学习人"学习动机的解释量最大。

"社会人"学习动机包含 Q25、Q26、Q27、Q28 等四个问项，其中 Q27 最重要，回归系数为 0.861，说明"通过读书缓解压力、释放情绪"对"社会人"学习动机的解释量最大。

2）南宁公务员终身学习影响因素构成模型检验

（1）一阶验证性因子分析。为了验证公务员影响因素是否与实际数据适配，使用最大似然估计方法对南宁公务员终身学习影响因素一阶验证模型进行标准参数估计,结果如图 5.14 所示。主要拟合指数摘要见表 5.63,路径系数显著性见表 5.64,潜在变量协方差估计与相关系数见表 5.65。

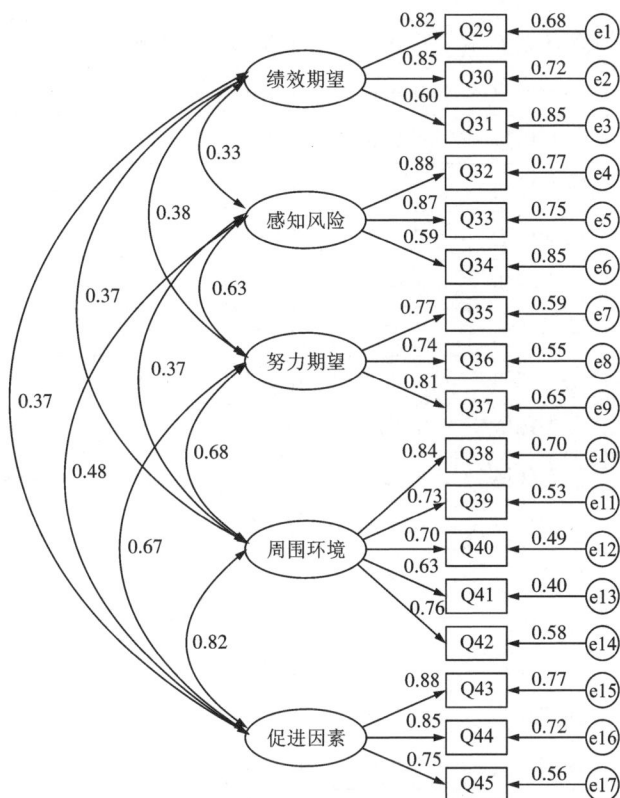

图 5.14　一阶验证模型的标准参数估计图(南宁 – 影响因素)

资料来源:AMOS22.0 分析显示

表 5.63　一阶验证模型的主要拟合指数摘要表(南宁 – 影响因素)

指标名称	χ^2	GFI	AGFI	RMR	RMSEA	NFI	CFI	NC
检定结果	336.715	0.919	0.949	0.045	0.050	0.924	0.912	2.871
拟合判断	($P>0.05$)拟合	拟合	拟合	基本拟合	拟合	拟合	拟合	拟合

资料来源:AMOS22.0 分析整理

表 5.64   一阶验证模型载荷系数统计结果(南宁-影响因素)

			Estimate	S. E.	C. R.	P	Standardized
Q30	<---	绩效期望	1.000				0.849
Q29	<---	绩效期望	1.009	0.087	11.566	***	0.825
Q31	<---	绩效期望	0.668	0.080	8.357	***	0.595
Q33	<---	感知风险	1.000				0.867
Q32	<---	感知风险	1.112	0.074	15.039	***	0.878
Q34	<---	感知风险	0.712	0.080	8.860	***	0.588
Q36	<---	努力期望	1.000				0.740
Q35	<---	努力期望	1.139	0.108	10.586	***	0.766
Q37	<---	努力期望	1.261	0.115	10.965	***	0.808
Q39	<---	周围环境	1.000				0.727
Q38	<---	周围环境	1.122	0.092	12.157	***	0.837
Q40	<---	周围环境	0.874	0.088	9.951	***	0.702
Q44	<---	促进因素	1.000				0.850
Q43	<---	促进因素	1.011	0.064	15.918	***	0.880
Q45	<---	促进因素	0.819	0.065	12.666	***	0.750
Q41	<---	周围环境	0.890	0.100	8.922	***	0.631
Q42	<---	周围环境	0.969	0.094	10.360	***	0.763

注：$*P<0.05$；$**P<0.01$；$***P<0.001$

资料来源：AMOS22.0 分析整理

表 5.65   一阶验证模型的潜在变量协方差估计与相关系数(南宁-影响因素)

			Covariances	S. E.	C. R.	P	Correlations
绩效期望	<-->	感知风险	0.250	0.062	4.002	***	0.332
绩效期望	<-->	努力期望	0.228	0.054	4.249	***	0.379
绩效期望	<-->	周围环境	0.235	0.056	4.192	***	0.366
绩效期望	<-->	促进因素	0.277	0.063	4.376	***	0.371
感知风险	<-->	努力期望	0.424	0.068	6.265	***	0.628
感知风险	<-->	周围环境	0.266	0.062	4.320	***	0.369

续表 5.65

			Covariances	S. E.	C. R.	P	Correlations
感知风险	< - - >	促进因素	0.403	0.073	5.501	＊＊＊	0.480
努力期望	< - - >	周围环境	0.392	0.062	6.301	＊＊＊	0.681
努力期望	< - - >	促进因素	0.447	0.069	6.492	＊＊＊	0.667
周围环境	< - - >	促进因素	0.588	0.079	7.414	＊＊＊	0.823

注：＊$P < 0.05$；＊＊$P < 0.01$；＊＊＊$P < 0.001$

资料来源：AMOS22.0 分析整理

数据分析显示，南宁公务员终身学习影响因素一阶验证模型基本适配度指标良好，没有出现负的误差变异量，没有违反模型辨认规则。各主要拟合指标基本达到标准，说明模型外在质量可以，测量模型收敛效度可以。模型的内在质量方面，载荷系数全都介于 0.5 至 0.95 之间，且 C. R. 值均大于 1.96，P 值均达到显著性水平。由此可以验证探索性因素分析中得到的公务员终身学习影响因素构成与实际数据是适配性的。南宁公务员终身学习影响因素潜在变量之间协方差检验结果都达到显著，说明存在共变关系，可以进一步探索影响因素潜在变量之间的高阶共同因素。

（2）二阶验证性因子分析。一阶验证性因子分析说明各测量模型与数据可以适配，但并未说明公务员终身学习影响因素是否由绩效期望、感知风险、努力期望、周围影响、促进条件等五个因素构成以及各个因素的重要程度。因此，采用最大似然估计法进一步对南宁公务员终身学习影响因素二阶验证模型进行标准参数估计，结果如下图 5.15 所示。主要拟合指数摘要见表 5.66，内在适配指标摘要见表 5.67，路径系数显著性见表 5.68。

表 5.66　二阶验证模型的主要拟合指数摘要表（南宁 – 影响因素）

指标名称	χ^2	GFI	AGFI	RMR	RMSEA	NFI	CFI	NC
检定结果	369.016	0.884	0.839	0.076	0.056	0.904	0.914	3.114
拟合判断	（$P > 0.05$）拟合	基本拟合	基本拟合	基本拟合	基本拟合	拟合	拟合	基本拟合

资料来源：AMOS22.0 分析整理

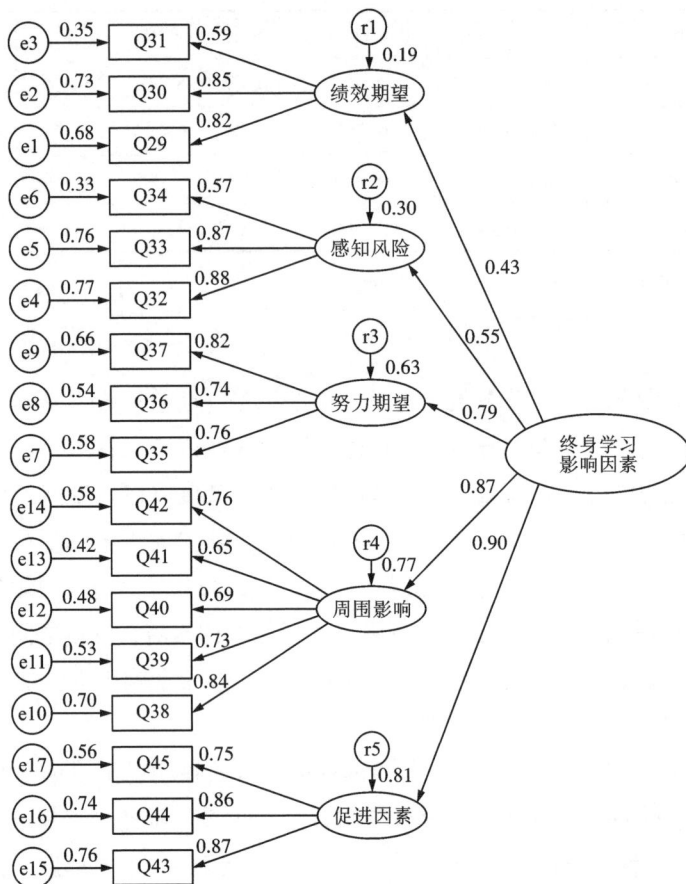

图 5.15　二阶验证模型的标准参数估计图（南宁－影响因素）

资料来源：AMOS22.0 分析显示

表 5.67　二阶验证模型内在适配指数摘要（南宁－影响因素）

潜在变量	测量指标	因素负荷量	测量指标信度	潜在变量组合信度	平均变异量抽取值
绩效期望	Q29	0.822	0.676	0.805	0.585
	Q30	0.854	0.729		
	Q31	0.591	0.449		

续表 5.67

潜在变量	测量指标	因素负荷量	测量指标信度	潜在变量组合信度	平均变异量抽取值
感知风险	Q32	0.880	0.774	0.826	0.621
	Q33	0.871	0.759		
	Q34	0.575	0.431		
努力期望	Q35	0.762	0.581	0.815	0.595
	Q36	0.735	0.540		
	Q37	0.815	0.664		
周围影响	Q38	0.836	0.699	0.854	0.540
	Q39	0.726	0.527		
	Q40	0.691	0.477		
	Q41	0.650	0.423		
	Q42	0.759	0.576		
促进因素	Q43	0.872	0.760	0.868	0.687
	Q44	0.859	0.738		
	Q45	0.750	0.563		

资料来源：AMOS22.0 分析整理

表 5.68　二阶验证模型路径系数统计结果（南宁 – 影响因素）

			Estimate	S. E.	C. R.	P	Standardized
努力期望	< – – –	终身学习_影响因素	0.844	0.133	6.330	＊＊＊	0.791
周围影响	< – – –	终身学习_影响因素	1.000	0.087	11.493	＊＊＊	0.875
促进因素	< – – –	终身学习_影响因素	1.212	0.165	7.325	＊＊＊	0.901
感知风险	< – – –	终身学习_影响因素	0.740	0.136	5.460	＊＊＊	0.549
绩效期望	< – – –	终身学习_影响因素	0.524	0.102	5.128	＊＊＊	0.435

注：＊$P<0.05$；＊＊$P<0.01$；＊＊＊$P<0.001$

资料来源：AMOS22.0 分析整理

　　数据分析显示，南宁公务员终身学习影响因素二阶验证模型基本适配度指标良好，没有出现负的误差变异量，没有违反模型辨认规则，模型可以顺利收敛识别。各主要拟合指标基本达到标准，卡方自由度比值略高于3，显著性概率值 P 小于0.05，接受虚无假设，表示南宁公务员终身学习影响因素二阶验证模型可以被接受。测量指标信度除个别略低于0.5以外，基本大于0.5。各潜在变量组合信度均大于0.6，平均变异量的抽取值均大于0.5，说明公务员终身学习影响因素的五个因素构念具有较好的内部质量。

模型路径系数基本上介于0.5至0.95之间，且 C. R. 值均大于1.96，P 值均达到显著性水平，说明模型路径系数的显著性概率符合要求，即绩效期望、感知风险、努力期望、周围环境、促进因素等共五个因素都具有显著性。

（3）研究小结。根据上述分析和检验，可以得到以下结论：

结论1：研究假设 H2 成立。根据南宁调查问卷的数据分析，可以推论南宁公务员终身学习影响因素由绩效期望、感知风险、努力期望、周围环境、促进因素等共五个因素构成。其中，促进因素对终身学习的影响最大，回归系数为0.901，其余依次是周围影响、努力期望、感知风险和绩效期望，回归系数分别为0.875、0.791、0.549、0.435。

结论2：在南宁公务员终身影响因素构成中，每种影响因素都有与之相对应的观测变量，其重要性也不同。其中：

绩效期望因素包含 Q29、Q30、Q31 等三个问项，其中 Q30 最重要，回归系数为0.854，说明公务员在绩效期望中最关注"终身学习对未来职业发展有价值"。

感知风险因素包含 Q32、Q33、Q34 等三个问项，其中 Q32 最重要，回归系数为0.880，说明公务员在感知风险因素中最关注"终身学习需要投入的经济成本与风险"。

努力期望因素包含 Q35、Q36、Q37 等三个问项，其中 Q37 最重要，回归系数为0.815，说明公务员在努力期望中最关注"学习任务的难易度"。

周围环境因素包含 Q38、Q39、Q40、Q41、Q42 等三个问项，其中 Q38 最重要，回归系数为0.836，说明周围影响因素中"地方政府对学习、教育的重视与支持"对公务员学习的影响最大。

促进因素包含 Q43、Q44、Q45 等三个问项，其中 Q43 最重要，回归系数为0.872，说明促进因素中"具备一定知识储备、现代技术等客观条件"最能有效促进公务员学习。

3）南宁公务员终身学习影响因素与学习动机的因果模型检验

（1）终身学习影响因素与终身学习动机的因果模型验证

为检验本书提出的关于绩效期望、感知风险、努力期望、周围环境、促进因素与公务员终身学习动机之间的因果关系，运行 AMOS22.0 软件，使用最大似然估计方法进行参数估计，得到南宁公务员终身学习动机与影响因素因果关系模型的标准参数估计，见图 5.16。主要拟合指数见表 5.69，路径系数显著性及验证结果见表 5.70。

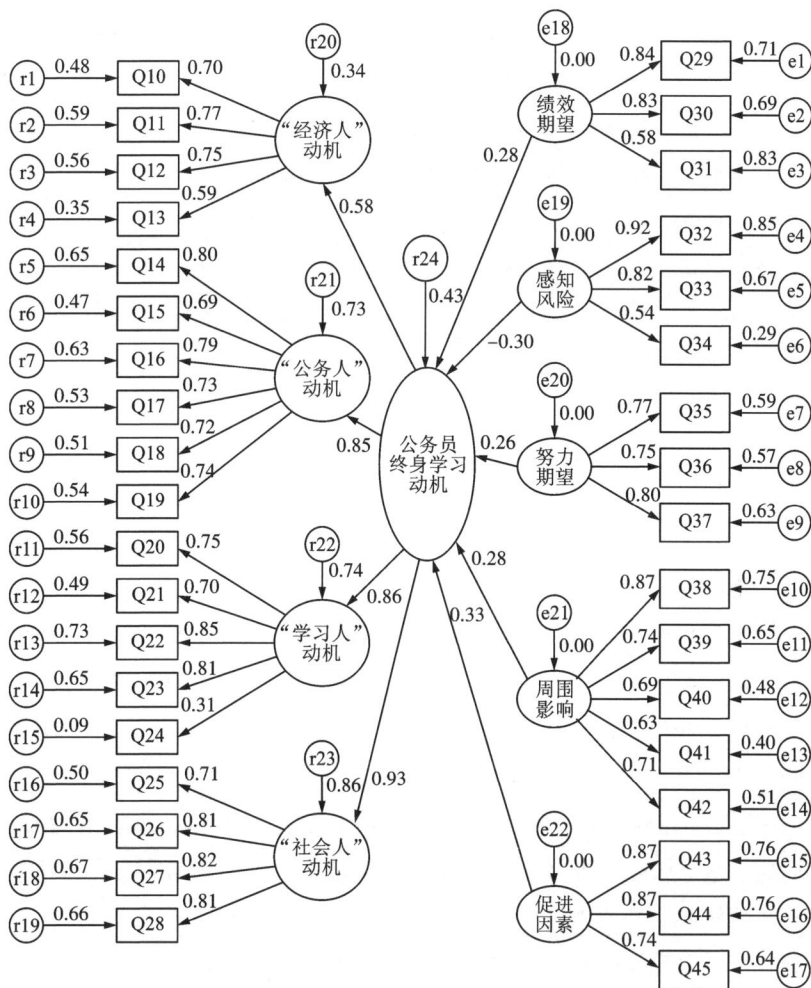

图 5.16　因果关系模型的标准参数估计图(南宁)

资料来源：AMOS22.0 分析显示

表 5.69　因果关系模型的主要拟合指数摘要表(南宁)

指标名称	χ^2	GFI	AGFI	RMR	RMSEA	NFI	CFI	NC
检定结果	2077.421	0.828	0.799	0.089	0.098	0.819	0.803	3.487
拟合判断	($P>0.05$)拟合	基本拟合	基本拟合	基本拟合	基本拟合	基本拟合	基本拟合	基本拟合

资料来源：AMOS22.0 分析整理

表 5.70　因果关系模型假设验证结果(南宁)

研究假设	路径系数	P	验证结果
H3：绩效期望正向显著影响公务员终身学习动机	0.281	＊＊＊	支持
H4：感知风险负向显著影响公务员终身学习动机	−0.296	＊＊＊	支持
H5：努力期望正向显著影响公务员终身学习动机	0.265	＊＊＊	支持
H6：周围环境正向显著影响公务员终身学习动机	0.280	＊＊＊	支持
H7：促进因素正向显著影响公务员终身学习动机	0.332	＊＊＊	支持

注：$*P<0.05$；$* *P<0.01$；$* * *P<0.001$

资料来源：AMOS22.0 分析整理

数据分析显示，南宁公务员终身学习动机与影响因素间关系模型基本适配度指标良好，没有出现负的误差变异量，没有违反模型辨认规则，模型可以顺利收敛识别。各主要拟合指标基本接近吴明隆推荐的指标标准，卡方自由度比值略大于 3，显著性概率值 P 小于 0.05，接受虚无假设，表示模型可以通过检验。路径系数符号与期望相符，且达到显著水平，所以研究假设 H3、H4、H5、H6、H7 均通过检验。

(2)终身学习影响因素与终身学习亚动机的量化关系。上述模型检验能够说明绩效期望、感知风险、努力期望、周围环境以及促进因素等对公务员终身学习动机具有显著影响，并不能说明各个影响因素对各亚动机都存在显著影响以及影响的差异程度，而政策循证的目的正是在于探索哪些因素对哪些动机更有效果，才能使政策制定更具有针对性。因此本书运行 AMOS22.0 软件，使用最大似然估计方法进一步探索了终身学习影响因素的各个构念与终身学习的各个亚动机之间的量化关系。

①绩效期望因素与公务员终身学习亚动机的量化关系。南宁公务员绩效期望

与终身学习各亚动机关系模型标准参数估计见图 5.17。数据分析显示,该模型基本适配度指标良好,没有出现负的误差变异量,没有违反模型辨认规则,模型可以顺利收敛识别。各主要拟合指标基本达到标准,卡方自由度比值略大于 3,显著性概率值 P 小于 0.05,表示模型可以被接受。模型路径系数 P 值均达到显著性水平,即绩效期望对终身学习各亚动机的影响都具有显著性,路径系数分别为 0.716、0.828、0.810、0.823。

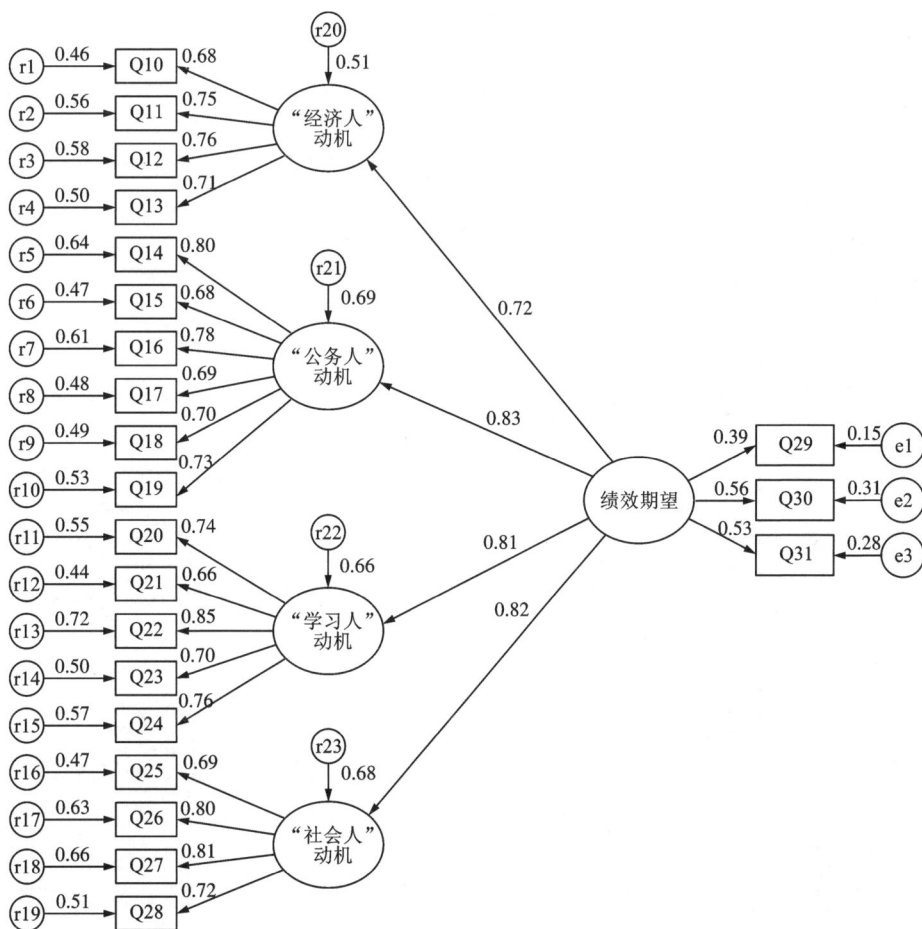

图 5.17　绩效期望与终身学习亚动机关系模型标准参数估计图(南宁)

资料来源:AMOS22.0 分析显示

②感知风险因素与公务员终身学习亚动机的量化关系。南宁公务员感知风险因素与终身学习各亚动机关系模型标准参数估计，见图5.18。数据分析显示，该模型基本适配度指标良好，没有违反模型辨认规则，模型可以顺利收敛识别。各主要拟合指标基本达到标准，卡方自由度比值略大于3，显著性概率值 P 小于0.05，表示模型可以被接受。模型路径系数 P 值均达到显著性水平，即感知风险对终身学习各亚动机的影响都具有显著性，路径系数分别为 -0.698、-0.825、-0.820、-0.879。

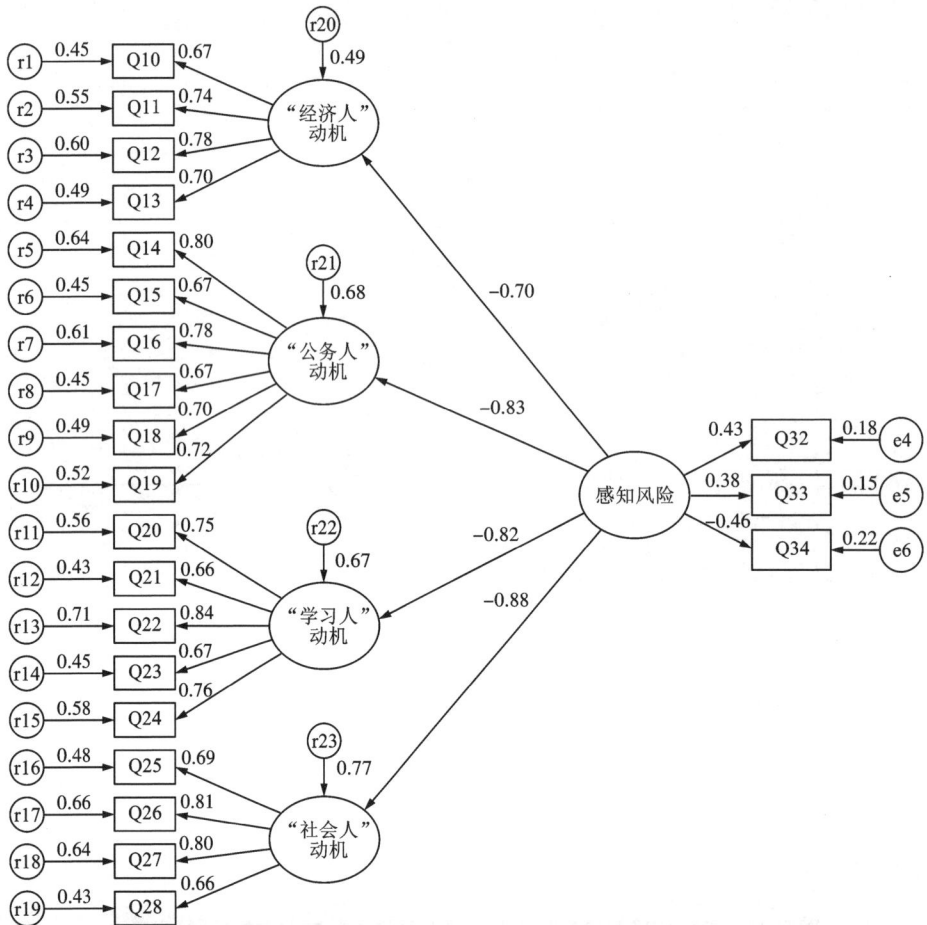

图 5.18　感知风险因素与终身学习亚动机关系模型标准参数估计图(南宁)

资料来源：AMOS22.0分析显示

③努力期望因素与公务员终身学习亚动机的量化关系。南宁公务员努力期望与终身学习各亚动机关系模型标准参数估计见图 5.19。数据分析显示，该模型基本适配度指标良好，没有违反模型辨认规则，模型可以顺利收敛识别。各主要拟合指标基本达到标准，卡方自由度比值小于 3，显著性概率值 P 小于 0.05，模型可以被接受。模型路径系数 P 值均达到显著性水平，即努力期望对终身学习各亚动机的影响都具有显著性，路径系数分别为 0.707、0.815、0.797、0.888。

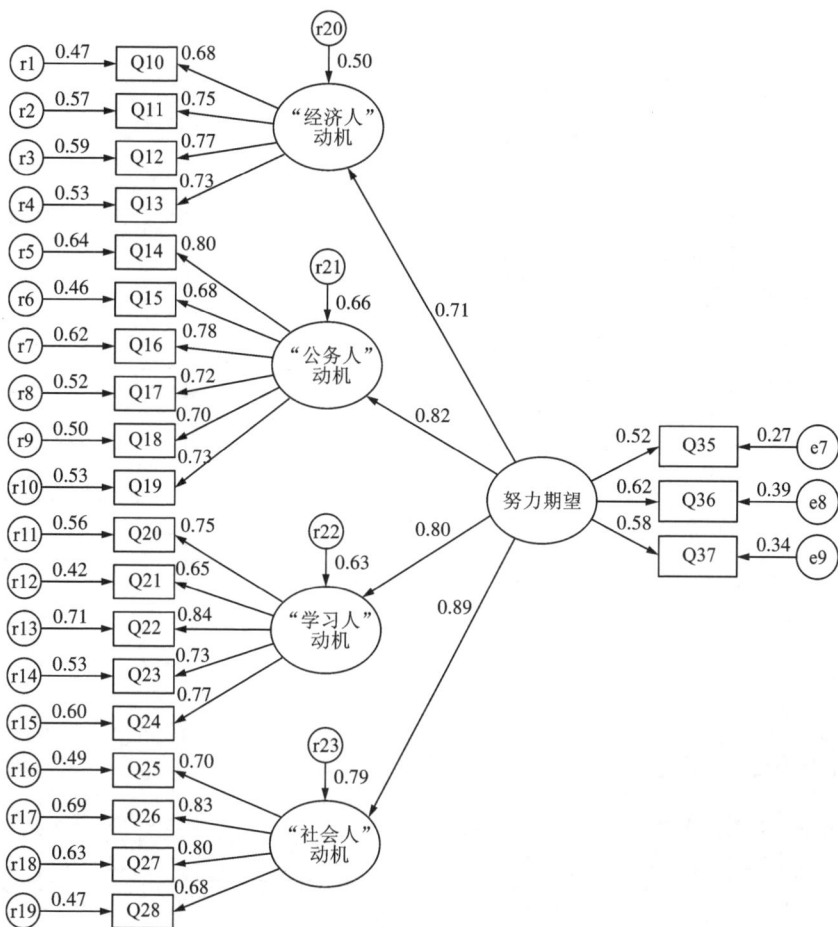

图 5.19　努力期望因素与终身学习亚动机关系模型标准参数估计图(南宁)

资料来源：AMOS22.0 分析整理

④周围环境与公务员终身学习亚动机的量化关系。南宁公务员周围环境因素与终身学习各亚动机关系模型标准参数估计见图5.20。数据分析显示，该模型基本适配度指标良好，没有违反模型辨认规则，模型可以顺利收敛识别。各主要拟合指标基本达到标准，卡方自由度比值略大于3，显著性概率值 P 小于0.05，表示模型可以被接受。模型路径系数 P 值均达到显著性水平，即周围环境对终身学习各亚动机的影响都具有显著性，路径系数分别为0.652、0.747、0.690、0.798。

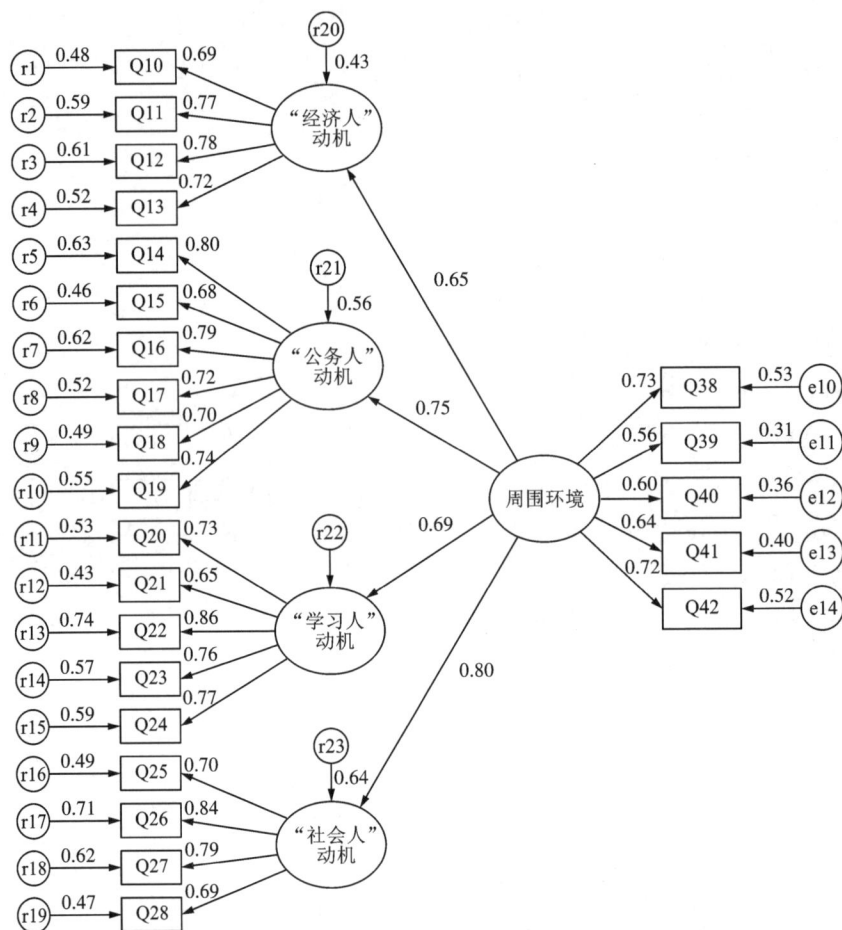

图5.20　周围环境因素与终身学习亚动机关系模型标准参数估计图(南宁)

资料来源：AMOS22.0分析整理

⑤促进因素与公务员终身学习亚动机的量化关系。南宁公务员学习促进因素与终身学习各亚动机关系模型标准参数估计，见图 5.21。数据分析显示，该模型基本适配度指标良好，没有违反模型辨认规则，模型可以顺利收敛识别。各主要拟合指标基本达到标准，卡方自由度比值略大于 3，显著性概率值 P 小于 0.05，表示模型可以被接受。模型路径系数 P 值均达到显著性水平，即周围环境对终身学习各亚动机的影响都具有显著性，路径系数分别为 0.700、0.827、0.795、0.898。

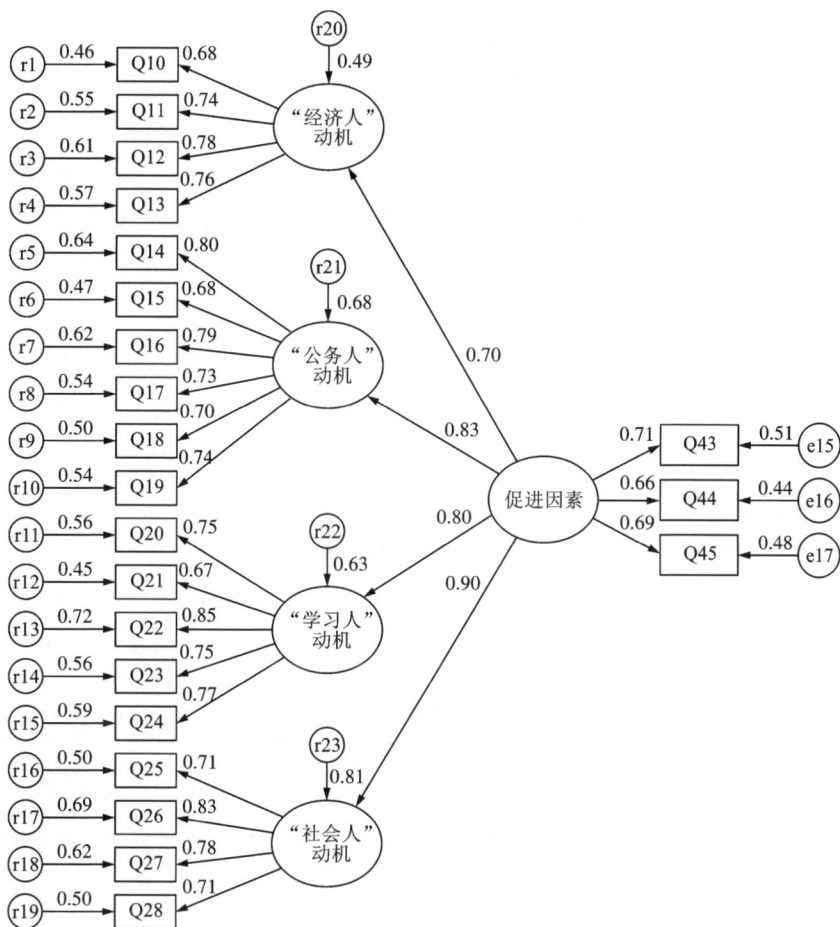

图 5.21　促进因素与终身学习亚动机关系模型标准参数估计图(南宁)

资料来源：AMOS22.0 分析整理

（3）研究小结。根据上述分析和检验，可以得到以下结论：

结论1：研究假设 H3、H4、H5、H6、H7 都成立。即根据南宁调查问卷的数据分析，可以推论公务员的绩效期望、努力期望、周围环境、促进因素等四个因素正向显著影响公务员终身学习动机，感知风险负向显著影响公务员终身学习动机。五个影响因素中促进因素对南宁公务终身学习动机的影响程度最大，路径系数为 0.332。

结论2：南宁公务员终身学习动机与其影响因素路径系数关系整理成表5.71。

从横向看：绩效期望对公务员终身学习动机各亚动机都有显著影响，其中对"公务人"学习动机影响最大，路径系数为 0.826；感知风险对公务员终身学习动机各亚动机都有显著影响，其中对"社会人"学习动机影响最大，路径系数为 −0.879；努力期望对公务员终身学习动机各亚动机都有显著影响，其中对"社会人"学习动机影响最大，路径系数为 0.888；周围环境对公务员终身学习动机各亚动机都有显著影响，其中对"社会人"学习动机影响最大，路径系数为 0.798；促进因素对公务员终身学习动机各亚动机都有显著影响，其中对"社会人"学习动机影响最大，路径系数为 0.898。

从纵向看："经济人"学习动机受绩效期望、感知风险、努力期望、周围环境、促进因素等影响，其中绩效期望的影响程度最大，路径系数为 0.716；"公务人"学习动机受绩效期望、感知风险、努力期望、周围环境、促进因素等影响，其中绩效期望的影响程度最大，路径系数为 0.828；"学习人"学习动机受绩效期望、感知风险、努力期望、周围环境、促进因素等影响，其中感知风险的影响程度最大，路径系数为 −0.820；"社会人"学习动机受绩效期望、感知风险、努力期望、周围环境、促进因素等影响，其中促进因素的影响程度最大，路径系数为 0.898。

表5.71　终身学习动机与其影响因素路径系数表（南宁）

变量	"经济人"动机	"公务人"动机	"学习人"动机	"社会人"动机
绩效期望	0.716	0.828	0.810	0.823
感知风险	−0.698	−0.825	−0.820	−0.879
努力期望	0.707	0.815	0.797	0.888
周围环境	0.652	0.747	0.690	0.798
促进因素	0.700	0.827	0.795	0.898

资料来源：AMOS22.0 分析整理

4)南宁公务员终身学习分析的整体结构模型检验

（1）模型验证。公务员终身学习影响因素与学习动机的关系模型及量化研究指出了学习动机强化的循证路径，还可以进一步探讨南宁公务员终身学习的整体有效路径。运行 AMOS22.0 软件，使用最大似然估计方法进行参数估计，得到公务员终身学习分析的整体结构模型标准参数估计，见图 5.22。主要拟合指数见表5.72，内在适配指标摘要见表 5.73，模型假设验证结果见表 5.74。

表 5.72　终身学习整体结构模型主要拟合指数摘要表（南宁）

指标名称	x^2	GFI	AGFI	RMR	RMSEA	NFI	CFI	NC
检定结果	2317.541	0.830	0.801	0.081	0.078	0.846	0.830	3.684
拟合判断	（$P>0.05$）拟合	基本拟合	基本拟合	基本拟合	基本拟合	基本拟合	基本拟合	基本拟合

资料来源：AMOS22.0 分析整理

表 5.73　采纳与形成终身学习潜在变量的内在适配指标摘要（南宁）

潜在变量	测量指标	因素负荷量	信度系数	潜在变量组合信度	平均变异量抽取值
采纳与形成终身学习	Q46	0.647	0.419	0.875	0.586
	Q48	0.686	0.471		
	Q49	0.815	0.664		
	Q50	0.845	0.714		
	Q51	0.814	0.663		

资料来源：AMOS22.0 分析整理

表 5.74　采纳与形成终身学习的路径假设验证结果（南宁）

研究假设	路径系数	P	验证结果
假设 H8：公务员终身学习动机正向显著影响终身学习的采纳与形成。	0.445	＊＊＊	支持
假设 H9：促进因素正向显著影响公务员终身学习采纳与形成。	0.087	＊	支持

注：＊$P<0.05$；＊＊$P<0.01$；＊＊＊$P<0.001$

资料来源：AMOS22.0 分析整理

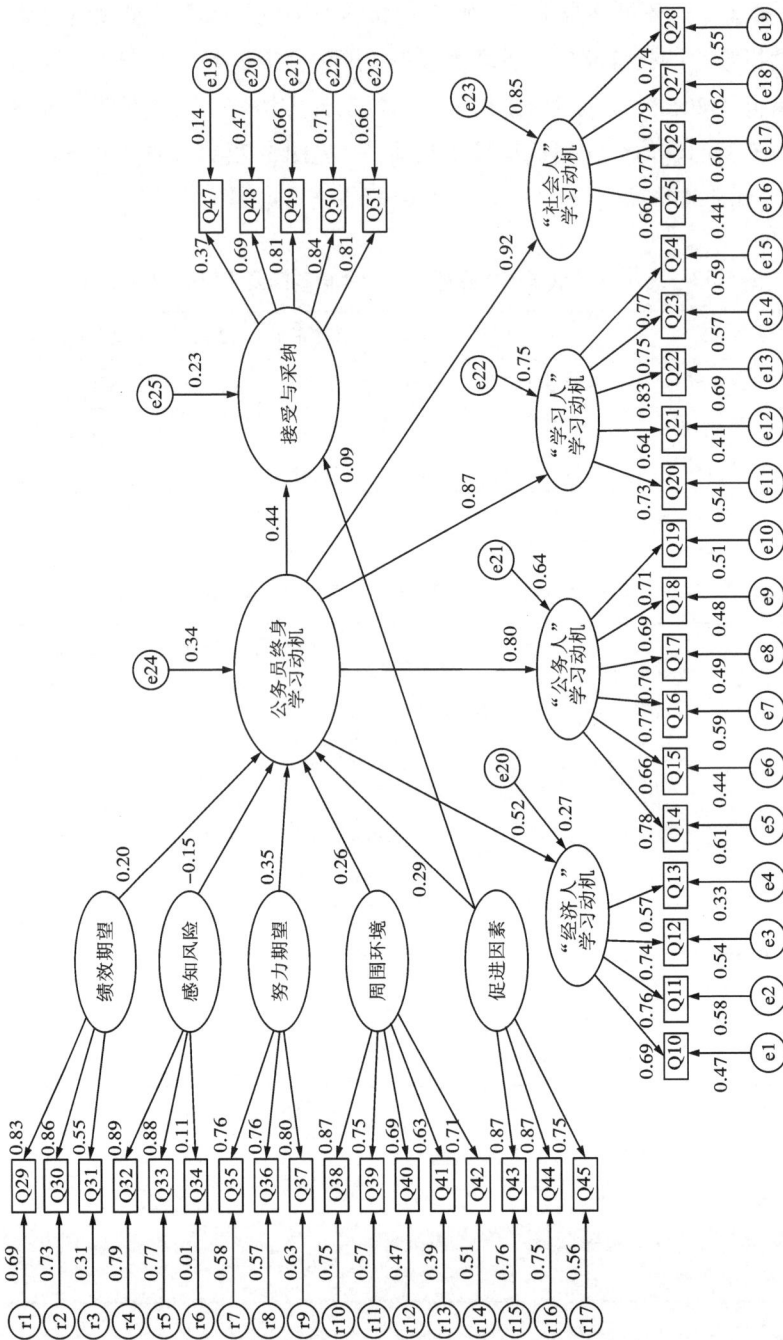

图 5.22 终身学习整体结构模型标准参数估计图（南宁）

资料来源：AMOS22.0 分析显示

数据分析显示，该模型基本适配度指标良好，没有违反模型辨认规则，模型可以收敛识别。各主要拟合指标基本达到标准，卡方自由度比值略大于 3，显著性概率值 P 小于 0.05，表示模型可以被接受。整体结构模型中采纳与形成终身学习潜在变量的测量指标信度系数基本在 0.5 左右，潜在变量组合信度远大于 0.6，平均变异量抽取值大于 0.5，说明该潜在变量内部质量较好。公务员终身学习动机以及促进因素对终身学习采纳与形成的路径系数分别为 0.445、0.087，P 值均达到显著性水平，说明路径系数的显著性概率符合要求，可以支持研究假设 H8 与 H9 通过检验。

（2）研究小结。根据上述分析和检验，可以得到以下结论：

结论 1：研究假设 H8、H9 都成立。即根据调查问卷的数据分析，可以推论南宁公务员终身学习动机和外在促进因素都正向显著影响公务员终身学习并产生直接效应，而绩效期望、感知风险、努力期望、周围环境等四个因素对推动公务员终身学习行为产生间接效应。

结论 2：南宁公务员采纳与形成终身学习的路径效应分析。根据结构方程模型路径分析原理，计算公务员采纳与形成终身学习各因素的因果效应如下：

终身学习动机直接效应：0.445

绩效期望因素间接效应：$0.195 \times 0.445 = 0.087$

感知风险因素间接效应：$-0.153 \times 0.445 = -0.068$

努力期望因素间接效应：$0.351 \times 0.445 = 0.156$

周围环境因素间接效应：$0.259 \times 0.445 = 0.115$

促进条件因素的总效应：$0.293 \times 0.445 + 0.087 = 0.217$

比较以上因果效应值发现，终身学习动机直接效应和促进条件因素总效应最大，说明强化终身学习动机和创新各种便利条件是促进南宁公务员终身学习的有效途径。

结论 3：南宁公务员终身学习整体结构模型综合反映出学习影响因素、终身学习动机、采纳与形成终身学习等潜在变量间的因果关系，如感知风险每增加 1 个单位，公务员终身学习动机降低 0.15 个单位，努力期望每增加 1 个单位，公务员终身学习动机增加 0.35 个单位，而公务员终身学习动机每增加 1 个单位，则其接受和采纳终身学习的行动可能性增加 0.44 个单位。

5.3 广州和南宁公务员终身学习动机调查数据比较与研究发现

本节研究目的在于对广州和南宁两地公务员终身学习调查数据进行比较,找出学习情境间的差异、地域间潜在变量差异、验证模型间的差异,以及控制变量、中介变量的影响,通过研究发现以构建公务员终身学习动机强化的基本理论。

5.3.1 两地数据比较

1.学习情境差异性比较

1)城市发展现状对比

广州市比南宁市在终身学习推广方面具有显著的经济优势。从 2016 年广州市与南宁市基本情况截面数据可见(表5.75),虽然广东与广西是山水相连、人文相通的邻居,广州市与南宁市都是省会或者区府,但广州市面积相对不大,却人口总量大、人口密度高,尤为突出的是经济发展能力,地区生产总值、财政总收入等都属于国内领先水平;南宁市面积是广州的三倍,常住人口是广州的二分之一,地区生产总值约是广州的五分之一,各项经济指标都则处于中国35个大中城市排行较低水平。

表5.75 广州市与南宁市的基本情况(2016 年)

城市	行政管辖(省/自治区)	土地面积(平方公里)	常住人口(万人)	地区生产总值(亿元)	财政收入(亿元)	一般公共预算收入(亿元)	一般公共预算支出(亿元)	城市居民人均可支配收入(亿元)
广州	广东	7434	1350	19611	5174	1394	1944	50941
南宁	广西	22112	700	3703	614	313	587	22862

资料来源:根据公开资料整理。

2)城市经济、文化发展的纵向比较

回顾中国城市发展历史可知,社会生产力发展是城市社会、经济、政治、文化等形成和发展的最基本动力。为更客观反映城市间经济、文化发展的差异，选取 2000—2015 年地区生产总值、人均 GDP、公共财政预算收入、公共图书馆数、公共图书馆藏书量、每百人公共图书馆藏书等指标进行对比，通过面板数据动态反映城市间存在的异质性。由表 5.76、表 5.77 可见：

表 5.76 广州市与南宁市的城市经济发展情况比较

年份	南宁市					广州市				
	地区生产总值（亿元）	人均GDP（元）	公共财政预算收入（亿元）	公共财政预算支出（亿元）	城镇居民人均可支配收入（元）	地区生产总值（亿元）	人均GDP（元）	公共财政预算收入（亿元）	公共财政预算支出（亿元）	城镇居民人均可支配收入（元）
2000	294.30	10196	21.65	29.07	7448	2492.74	25626	200.55	240.72	13967
2001	324.79	11086	29.19	34.86	7906	2841.65	28537	246.19	292.63	14694
2002	356.10	12024	31.28	45.26	8796	3203.96	32339	245.87	326.67	13380
2003	502.53	7874	36.24	52.50	9162	3758.62	38398	274.77	370.09	15003
2004	593.69	9201	43.25	62.12	8059	4450.55	45906	302.87	408.34	16884
2005	723.40	11057	45.20	73.55	9203	5154.23	53809	371.26	438.41	18287
2006	870.20	13071	56.62	93.08	10193	6081.86	63184	427.08	506.79	19851
2007	1069.01	15774	70.15	118.00	11877	7140.32	72123	523.79	623.69	22469
2008	1316.21	19142	92.88	166.08	14446	8287.38	76440	621.84	713.35	25317
2009	1524.71	21945	120.46	203.55	16254	9138.21	79383	702.65	789.92	27610
2010	1800.40	26330	156.10	261.28	18032	10748.28	87458	872.65	977.32	30658
2011	2211.40	31173	186.29	301.85	20005	12423.44	97588	979.48	1181.25	34438
2012	2503.20	37016	229.72	376.51	22561	13551.21	105909	1102.4	1343.62	38054
2013	2803.54	38994	256.25	418.40	24817	15497.23	120294	1141.8	1386.13	42049
2014	3148.30	45735	274.85	465.77	27075	16706.87	128474	1243.1	1436.22	45792
2015	3410.09	49323	297.05	527.69	29106	18100.41	136188	1349.47	1727.72	46735

资料来源：广西壮族自治区统计局. 广西统计年鉴[J]. 北京：中国统计出版社，2000—2016；广东省统计局. 广东统计年鉴[J]. 北京：中国统计出版社，2000—2016.

表 5.77　广州市与南宁市的公共图书事业发展情况比较

年份	南宁				广州			
	公共图书馆数（个）	公共图书馆藏书量（万册）	每百人公共图书馆藏书（册、件）	公共图书馆图书总藏量（市辖区）（万册）	公共图书馆数（个）	公共图书馆藏书量（万册）	每百人公共图书馆藏书（册、件）	公共图书馆图书总藏量（市辖区）（万册）
2000	6	214.6	/	214.6	14	651	/	824
2001	6	243.6	82.7	222.6	14	795.4	111.62	773.1
2002	6	257.4	86.46	231.8	14	779	108.1	755.3
2003	11	314.1	51.1	241.7	14	864	119.07	837
2004	11	325	36	252	15	969	131	939
2005	11	287.5	52.78	287.5	13	1204.2	160.44	1156.8
2006	16	387	57.59	322.9	13	1376.4	180.93	1328.1
2007	16	401.1	58.68	332.5	13	1469	164.98	1228.5
2008	16	432.54	62.53	363.1	14	1366	174.14	1316.6
2009	16	392.7	66.8	392.7	14	1692	212.93	1636
2010	16	426.1	70.77	426.1	14	1795	222.67	1737
2011	16	456.6	74.91	456.6	14	1575.6	/	/
2012	16	573.2	80.34	462.5	14	/	/	/
2013	17	285.05	116.35	723.9	14	1854.1	222.85	1788.4
2014	17	301.69	/	/	14	/	/	/

资料来源：中国经济与社会发展统计数据库，http://tongji.cnki.net/kns55/index.aspx. 部分数据缺失导致表格留空。

（1）经济差距缩小在加剧。2000 年以来广州市经济发展、文化发展等都一直遥遥领先于南宁市，但二者之间的差距正在缩小，并逐渐收敛，呈现出日益均衡的发展态势。

（2）学习保障资金差距明显。广州的社会生产力水平较高，相对南宁能够为全民终身学习提供更多的财政保障，而较高的城镇居民人均可支配收入使居民能有更多资金投入学习教育、文化素质修养、学习习惯养成等方面。

（3）学习条件改善需加强内涵建设。从公共图书事业发展系列指标反映的文化发展状况来看，经历21 世纪初以来文化事业快速发展，南宁市公共图书馆的数量虽然已经比肩广州市，但公共图书馆藏书量、每百人公共图书馆藏书等指标还存在较大差距，由此说明广州在公共图书馆、博物馆、文化馆（站）等各类公共文化基础设施的投入以及现代公共文化服务体系建设等方面为全民终身学习提供了较好的外在环境。

3）公务员学习与培训情况比较

广州市和南宁市的公务员学习与培训都严格按照政府文件的规定，对不同层级、不同类别的地方公务员开展了初任培训、任职培训、各种专门业务培训以及在职培训等；对各层级干部根据不同情况开展了相关教育培训，主要包括：贯彻落实党和国家重大决策部署的集中轮训、党的基本理论和党性教育的专题培训、晋升领导职务的任职培训、在职期间的岗位培训等。各地方政府都组织开展了大规模、系统化、专业化的公务员学习与培训，对培养"又红又专"的高素质干部队伍、对党的执政能力提升等都起到了重要作用。

比较而言，相对于广州市成熟的、系统的公务员培训以及培训管理，南宁市2015 年才开始试运行科级以下公务员培训学分制管理，运行机制、管理制度、课程资源、培训经验等尚处于起步探索阶段，合理解释了公务员对终身学习的"采纳与形成"水平存在明显差异。但是从目前最新的纲要性文件以及政策规划的内容来看，南宁市公务员培训、干部培训的量化指标与广州市的规划要求基本相当，总体情况并无显著差异且严格遵照中央和省（自治区）政府的政策规定。

由以上学习情境比较得到以下研究发现：

（1）广州与南宁在地方公务员教育培训方面的制度安排与政策执行方面差异并不显著，说明两地政府在公务员教育培训方面的起步时间有早晚，但都较好地执行了中央政府及地方政府对公务员教育培训的相关政策；

（2）广州与南宁两地在经济发展、文化环境、教育政策、习惯养成等方面由于历史沉淀性因素造成的学习情境以及学习效果差异，在短时期内难以单方面通过整齐划一的公务员教育培训政策予以弥合或消除，终身学习政策构建的系统化、长期化、综合化问题并没有很好解决，具有战略紧迫性和必要性。

2. 地域间潜在变量差异比较

以地域为二分类别变量进行独立样本 T 检验，结果见表 5.78。由表知悉，广州与南宁两地公务员在"绩效期望""周围环境""'公务人'学习动机""采纳与形成"等四个变量平均数的 t 检验值达到 0.05 的显著水平，而其他方面并无显著差异。其中，广州公务员"绩效期望"与"采纳与形成"的平均数高于南宁公务员并存在显著差异，而南宁公务员"周围环境"因素与"'公务人'学习动机"的平均数高于广州公务员并存在显著差异。现进一步对这四个潜在变量的具体问项展开比较分析。

表 5.78　独立样本检验(地域分组)

		样本数	平均数	标准差	方差相等的 Levene 检验		平均值相等性的 T 检验		
					F	显著性	t	自由度	显著性（双尾）
绩效期望	广州	204	4.1748	0.91538	5.817	0.016	3.076	426	0.002
	南宁	224	3.9182	0.81083			3.059	407.402	0.002
感知风险	广州	204	3.4330	1.0865	7.120	0.008	−0.712	426	0.477
	南宁	224	3.5030	0.94492			−0.708	404.338	0.479
努力期望	广州	204	3.7239	0.87569	0.852	0.357	0.144	426	0.886
	南宁	224	3.7113	0.92304			0.144	425.282	0.885
周围环境	广州	204	3.5824	0.94712	4.602	0.032	−2.35	426	0.019
	南宁	224	3.7839	0.82609			−2.33	404.836	0.020
促进因素	广州	204	3.8676	0.87689	0.733	0.392	0.154	426	0.877
	南宁	224	3.8542	0.92389			0.155	425.266	0.877
"经济人"学习动机	广州	204	3.5208	0.98817	0.249	0.618	−1.14	426	0.254
	南宁	224	3.6272	0.93810			−1.14	417.163	0.255
"公务人"学习动机	广州	204	3.5915	0.97943	2.823	0.094	−3.77	426	0.000
	南宁	224	3.9271	0.86142			−3.74	406.235	0.000
"学习人"学习动机	广州	204	3.8422	0.89442	1.355	0.245	−0.291	426	0.771
	南宁	224	3.8679	0.92753			−0.292	424.600	0.771
"社会人"学习动机	广州	204	3.5025	0.95753	0.041	0.839	0.926	426	0.355
	南宁	224	3.7165	0.93271			0.922	413.754	0.357
采纳与形成	广州	204	3.8863	0.80492	0.481	0.488	−2.34	426	0.020
	南宁	224	3.7070	0.74393			−2.33	419.955	0.020

资料来源：统计分析整理

1)"公务人"学习动机的地域差异

Q14～Q19 是关于"公务人"学习动机的 6 个问项。对 6 个问项进行独立样本 T 检验(表5.79),检验结果显示 Q14、Q15、Q16、Q17、Q19 等 5 个问项的 t 检验值达到 0.05 的显著水平,说明南宁公务员在"对党组织或行政组织的忠诚""为获得工作成就感或自豪感""为更好服务社会和公众""组织内部学习与考核的常态化""适应新形势、新环境的工作需要"等五个问项的平均分显著高于广州公务员。

表 5.79　"公务人"学习动机的独立样本检验

		样本数	平均数	标准差	方差相等的 Levene 检验		平均值相等性的 T 检验		
					F	显著性	t	自由度	显著性(双尾)
Q14	广州	204	3.22	1.457	19.159	0.000	−5.040	426	0.000
	南宁	224	3.86	1.169			−4.989	389.021	0.000
Q15	广州	204	3.68	1.276	14.354	0.000	−2.104	426	0.036
	南宁	224	3.92	1.019			−2.082	388.104	0.038
Q16	广州	204	3.65	1.220	8.482	0.004	−2.910	426	0.004
	南宁	224	3.97	1.063			−2.892	404.568	0.004
Q17	广州	204	3.34	1.335	12.596	0.000	−3.339	426	0.001
	南宁	224	3.74	1.099			−3.309	394.202	0.001
Q18	广州	204	3.62	1.236	0.213	0.645	−1.892	426	0.059
	南宁	224	3.84	1.187			−1.888	418.469	0.060
Q19	广州	204	4.03	1.024	1.577	0.210	−2.049	426	0.041
	南宁	224	4.24	1.017			−2.049	421.715	0.041

资料来源:统计分析整理

2)"绩效期望"的地域差异

Q29、Q30、Q31 是关于"绩效期望"对公务员终身学习影响的 3 个问项。对 3 个问项进行独立样本 T 检验(表5.80),检验结果显示 Q29、Q30 等 2 个问项的 t 检验值达到 0.05 的显著水平,说明广州公务员在期望"终身学习对改变现状有作用""终身学习对未来职业发展有价值"等两个问项的平均分显著高于南宁公务员。

表 5.80 "绩效期望"的独立样本检验

		样本数	平均数	标准差	方差相等的 Levene 检验		平均值相等性的 T 检验		
					F	显著性	t	自由度	显著性（双尾）
Q29	广州	204	4.23	0.946	0.002	0.960	3.894	426	0.000
	南宁	224	3.86	1.005			3.905	425.545	0.000
Q30	广州	204	4.23	0.952	1.970	0.161	2.430	426	0.016
	南宁	224	4.00	0.968			2.432	423.453	0.015
Q31	广州	204	4.07	1.085	8.930	0.003	1.811	426	0.071
	南宁	224	3.89	0.922			1.797	400.135	0.073

资料来源：统计分析整理

3）"周围环境"的地域差异

Q38～Q42 是关于"周围环境"对公务员终身学习影响的 5 个问项。对 5 个问项进行独立样本 T 检验（表 5.81），检验结果显示 Q38 问项的 T 检验值达到 0.05 的显著水平，说明南宁公务员"地方政府对终身学习的重视与支持"的平均分显著高于广州公务员。

表 5.81 "周围环境"的独立样本检验

		样本数	平均数	标准差	方差相等的 Levene 检验		平均值相等性的 T 检验		
					F	显著性	t	自由度	显著性（双尾）
Q38	广州	204	3.39	1.265	10.579	0.001	−3.230	426	0.001
	南宁	224	3.75	1.053			−3.203	396.514	0.001
Q39	广州	204	3.28	1.270	8.671	0.006	−4.214	426	0.102
	南宁	224	3.76	1.081			−4.182	400.459	0.102
Q40	广州	204	3.84	1.157	8.375	0.004	−1.220	426	0.223
	南宁	224	3.96	0.979			−1.211	399.463	0.227

续表 5.81

		样本数	平均数	标准差	方差相等的 Levene 检验		平均值相等性的 T 检验		
					F	显著性	t	自由度	显著性（双尾）
Q41	广州	204	3.49	1.189	0.577	0.448	−0.092	426	0.927
	南宁	224	3.50	1.108			−0.092	414.915	0.927
Q42	广州	204	3.91	1.061	1.934	0.165	−0.303	426	0.762
	南宁	224	3.94	0.998			−0.303	416.114	0.762

资料来源：统计分析整理

4）"采纳与形成"的地域差异

Q46～Q51 是关于公务员"采纳与形成"终身学习的 5 个问项。对 5 个问项进行独立样本 T 检验（表 5.82），检验结果显示 Q50、Q51 等 2 个问项的 T 检验值达到 0.05 的显著水平，说明广州公务员在"我近期主动开展了学习活动""我长期坚持了学习的习惯"等两个问项的平均分显著高于南宁公务员。

表 5.82　"采纳与形成"的独立样本检验

		样本数	平均数	标准差	方差相等的 Levene 检验		平均值相等性的 T 检验		
					F	显著性	t	自由度	显著性（双尾）
Q46	广州	204	4.47	0.839	0.029	0.864	0.475	426	0.635
	南宁	224	4.43	0.778			0.473	414.205	0.636
Q48	广州	204	3.91	0.924	0.011	0.918	0.364	426	0.716
	南宁	224	3.88	0.885			0.364	418.157	0.716
Q49	广州	204	3.68	0.969	1.368	0.243	−1.284	426	0.200
	南宁	224	3.79	0.934			−1.282	418.866	0.201
Q50	广州	204	3.70	1.019	0.044	0.834	2.082	426	0.038
	南宁	224	3.50	1.020			2.082	422.365	0.038
Q51	广州	204	3.68	1.060	0.492	0.483	1.807	426	0.041
	南宁	224	3.49	1.112			1.811	425.105	0.041

资料来源：统计分析整理

综合以上四个方面的分析可见，南宁公务员的"公务人"学习动机显著高于广州公务员，尤其是"周围环境"因素中，南宁公务员在"地方政府对终身学习的重视与支持"项目的平均分显著高于广州公务员，而"绩效期望"因素对广州公务员的影响更甚于南宁公务员，但在最终"采纳与形成"终身学习的行动方面，南宁公务员却落后于广州公务员。

由此说明南宁公务员终身学习动机与地方政府关注、政策驱动等密切相关，而其并不是广州公务员终身学习的关键。反过来可以理解为，南宁公务员终身学习还处于政策刺激与行为养成阶段，广州公务员终身学习处于行为养成与巩固升华阶段。这一研究发现也验证了前文应用学习情境分析框架进行区域分类和学习策略定位的基本判断：以南宁为代表的 C2 区域适宜采用"全面型学习策略"，而以广州为代表的 D2 区域适宜采用"创新型学习策略"。

3. 结构模型的比较

通过广州与南宁公务员终身学习研究相关结构模型的比较，发现存在以下共性和差异：

1）两地间模型验证的共同结论

（1）公务员的终身学习动机由"经济人"动机、"公务人"动机、"学习人"动机、"社会人"动机等四种亚动机共同构成。

（2）公务员终身学习影响因素由绩效期望、感知风险、努力期望、周围环境、促进因素等共五个因素构成。

（3）公务员的绩效期望、努力期望、周围环境、促进因素等四个因素都正向显著影响公务员终身学习动机，感知风险负向显著影响公务员终身学习动机。

（4）学习动机驱动和促进因素驱动两条路径都影响公务员采纳与形成终身学习。

（5）强化"经济人"学习动机的最主要因素都是绩效期望。

2）两地间模型验证存在的差异

（1）公务员终身学习的主要动机存在差异。广州公务员的"学习人"学习动机是最重要的构成。南宁公务员的"公务人"学习动机是最重要的构成

（2）公务员终身学习的关键影响因素存在差异。"周围环境"是影响广州公务员终身学习的重要因子。"促进因素"是影响广州公务员终身学习的重要因子。

（3）公务员"公务人"学习动机的影响因素路径不同，广州是感知风险因素占

主要,南宁是绩效期望因素占主要。

(4)公务员"学习人"学习动机的影响因素路径不同,广州是促进因素占主要,南宁是感知风险因素占主要。

(5)公务员"社会人"学习动机的影响因素路径不同,广州是感知风险因素占主要,南宁是促进因素占主要。

5.3.2　变量效应分析

文献综述中已经阐明,终身学习动机的影响因素一部分来自外部因素,而另一部分则来自成人自身因素,如年龄、性别、职业、学历等人口统计因素差异。前文应用广州与南宁两地实证数据验证模型和研究假设,并对地域间差异进行了比较分析,现进一步从人口统计学变量探讨控制变量分组对终身学习动机构成、学习影响因素以及学习行为的影响差异,以及中介变量的效应差异。

1.控制变量研究

本节用 SPSS22.0 对变量进行平均数差异分析,以控制变量为分组变量,探讨学习动机构成、影响因素以及接受和采纳学习等变量间有无显著性差异。

1)性别间差异比较

以性别为二分变量进行独立样本 T 检验,结果见表 5.83。由表知悉,"努力期望""促进因素""社会人"学习动机等三个变量的 t 检验值达到 0.05 的显著水平,表示女性在这三个方面的平均数高于男性并存在显著差异,而其他方面并无显著差异。从性别特征来看,可能女性公务员需要生育子女、照顾家庭,在时间充裕度方便不及男性,因此比男性公务员更希望学习难度不大,学习起来有意思,而且容易开展学习,外在促进条件能使女性能更快捷地开展学习活动,而"社会人"学习动机反映女性通过学习对追求"社会人"价值的意愿比男性更强烈。

表 5.83　独立样本检验(性别分组)

		样本数	平均数	标准差	方差相等的 Levene 检验		平均值相等性的 T 检验		
					F	显著性	t	自由度	显著性 (双尾)
绩效期望	男	254	3.9829	0.88672	0.052	0.819	−1.656	426	0.099
	女	174	4.1245	0.84233			−1.672	384.029	0.095
感知风险	男	254	3.4055	0.99562	0.011	0.917	−1.583	426	0.114
	女	174	3.5632	1.0366			−1.571	361.898	0.117
努力期望	男	254	3.6352	0.91052	0.554	0.457	−2.293	426	0.022
	女	174	3.8372	0.87257			−2.311	382.005	0.021
周围环境	男	254	3.6189	0.87311	0.493	0.483	−1.942	426	0.053
	女	174	3.7885	0.90846			−1.927	362.075	0.055
促进因素	男	254	3.7822	0.88055	0.000	0.982	−2.186	426	0.029
	女	174	3.9751	0.92006			−2.168	361.021	0.031
"经济人" 学习动机	男	254	3.5079	1.0083	5.33	0.021	−1.787	426	0.075
	女	174	3.6767	0.88502			−1.831	400.774	0.068
"公务人" 学习动机	男	254	3.7539	0.92846	0.034	0.854	−0.353	426	0.724
	女	174	3.7864	0.94359			−0.352	367.915	0.725
"学习人" 学习动机	男	254	3.7961	0.92047	0.447	0.504	−1.637	426	0.102
	女	174	3.9425	0.89231			−1.647	379.320	0.100
"社会人" 学习动机	男	254	3.5256	0.95415	0.759	0.384	−2.352	426	0.019
	女	174	3.7443	0.93036			−2.364	377.946	0.019
采纳与 形成	男	254	3.8409	0.76291	0.046	0.830	−0.292	426	0.770
	女	174	3.8632	0.79064			−0.290	363.069	0.772

资料来源:统计分析整理

2)婚姻状况间差异比较

以婚姻为二分类别变量进行独立样本 T 检验,结果见表 5.84。由表知悉,只有"公务人"学习动机这一个变量的 t 检验值达到 0.05 的显著水平,表示未婚公务员的"公务人"学习动机平均数高于已婚公务员并存在显著差异,而其他方面并无显著差异。婚姻关系可以影响公务员对自身"公务人"的认知与态度，也正好反映一些高级领导干部以家庭为单位出现塌方式腐败、链条式犯罪，吻合近年反贪案件中家族式、家庭式职务犯罪的新动向。

表 5.84 独立样本检验（婚姻状况分组）

		样本数	平均数	标准差	方差相等的 Levene 检验		平均值相等性的 T 检验		
					F	显著性	t	自由度	显著性（双尾）
绩效期望	已婚	319	4.0230	0.88597	0.005	0.941	-0.711	426	0.477
	未婚	109	4.0917	0.82636			-0.736	199.069	0.463
感知风险	已婚	319	3.4828	1.0171	0.147	0.701	0.458	426	0.647
	未婚	109	3.4312	1.0095			0.460	188.225	0.646
努力期望	已婚	319	3.7137	0.89346	0.044	0.833	-0.141	426	0.888
	未婚	109	3.7278	0.92203			-0.139	182.056	0.889
周围环境	已婚	319	3.6602	0.91687	1.056	0.305	-1.100	426	0.272
	未婚	109	3.7688	0.80699			-1.171	210.381	0.243
促进因素	已婚	319	3.8339	0.91912	1.027	0.311	-1.051	426	0.294
	未婚	109	3.9388	0.84396			-1.096	202.005	0.275
"经济人"学习动机	已婚	319	3.5384	0.97204	0.333	0.564	-1.403	426	0.161
	未婚	109	3.6881	0.92993			-1.434	194.489	0.153
"公务人"学习动机	已婚	319	3.7147	0.96955	4.487	0.035	-1.993	426	0.047
	未婚	109	3.9205	0.80431			-2.183	223.186	0.030
"学习人"学习动机	已婚	319	3.8859	0.94117	2.365	0.125	1.177	426	0.240
	未婚	109	3.7670	0.81355			1.264	214.154	0.208
"社会人"学习动机	已婚	319	3.5964	0.97548	1.446	0.230	-0.674	426	0.501
	未婚	109	3.6674	0.87139			-0.712	207.380	0.477
采纳与形成	已婚	319	3.8495	0.79870	1.692	0.194	-0.021	426	0.983
	未婚	109	3.8514	0.69783			-0.023	211.903	0.982

资料来源：统计分析整理

3）年龄间差异比较

调查问卷中年龄问项有四个选项，而问卷中"51 岁及以上"的被调查者达不到做多群组分析的最低样本量，因此将其转化为 3 个层次来分析：1 代表年轻人（30 岁及以下），2 代表中年人（31～40 岁），3 代表年长者（41 岁及以上）。以年龄为三分类别变量进行方差分析，结果见表 5.85。由表中知悉，各组之间差异并不显著，说明"活到老、学到老"的传统观念深入人心，各个年龄段公务员都对学习持支持态度，终身学习影响因素、学习动机与学习行动并没有显著差异。

表 5.85　年龄变量分组的方差分析摘要

		平方和	df	均方	F	显著性
绩效期望	组之间	0.286	2	0.143	0.188	0.829
	组内	323.457	425	0.761		
	总计	323.742	427			
感知风险	组之间	0.141	2	0.070	0.068	0.934
	组内	439.131	425	1.033		
	总计	439.272	427			
努力期望	组之间	0.101	2	0.050	0.062	0.940
	组内	345.580	425	0.813		
	总计	345.681	427			
周围环境	组之间	0.162	2	0.081	0.102	0.903
	组内	338.455	425	0.796		
	总计	338.617	427			
促进因素	组之间	0.224	2	0.112	0.137	0.872
	组内	346.236	425	0.815		
	总计	346.460	427			
"经济人"学习动机	组之间	5.174	2	2.587	2.815	0.061
	组内	390.508	425	0.919		
	总计	395.682	427			

续表 5.85

		平方和	*df*	均方	*F*	显著性
"公务人" 学习动机	组之间	2.525	2	1.263	1.452	0.235
	组内	369.710	425	0.870		
	总计	372.235	427			
"学习人" 学习动机	组之间	0.259	2	0.130	0.156	0.856
	组内	354.057	425	0.833		
	总计	354.317	427			
"社会人" 学习动机	组之间	0.114	2	0.057	0.063	0.939
	组内	384.901	425	0.906		
	总计	385.015	427			
采纳与 形成	组之间	0.446	2	0.223	0.372	0.690
	组内	255.004	425	0.600		
	总计	255.450	427			

资料来源：统计分析整理

4）学历间差异比较

以学历为三分类别变量进行方差分析，结果见表 5.86。由表中知悉，只有"采纳与形成终身学习"这一个变量的 *F* 检验值达到 0.05 的显著水平，表示不同学历层次的公务员在采纳与形成终身学习的行动方面存在显著差异，而其他方面并无显著差异。表 5.87 是采用 Ssheffe 法对该变量的组间差异进行配对比较，摘要结果显示"大专及以下"学历组、"本科"学历组公务员平均分显著低于"研究生及以上"学历组，而"大专及以下"学历组、"本科"学历组之间差异并不显著，说明提高学历层次更有助于保持终身学习行为习惯。

表 5.86　学历变量分组的方差分析摘要

		平方和	df	均方	F	显著性
感知风险	组之间	4.797	2	2.399	2.346	0.097
	组内	434.475	425	1.022		
	总计	439.272	427			
努力期望	组之间	1.426	2	0.713	0.880	0.415
	组内	344.255	425	0.810		
	总计	345.681	427			
周围环境	组之间	1.645	2	0.823	1.037	0.355
	组内	336.972	425	0.793		
	总计	338.617	427			
促进因素	组之间	0.174	2	0.087	0.107	0.899
	组内	346.285	425	0.815		
	总计	346.460	427			
"经济人"学习动机	组之间	3.806	2	1.903	2.064	0.128
	组内	391.875	425	0.922		
	总计	395.682	427			
"公务人"学习动机	组之间	2.314	2	1.157	1.329	0.266
	组内	369.921	425	0.870		
	总计	372.235	427			
"学习人"学习动机	组之间	0.348	2	0.174	0.209	0.811
	组内	353.968	425	0.833		
	总计	354.317	427			
"社会人"学习动机	组之间	2.040	2	1.020	1.132	0.323
	组内	382.975	425	0.901		
	总计	385.015	427			
采纳与形成	组之间	4.711	2	2.356	3.993	0.019
	组内	250.739	425	0.590		
	总计	255.450	427			

资料来源：统计分析整理

表 5.87　学历层次间多重比较(Scheffe)

因变量	(I) Q4	(J) Q4	平均差(I－J)	标准误	显著性
采纳与 形成	大专及以下	本科	0.01339	0.09600	0.990
		研究生及以上	−0.29543*	0.12202	0.015
	本科	大专及以下	−0.01339	0.09600	0.990
		研究生及以上	−0.27882*	0.10030	0.022
	研究生及以上	大专及以下	0.29543*	0.12202	0.015
		本科	0.27882*	0.10030	0.022

*.均值差的显著性水平为 0.05。

资料来源：统计分析整理

5)职务间差异比较

以职务级别为三分类别变量进行方差分析,结果见表 5.88。由表中知悉,只有"'经济人'学习动机"这一个变量的 F 检验值达到 0.05 的显著水平,表示不同职务级别的公务员在"经济人"学习动机方面存在显著差异,而其他方面并无显著差异。

表 5.89 是采用 Ssheffe 法对该变量的组间差异进行配对比较,摘要结果显示"科员及以下"组公务员"经济人"学习动机平均分显著高于"科级"与"处级及以上"组,而"科级"组、"处级及以上"组之间差异并不显著,说明基础岗位公务员有提升职务、职称与学历,提高收入和生活质量的迫切愿望,表现为更多因为"经济人"动机展开学习。

表 5.88　职务变量分组的方差分析摘要

		平方和	df	均方	F	显著性
感知风险	组之间	1.748	2	0.874	0.849	0.429
	组内	437.524	425	1.029		
	总计	439.272	427			
努力期望	组之间	0.516	2	0.258	0.318	0.728
	组内	345.165	425	0.812		
	总计	345.681	427			

续表 5.88

		平方和	*df*	均方	*F*	显著性
周围环境	组之间	0.233	2	0.117	0.146	0.864
	组内	338.384	425	0.796		
	总计	338.617	427			
促进因素	组之间	1.471	2	0.735	0.906	0.405
	组内	344.989	425	0.812		
	总计	346.460	427			
"经济人"学习动机	组之间	15.051	2	7.526	8.189	0.000
	组内	390.630	425	0.919		
	总计	405.682	427			
"公务人"学习动机	组之间	3.400	2	1.700	1.959	0.142
	组内	368.836	425	0.868		
	总计	372.235	427			
"学习人"学习动机	组之间	0.145	2	0.073	0.087	0.916
	组内	354.171	425	0.833		
	总计	354.317	427			
"社会人"学习动机	组之间	5.201	2	2.600	2.910	0.056
	组内	379.815	425	0.894		
	总计	385.015	427			
采纳与形成	组之间	0.996	2	0.498	0.832	0.436
	组内	254.454	425	0.599		
	总计	255.450	427			

资料来源：统计分析整理

表 5.89　职务级别间多重比较（Scheffe）

因变量	（I）Q4	（J）Q4	平均差（I－J）	标准误	显著性
"经济人"学习动机	科员及以下	科级	0.56216*	0.14374	0.001
		处级及以上	0.75177*	0.21085	0.000
	科级	科员及以下	－0.56216*	0.14374	0.001
		处级及以上	－0.11040	0.20947	0.870
	处级及以上	科员及以下	－0.75177*	0.21085	0.000
		科级	0.11040	0.20947	0.870

＊.均值差的显著性水平为 0.05。

资料来源：统计分析整理

6）服务年资差异比较

调查问卷中政府服务年资有四个选项，现将其转化为 2 个层次来分析：1 代表服务年资较短（10 年及以下），2 代表服务年资较长（11 年及以上）。以政府服务年资为二分类别变量进行独立样本 T 检验，结果见表 5.90。由表中知悉，只有"经济人"学习动机这一个变量的 t 检验值达到 0.05 的显著水平，表示服务年资短的公务员"经济人"学习动机平均数高于服务年资长的公务员并存在显著差异，而其他方面并无显著差异。可能是由于服务年资短的公务员收入相对较低，提升职务、职称的愿望较强烈，因此职场新人更倾向于为经济动机而开展学习活动。

表 5.90　独立样本检验（政府服务年资分组）

		样本数	平均数	标准差	方差相等的Levene 检验		平均值相等性的 T 检验		
					F	显著性	t	自由度	显著性（双尾）
绩效期望	1	259	4.0528	0.85022	0.011	0.916	0.360	426	0.719
	2	169	4.0217	0.90351			0.356	343.546	0.722
感知风险	1	259	3.4543	1.0532	1.896	0.169	－0.386	426	0.699
	2	169	3.4931	0.95403			－0.394	383.522	0.693
努力期望	1	259	3.7053	0.89561	0.042	0.838	－0.342	426	0.733
	2	169	3.7357	0.90842			－0.341	355.551	0.734

续表 5.90

		样本数	平均数	标准差	方差相等的 Levene 检验		平均值相等性的 T 检验		
					F	显著性	t	自由度	显著性（双尾）
周围环境	1	259	3.6718	0.88218	0.127	0.722	−0.461	426	0.645
	2	169	3.7124	0.90522			−0.458	352.572	0.647
促进因素	1	259	3.8185	0.86022	0.231	0.631	−1.196	426	0.232
	2	169	3.9250	0.95862			−1.170	331.357	0.243
"经济人"学习动机	1	259	3.6699	0.90359	3.761	0.053	2.499	426	0.013
	2	169	3.4334	1.0331			2.430	324.864	0.016
"公务人"学习动机	1	259	3.7265	0.96758	1.402	0.237	−1.115	426	0.266
	2	169	3.8294	0.87834			−1.137	383.017	0.256
"学习人"学习动机	1	259	3.8664	0.86261	5.764	0.017	0.303	426	0.762
	2	169	3.8391	0.98278			0.295	325.758	0.768
"社会人"学习动机	1	259	3.6313	0.90736	2.274	0.132	0.452	426	0.651
	2	169	3.5888	1.0130			0.442	330.875	0.659
采纳与形成	1	259	3.8625	0.72236	4.325	0.038	0.415	426	0.678
	2	169	3.8308	0.84769			0.401	318.381	0.688

资料来源：统计分析整理

7）单位级别间差异比较

以单位级别为三分类别变量进行方差分析，结果见表 5.91。由表中知悉，有"感知风险""努力期望""'学习人'学习动机"这三个变量的 F 检验值达到 0.05 的显著水平，表示工作于不同单位层级的公务员在"感知风险""努力期望""'学习人'学习动机"存在显著差异，而其他方面并无显著差异。

表 5.92 是采用 Ssheffe 法对组间差异进行配对比较，摘要结果显示"乡镇（街道办）"公务员这三个变量的平均分都显著低于"区（县）"和"市级及以上"公务员，而"区（县）"和"市级及以上"组之间差异并不显著，说明在乡镇或街道办工作的基层公务员有可能因为工作任务烦琐、收入水平相对较低等原因，对学习时间、经济投入等风险感知更强烈，然而对学习难度、学习过程顺畅度等努力因素

等并不突显,从而与"区(县)"和"市级及以上"公务员产生差异。该研究结果说明基层公务员对于学习本身的热情不高、认知不深,也印证了《"十三五"行政机关公务员培训规划纲要》提出"公务员培训向'双基'公务员倾斜"的必要性。

表 5.91　单位级别变量分组的方差分析摘要

		平方和	df	均方	F	显著性
绩效期望	组之间	0.367	2	0.184	0.241	0.786
	组内	323.375	425	0.761		
	总计	323.742	427			
感知风险	组之间	11.171	2	5.586	5.545	0.004
	组内	428.101	425	1.007		
	总计	439.272	427			
努力期望	组之间	5.900	2	2.950	3.690	0.026
	组内	339.781	425	0.799		
	总计	345.681	427			
周围环境	组之间	1.158	2	0.579	0.729	0.483
	组内	337.459	425	0.794		
	总计	338.617	427			
促进因素	组之间	1.243	2	0.622	0.765	0.466
	组内	345.217	425	0.812		
	总计	346.460	427			
"经济人"学习动机	组之间	1.254	2	0.627	0.676	0.509
	组内	394.427	425	0.928		
	总计	395.682	427			
"公务人"学习动机	组之间	1.553	2	0.777	0.890	0.411
	组内	370.682	425	0.872		
	总计	372.235	427			

表 5.91

		平方和	*df*	均方	*F*	显著性
"学习人" 学习动机	组之间	6.535	2	3.268	3.993	0.019
	组内	347.781	425	0.818		
	总计	354.317	427			
"社会人" 学习动机	组之间	0.743	2	0.371	0.411	0.663
	组内	384.272	425	0.904		
	总计	385.015	427			
采纳与 形成	组之间	1.852	2	0.926	1.552	0.213
	组内	253.598	425	0.597		
	总计	255.450	427			

资料来源：统计分析整理

表 5.92　单位级别间多重比较（Scheffe）

因变量	（I）Q7	（J）Q7	平均差（I−J）	标准误	显著性
感知风险	乡镇/街道办	区（县）	−0.38925*	0.11717	0.004
		市级及以上	−0.31669*	0.13122	0.017
	区（县）	乡镇/街道办	0.38925*	0.11717	0.004
		市级及以上	0.17256	0.11780	0.343
	市级及以上	乡镇/街道办	0.31669*	0.13122	0.017
		区（县）	−0.17256	0.11780	0.343
努力期望	乡镇/街道办	区（县）	−0.27241*	0.10439	0.034
		市级及以上	−0.29600*	0.11691	0.014
	区（县）	乡镇/街道办	0.27241*	0.10439	0.034
		市级及以上	0.17641	0.10494	0.245
	市级及以上	乡镇/街道办	0.29600*	0.11691	0.014
		区（县）	−0.17641	0.10494	0.245

续表 5.92

因变量	（I）Q7	（J）Q7	平均差（I－J）	标准误	显著性
"学习人" 学习动机	乡镇/街道办	区（县）	－ 0.29825 *	0.10561	0.019
		市级及以上	－ 0.27539 *	0.11828	0.034
	区（县）	乡镇/街道办	0.29825 *	0.10561	0.019
		市级及以上	0.12286	0.10617	0.512
	市级及以上	乡镇/街道办	0.27539 *	0.11828	0.034
		区（县）	－ 0.12286	0.10617	0.512

＊. 均值差的显著性水平为 0.05。

资料来源：统计分析整理

8）职位类别间差异比较

以职位类别为三分类别变量进行方差分析，结果见表 5.93。由表中知悉，有"'学习人'学习动机""采纳与形成"这两个变量的 F 检验值达到 0.05 的显著水平，表示不同职位类别的公务员在"'学习人'学习动机""采纳与形成终身学习"方面存在显著差异，而其他方面并无显著差异。表 5.94 是采用 Scheffe 法对组间差异进行配对比较，摘要结果显示"行政执法"公务员这两个变量的平均分都显著低于"综合管理"公务员，而其他组之间差异并不显著。

表 5.93　职位类别变量分组的方差分析摘要

		平方和	*df*	均方	*F*	显著性
绩效期望	组之间	1.687	2	0.844	1.113	0.329
	组内	322.055	425	0.758		
	总计	323.742	427			
感知风险	组之间	1.970	2	0.985	0.957	0.385
	组内	437.302	425	1.029		
	总计	439.272	427			

续表5.93

		平方和	*df*	均方	*F*	显著性
努力期望	组之间	4.048	2	1.024	0.994	0.357
	组内	437.633	425	1.030		
	总计	441.681	427			
周围环境	组之间	3.665	2	1.832	1.807	0.118
	组内	430.952	425	1.014		
	总计	434.617	427			
促进因素	组之间	3.586	2	1.793	2.223	0.110
	组内	342.873	425	0.807		
	总计	346.460	427			
"经济人"学习动机	组之间	4.567	2	2.284	2.481	0.085
	组内	391.114	425	0.920		
	总计	395.682	427			
"公务人"学习动机	组之间	1.364	2	0.682	0.782	0.458
	组内	370.871	425	0.873		
	总计	372.235	427			
"学习人"学习动机	组之间	10.519	2	5.260	6.502	0.002
	组内	343.797	425	0.809		
	总计	354.317	427			
"社会人"学习动机	组之间	1.154	2	0.577	0.639	0.528
	组内	383.861	425	0.903		
	总计	385.015	427			
采纳与形成	组之间	10.583	2	5.292	9.184	0.000
	组内	244.867	425	0.576		
	总计	255.450	427			

资料来源：统计分析整理

表 5.94　单位级别间多重比较(Scheffe)

因变量	(I) Q8	(J) Q8	平均差 (I－J)	标准误	显著性
"学习人"学习动机	综合管理	专业技术	0.23888	0.10999	0.096
		行政执法	0.35408 *	0.10249	0.003
	专业技术	综合管理	－0.23888	0.10999	0.096
		行政执法	0.11520	0.12144	0.638
	行政执法	综合管理	－0.35408 *	0.10249	0.003
		专业技术	－0.11520	0.12144	0.638
采纳与形成	综合管理	专业技术	0.20396	0.09283	0.091
		行政执法	0.36454 *	0.08649	0.000
	专业技术	综合管理	－0.20396	0.09283	0.091
		行政执法	0.16058	0.10249	0.294
	行政执法	综合管理	－0.36454 *	0.08649	0.000
		专业技术	－0.16058	0.10249	0.294

＊.均值差的显著性水平为 0.05。

资料来源:统计分析整理

2.中介变量研究

公务员采纳与形成终身学习的整体结构模型验证了终身学习影响因素、终身学习动机以及采纳与形成终身学习等三者之间的因果关系,其中终身学习动机在终身学习影响因素与终身学习行为之间的中介作用得到检验。但终身学习动机在多大程度上起到中介作用呢? 终身学习影响因素是否完全通过终身学习动机对终身学习行为产生影响呢? 中介变量的存在与否差异有多大呢? 这就需要进一步研究终身学习动机的中介作用及效果。

本书将整体结构模型中的中介变量去掉,检验绩效期望、感知风险、努力期望、周围环境、促进因素等 5 个学习影响因素与接受、采纳终身学习之间的直接关系,构建地方公务员学习影响因素无中介模型,如图 5.23。运行 AMOS22.0 软件,使用最大似然估计方法进行参数估计,得到地方公务员终身学习影响因素无中介模型的主要拟合指数见表 5.95,标准化路径系数见表 5.96。

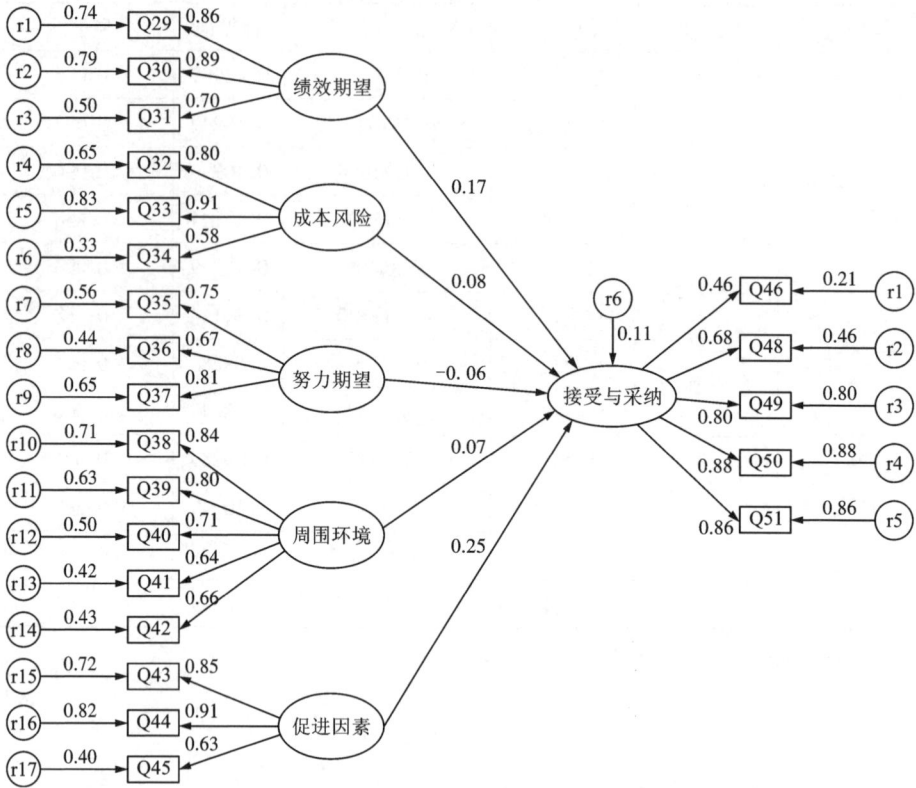

图 5.23　终身学习影响因素无中介模型

资料来源：AMOS 分析显示

表 5.95　终身学习影响因素无中介模型的主要拟合指数摘要表

指标名称	x^2	GFI	AGFI	RMR	RMSEA	NFI	CFI	NC
检定结果	1510.198	0.726	0.660	0.296	0.122	0.726	0.753	7.452
拟合判断	（$P = .000$）不拟合	基本拟合	不拟合	不拟合	不拟合	基本拟合	基本拟合	不拟合

资料来源：AMOS 分析整理

表 5.96　终身学习影响因素无中介模型检验和标准化路径系数

			Estimate	S. E.	C. R.	P	Standardized
采纳与形成	< - - -	绩效期望	0.088	0.031	2.822	0.005	0.169
采纳与形成	< - - -	成本风险	−0.041	0.036	1.146	0.252	−0.075
采纳与形成	< - - -	努力期望	0.024	0.033	−0.747	0.455	0.060
采纳与形成	< - - -	周围环境	0.033	0.037	0.880	0.379	0.067
采纳与形成	< - - -	促进条件	0.154	0.049	3.143	＊＊＊	0.254

注：＊$P < 0.05$；＊＊$P < 0.01$；＊＊＊$P < 0.001$

资料来源：AMOS 分析整理

表 5.95 说明终身学习影响因素无中介模型的主要拟合指数并不理想，缺乏终身学习动机中介变量将导致模型不可接受，模型内在质量不佳、解释度不够。

表 5.96 说明绩效期望、努力期望、周围环境、促进因素等与接受和采纳终身学习之间呈正相关关系，感知风险与接受和采纳终身学习之间呈负相关关系。但是，绩效期望、感知风险、努力期望、周围环境等与接受和采纳终身学习之间的标准化路径系数不具有显著性，说明这 4 个学习影响因素与终身学习行为并不直接相关，而在公务员终身学习整体结构模型中，这 4 个学习影响因素与终身学习动机的因果关系均得到了广州数据与南宁数据的验证，说明其对采纳与形成终身学习的影响可以经由学习动机中介变量产生间接相关。

表 5.96 也反映促进条件与接受和采纳终身学习之间的标准化路径系数具有显著性，说明促进因素在缺乏终身学习动机的情况下与接受并采纳终身学习行为也可以直接相关。也就是说，终身学习动机对于绩效期望、感知风险、努力期望、周围环境等四个因素有着很强的中介作用，而对于促进因素的中介作用次之。因此，从理论模型验证以及中介变量研究可见，学习影响因素通过终身学习动机的中介对地方公务员终身学习行为产生影响的作用机制得到了较好的验证。

3. 变量效应分析小结

1）控制变量分析小结

本节应用 SPSS 软件技术对潜在变量平均数差异进行了检验，将公务员控制变量对其他变量影响差异显著性整理成表 5.97。

表 5.97　控制变量对其他变量影响差异显著性

平均数差异显著性	性别	婚姻状况	年龄	学历	职务级别	服务年资	单位级别	职位类别	地域	小计
绩效期望									有	1
感知风险							有			1
努力期望	有						有			2
周围环境									有	1
促进因素	有									1
"经济人"学习动机					有	有				2
"公务人"学习动机		有							有	2
"学习人"学习动机							有	有		2
"社会人"学习动机	有									1
采纳与形成				有				有	有	3
小计	3	1	0	1	1	1	3	2	4	16

数据整理发现：

（1）除不同年龄间变量平均数差异都不具有显著性外，性别差异、婚姻状况、学历层次、职务级别、政府服务年资、单位级别、职位类别以及不同地域间的变量平均数差异显著性都不同程度地存在，其中差异显著性最多的分组变量是地域，说明终身学习在地域间，也即本书数据来源地之广州与南宁间的差异较大，强化终身学习动机的相关政策在地域间存在差异。

（2）所有变量都因不同控制变量的分组而存在平均数差异显著性，其中终身学习的采纳与形成变量差异显著性最多，表现为不同地域、不同学历层次以及不同职位类别的公务员在终身学习行动方面具有显著差异。从地域来看，广州作为创新学习型城市代表，其公务员终身学习水平高于全面学习型城市代表南宁；从学历层次来看，研究生及以上学历的公务员终身学习水平高于本科、大专及以下学历的公务员；从职位类别来看，行政执法公务员终身学习水平显著低于综合管理类公务员。

2）中介变量分析小结

（1）公务员终身学习动机作为中介变量的必要性得到了检验，证明终身学习动机是学习影响因素对终身学习行为产生作用的桥梁、是推动公务员终身学习的前提条件，其既是终身学习影响因素的内因变量，也是采纳与形成终身学习的外因变量，中介效应显著。

（2）终身学习动机问题在本质上就是促进公务员终身学习的前提条件和实现政策目标的核心问题。构建公务员终身学习动机强化政策的目的就在于推动公务员终身学习理念接受与行为内化，因此终身学习影响因素与终身学习动机的因果关系实证为动机强化政策构建提供了政策依据与政策路径。

5.3.3　研究发现与理论论据构建

1.具体研究发现

根据前述分析，得到以下具体研究发现，以回答绪论中所提出的研究问题。

"发现1"：公务员终身学习政策与政治经济、社会人文等多种环境因素相关，具有治理综合性、系统广延性、战略重要性等特征。

"发现2"：学习情境是地方公务员终身学习政策差异的缘起，包含刚性因素与柔性因素，也包含客观因素和主观因素。

"发现3"：地方公务员终身学习动机是可定义、可测量、可驱动的，同时段不同学习情境间四个亚动机构成具有稳定性。

"发现4"：地方公务员终身学习影响因素也是可测量、可发展、可调控的，同时段不同学习情境间的构成结构也具有稳定性。

"发现5"：地方公务员终身学习动机有正向激励途径，也有负向影响途径。

"发现6"：不同地方间公务员终身学习的主要动机和关键影响因素存在显著差异。

"发现7"：绩效期望对各地公务员"经济人"学习动机均造成重要影响。

"发现8"：不同类型的公务员终身学习动机可以采取不同的政策路径。

"发现9"：不同学习情境特征对应不同的学习策略和政策工具。

"发现10"：强化公务员终身学习动机是促进公务员终身学习的必要条件。

"发现11"：公务员终身学习动机在个体间存在调节差异。

2. 理论论据构建

根据以上 11 个研究发现提出关于地方公务员终身学习动机强化的理论论据：

论据 1：地方公务员终身学习动机强化是促进公务员终身学习的必要条件，也是实现政策目标的有效路径。

论据 2：终身学习动机由"经济人"动机、"公务人"动机、"学习人"动机、"社会人"动机等四种亚动机共同构成。

论据 3：终身学习影响因素由绩效期望、努力期望、周围环境、促进因素、感知风险等构成，既有正向因素也有负向因素。

论据 4：不同地方间公务员终身学习的主要动机和关键影响因素存在显著差异。

论据 5：从循证原理的证据有效原则来看，不同学习情境下需要采取不同的学习策略和政策工具，不同动机类型也需要采取不同的政策路径设计。

第6章 政策诊断与对策建议

从表面上来看,以广州市和南宁市作为两种不同学习情境的代表,其地方政府在响应中央政府关于公务员学习教育与培训政策方面的制度安排与执行是规范的、恰当的,但是"响应型"政策下所出现的"规模化"与"内卷化"并存问题恰好反映出地方政府在推动公务员终身学习方面缺乏政策的前瞻性与战略性,需要从循证政策视角对公务员终身学习问题进行诊断,以期推动地方公务员终身学习政策的完善与改进。因此本章试图回答公务员终身学习出现了哪些问题? 问题的政策根源是什么? 如何才能有效解决这些问题?

6.1 地方公务员终身学习问题探析

从广州与南宁公务员终身学习调查数据的实证分析发现,两地公务员在"绩效期望""'公务人'学习动机""周围环境""采纳与形成"等四个方面又存在显著差异。进一步对比和剖析数据,发现两地公务员终身学习存在以下问题。

6.1.1 理性期望非合理膨胀

"绩效期望"作为终身学习的影响因素,可以用来衡量公务员对终身学习可以带来效率、收益及效果的期望水平。广州公务员在"终身学习对改变现状有作用""终身学习对未来职业发展有价值"等两个问项的平均分显著高于南宁公务员,说明广州公务员对终身学习的期望具有很强的工具理性因素。

然而,这种基于工具理性期望的"学习计算"明显背离了学习的本质。终身学习研究领域的著名学者诺曼.朗沃斯(Norman Longworth)教授认为,"终身学习是使人的潜能在持续受到支持的过程中不断得到发展,它激励和促使个人获得人生过程中所需要的知识、价值观、技能和认知能力,并且自信地、创造性地、愉悦地把它们应用到所有的角色、场合和环境当中。"[①]因而终身学习虽然可以帮助人类生存并获取收益、功效、价值、财富、地位等,但终身学习的终极价值在于人类自我发展和完善,并不强调基于理性的计算。而调查显示,广州和南宁公务员在"绩效期望"三个问项上的平均分都远高于均数3,说明经历了长期地、系统化地教育与培训,地方公务员并没真正树立对学习本质的认知,反而对终身学习绩效期望的重视程度仍然超越对终身学习应有内涵的追求,从而表现为理性期望的非合理膨胀。

6.1.2　培训政策执行效果外溢

按照西方经济学的"投入－产出"原理,广州公务员培训比南宁公务员培训更成熟、更系统,投入时间早、规模大、资金多,其"公务人"学习动机水平理应超过南宁公务员。然而实证分析显示,南宁公务员在"对党组织或行政组织的忠诚""为获得工作成就感或自豪感""为更好服务社会和公众""组织内部学习与考核的常态化""适应新形势、新环境的工作需要"等方面的学习动机反而显著高于广州公务员,这就"违背"了经济学的"投入－产出"原理,说明长期的、大量的公务员培训投入并没有如政策目标指向的那样提高公务员的"公务人"素质与动机。因而,从两地公务员培训政策效果对比来看,广州"公务人"学习动机驱动方面并没有达到理想或者最高水平。

另一方面,根据前述研究整理的表6.1可见,虽然广州公务员的"公务人"学习动机水平并没有高于南宁,也不是终身学习动机内部构成的最重要结构,但是广州公务员的"学习人"学习动机是终身学习动机的最重要结构,说明广州公务员教育与培训政策在广州市终身学习行动情境下产生了政策效果溢出。也就是说,广州市终身学习的行动情境为公务员终身学习提供了一个良好的行动舞台,使得

---

① [英]诺曼.朗沃斯(Norman Longworth). 学习型城市、学习型地区、学习型社区:终身学习与地方政府[M]. 欧阳忠明,马颂歌,陈晓燕,译. 北京:中国人民大学出版社,2016:58.

广州市公务员的学习与培训政策在"学习人"学习动机激发方面取得成效。由此可以认为，南宁公务员学习与培训政策对"公务人"学习动机水平提升效果明显，而广州公务员学习与培训政策的执行效果外溢。

表 6.1 广州与南宁公务员终身学习动机构成的路径系数对比

	"经济人"学习动机	"公务人"学习动机	"学习人"学习动机	"社会人"学习动机
广州	0.701	0.772	0.791	0.705
南宁	0.655	0.788	0.755	0.767

资料来源：AMOS22.0 分析整理

6.1.3 政策工具递减效应明显

人们对于学习环境的一般认知是：周围环境越是长期、系统地支持和重视学习，则周围环境对学习的影响力会越大。然而，广州公务员在"地方政府对终身学习的重视与支持"问项的平均水平分别为 3.39，反而显著低于南宁公务员。实证结果说明，虽然广州市委、市政府对终身学习予以大量的政策支持和资金投入，但广州公务员认为地方政府对其终身学习的影响性低于南宁公务员对地方政府的影响力认可。也就是说，在现有政策环境已知的条件下，广州市委、市政府对公务员终身学习的影响力已经出现政策工具效果递减的瓶颈问题。从而也可以推断，广州市委、市政府现有的公务员学习与培训政策工具也存在效应递减问题，对达成预定政策目标将产生实质性的损害与贻误。

该诊断可以进一步地从表 6.2 中得到验证。"采纳与形成"终身学习变量可以被视为公务员认可终身学习并内化为行动的水平衡量，因此将广州和南宁公务员"采纳与形成"进行高低水平分组，并对高分组和低分组进行独立样本 T 检验，检验结果显示，只有广州公务员在"周围环境"的 t 检验值没有达到 0.05 显著性水平，说明广州公务员"采纳与形成"终身学习高分组和低分组的"周围环境"因素没有显著差异。也即是说，包括地方政府在内的"周围环境"因素，并没有对推动高分组终身学习行为产生特别影响力。

表 6.2 "采纳与形成"终身学习的独立样本 T 检验

	广州					南宁				
	方差相等的 Levene 检验		平均值相等性的 T 检验			方差相等的 Levene 检验		平均值相等性的 T 检验		
	F	显著性	t	自由度	显著性（双尾）	F	显著性	t	自由度	显著性（双尾）
期望绩效	1.52	0.22	4.086	121	0.000	0.434	0.511	2.653	114	0.009
			4.108	120.955	0.000			2.763	110.666	0.007
感知风险	2.093	0.151	1.157	121	0.025	0.081	0.776	3.464	114	0.001
			1.147	118.304	0.024			3.431	95.572	0.001
努力期望	1.883	0.173	2.023	121	0.045	3.069	0.083	3.296	114	0.001
			2.001	110.818	0.048			3.155	83.361	0.002
周围环境	5.033	0.027	1.628	121	0.106	0.095	0.759	4.162	114	0.000
			1.605	107.078	0.112			4.172	99.735	0.000
促进因素	0.614	0.435	3.68	121	0.000	1.356	0.247	4.824	114	0.000
			3.656	114.905	0.000			4.65	85.894	0.000
"经济人"学习动机	2.136	0.146	2.29	121	0.024	1.438	0.233	2.953	114	0.004
			2.269	112.746	0.025			2.895	91.988	0.005
"公务人"学习动机	0.283	0.596	3.584	121	0.000	0.483	0.489	4.965	114	0.000
			3.56	114.927	0.001			4.937	96.988	0.000
"学习人"学习动机	0.82	0.367	7.616	121	0.000	2.623	0.108	6.967	114	0.000
			7.691	120.602	0.000			6.765	88.483	0.000
"社会人"学习动机	0.941	0.334	5.869	121	0.000	3.575	0.061	6.407	114	0.000
			5.835	115.605	0.000			6.112	82.292	0.000

资料来源：统计分析整理

6.1.4　学习原动力有深层隐患

广州公务员在"我近期主动开展了学习活动""我长期坚持了学习的习惯"等两个问项的平均分显著高于南宁公务员，说明历经十多年的终身学习活动浸染，广州公务员在学习的自觉主动性和学习的持续性等方面显著高于南宁公务员，这个差异的存在说明广州终身学习取得的成效是可喜的。

但是值得注意的是，即便是广州公务员在学习的主动性和学习的持续性方面显著高于南宁公务员，但广州和南宁两地公务员在这两个问项上的平均得分都只是略高于均数水平3，说明学习主动性与学习持续性方面都还有待提高。

从表6.3和表6.4进一步分析可见，如果将持"大部分同意"以及"完全同意"意见的公务员视为基本认可自己行为，那么认可自己"主动学习"的公务员中，广州占到56.9%，南宁占到50%，而认可自己"长期坚持学习"的公务员中，广州占到54.9%，南宁占到52.6%。由此可知，无论是广州还是南宁，地方公务员中能真正主动学习和长期坚持学习的人数只有一半，说明学习的原动力是不足的。对于地方公务员学习和教育培训政策而言，缺乏学习的主动性、自觉性、持续性，使得学习政策供给与自主学习、自我决定学习之间的矛盾有可能被无限放大，成为公务员终身学习成效提升的深层隐患。

表6.3　广州与南宁公务员学习主动情况的频数统计

| | | Q50问项："我近期主动开展了学习活动" | | | | | 总计 |
		完全 不同意	大部分 不同意	一半 同意	大部分 同意	完全 同意	
广州	计数	5	16	67	63	53	204
	占百分比	2.5%	7.8%	32.8%	30.9%	26.0%	100.0%
南宁	计数	5	32	75	71	41	224
	占百分比	2.2%	14.3%	33.5%	31.7%	18.3%	100.0%

资料来源：统计分析整理

表 6.4　广州与南宁公务员长期学习情况的频数统计

		Q51 问项："我长期坚持了学习的习惯"					总计
		完全不同意	大部分不同意	一般同意	大部分同意	完全同意	
广州	计数	5	20	67	55	57	204
	占百分比	2.5%	9.8%	32.8%	27.0%	27.9%	100.0%
南宁	计数	10	34	62	72	46	224
	占百分比	4.5%	15.2%	27.7%	32.1%	20.5%	100.0%

资料来源：统计分析整理

6.2　地方公务员终身学习问题的政策诊断

基于前述问题引发的思考是：为什么基本相当的公务员教育培训会产生终身学习动机以及学习影响因素间的显著差异？哪些现实原因或政策因素带来了这些差异？这些差异是否合理，是否与终身学习环境或公务员行动情境匹配？现进一步展开问题诊断。

6.2.1　政策架构的顶层设计问题

通过公务员学习相关政策文本整理发现，涉及公务员终身学习的内容较少，涉及公务员终身教育，尤其是公务员教育与培训的内容居多。由此进一步发现，当前中国政治生态环境下并没有区分公务员终身学习政策和公务员教育培训政策，几乎所有的公务员学习与教育相关政策都是围绕教育培训展开。

比如，一位负责公务员教育培训考核的被访者认为公务员培训制度就是公务员学习制度，其在访谈中提道："公务员学习制度以及相关政策在国家公务员局以及我们公务员局的网站上都能找到，比如培训纲要、思想政治培训、脱贫攻坚培训、职业道德培训等"。

可见，公务员终身学习政策并未真正引起重视，以至于被忽略或者被教育培训政策所覆盖。因而从某种程度上来说，终身学习政策与教育培训政策在顶层设计上架构分类不够清晰、政策目标模糊，导致公务员学习动机缺乏合理的诉求平台和恰当的实现路径，从而混合在教育培训框架下对绩效期望产生非合理膨胀。

1. 内部框架：公务员教育培训与干部教育培训分类推进尚不成熟

公务员教育培训与干部教育培训历史起点差异较大，培训成熟度差异明显，公务员培训工作的组织开展、管理经验、方法内容等很大程度上借鉴了党员干部教育培训的历史经验，尚未真正形成独立的政策框架体系。因而在政策设计的分类推进方面尚不成熟。

1）中国共产党干部教育培训经历不同历史时期的探索，教育思想、培训安排、经验著述、政策文件等十分丰富，各级干部教育培训机构与体系建设成熟且稳定。

中国共产党从大革命时期起就开始创办各类干部教育培训学校，比如湖南自修大学、农民运动讲习所等，成为传播革命思想与理想信念的摇篮；革命战争时期创办了一些极具特色的干部学校，如苏维埃大学、中央农业学校、红军大学、高尔基戏曲学校等；抗日战争时期形成了科学的干部教育培训思想，纲领性文件如《关于干部学习指示》《关于延安干部学校的决定》《关于在职干部教育的决定》等，重在形成干部教育培训的风气；解放战争时期又从全面迎接胜利的战略高度对干部教育培训做出全面部署；社会主义革命和建设时期党和政府颁布有《关于在职干部学习问题的通知》《关于举办工农速成中学和工农干部文化补习学校的指示》《关于加强干部文化教育工作的指示》等，[1]主要目的在于提高干部知识文化以及素质修养。

改革开放以来干部教育培训获得更大发展，形成了以党校、干校为主渠道，以普通高校和广播电视及函授大学为辅的新格局，正规化和制度化水平大幅提升：1982年《党章》明确规定："党的干部必须接受党的培训"；1982年《宪法》规定："一切国家机关实行工作人员的培训和考核制度"；另外还有专门的文件：《关于加强干部教育工作的意见》《关于面向21世纪加强和改进党校工作的决定》《1991—1995年全国干部培训规划要点》《1996—2000年全国干部教育培训规划》《2001—2005年全国干部教育培训规划》《2006—2010年全国干部教育培训规划》《2010—2020年干部教育培训改革纲要》《2013—2017年全国干部教育培训规划》等。[2]

---

① 黄峰. 中国共产党干部教育培训科学化研究[D]. 北京：中共中央党校，2015.
② 黄峰. 中国共产党干部教育培训科学化研究[D]. 北京：中共中央党校，2015.

2)公务员教育培训开展时期较晚，经验、方法还不够独立，政策传播以地方响应中央为主。

公务员培训的正式法律条款始见于 2005 年颁布的《中华人民共和国公务员法》第 10 章第 60、第 61 和第 62 条①。该条款不仅体现新形势下公务员培训工作发展的必然需要，也是公务员队伍展开大规模、系统化教育培训的法律依据，更是为有效保障和落实 2003 年人事部制定的《国家公务员通用能力标准框架（试行）》，②重点强化公务员的政治鉴别能力、依法行政能力、公共服务能力等九种能力。由于公务员教育培训与干部教育培训在培训对象、培训内容、方式方法都有许多相似性，比如，干部培训范畴包括公务员职类人员，培训内容都包含党政时势、思想政治教育等，方式方法都有网络在线学习、党校进修学习等，因而短期来看管理体系混同的局面还将持续存在。

政策传播也主要是国家和地方相结合、地方响应中央、上下垂直对应的架构模式。比如，前文所述国家层面出台《2011—2015 年行政机关公务员培训纲要》《"十三五"行政机关公务员培训纲要》《中央和国家机关培训费管理办法》③等，各地方政府将以转发文件或者出台相关配套政策的形式予以实施，如《广西壮族自治区人力资源和社会保障厅公务员局关于转发"十三五"行政机关公务员培训纲要的通知》④《广东省"十三五"行政机关公务员培训纲要》⑤《广西壮族自治区本级机关培训费管理办法》⑥。

---

① 全国人民代表大会常务委员会. 中华人民共和国公务员法［EB/OL］.（2017 – 09 – 12）. 北京：中国人大网. http://www. npc. gov. cn/npc/xinwen/2017 – 09/12/content_2028698. htm

② 人事部. 国家公务员通用能力标准框架（试行）［EB/OL］.（2014 – 01 – 13）. http://www. cpta. com. cn/n/2014/0113/c367920 – 24102714. html

③ 财政部　中共中央组织部　国家公务员局. 关于印发《中央和国家机关培训费管理办法》的通知［EB/OL］.（2017 – 01 – 05）. http://www. gov. cn/xinwen/2017 – 01/05/content_5156940. htm#1

④ 广西壮族自治区人力资源和社会保障厅　公务员局. 关于转发"十三五"行政机关公务员培训纲要的通知［EB/OL］.（2017 – 03 – 27）. http://www. gxgwyj. gov. cn/zcfg/201703/t20170327_69678. html

⑤ 广东省人民政府办公厅. 关于转发省人力资源社会保障厅 省公务员局 广东省"十三五"行政机关公务员培训纲要的通知［EB/OL］.（2017 – 04 – 14）. http://zwgk. gd. gov. cn/006939748/201704/t20170414_700866. html

⑥ 广西壮族自治区财政厅 中共广西壮族自治区委员会组织部 广西壮族自治区公务员局. 关于印发广西壮族自治区本级机关培训费管理办法的通知［EB/OL］.（2018 – 02 – 22）. http://www. gxcz. gov. cn/gxzzzzqczt/gzdt/jgdt/201802/t20180222_73581. html

2. 外部框架：公务员终身教育政策与公务员终身学习政策未有效区分

公务员培训教育是在公务员终身教育框架下完成对公务员的知识灌输和技能传授，并加以规范化、科学化的绩效考评，并不涉及公务员自主学习意愿和个体发展需求，其在本质上是区别于公务员终身学习政策。研究发现，当前中国公务员终身学习政策的顶层设计没有考虑自主学习与教育培训在政策方向、政策动力、政策执行等的差异，因而在架构设计方面并未有效区分公务员终身学习政策与公务员终身教育政策，从而导致政策效果不佳。

比如，一位了解基层公务员学习情况的被访者谈道："现在公务员的学习任务是很重的，上头一发文件来就是学习、教育、培训，还有很多的网络课程要学习，不学又不行啊……当然，如果有大学生来这实习就好些了，他们年轻、灵活，偶尔帮我们刷刷课、整理资料，工作会轻松很多。"

从以上访谈资料以及实证数据的基本结论来看，教育培训对公务员学习动机激发效果并不理想，学习主动性、自觉性不够，主要以应付检查、应付指标考核为中心，学习浮于表面、教育趋向过场的现象还在一定范围内存在，因此从公务员终身学习政策顶层设计上区分公务员终身教育政策与自主学习政策对于实质性提升地方政府公务员终身学习动力具有迫切性。

6.2.2　政策环境对政策共同体的影响向度问题

政策环境是公共政策有效性提升的重要前提。广州公务员学习与教育培训对"公务人"学习动机水平提升效果不明显，但"学习人"学习动机水平得到较大提升，有可能是广州市对全民终身学习的长期、大量投入创造了较好的终身学习氛围，使政策环境为政策效果外溢提供了一种可信的解释。

正如广州市一位基层公务员在访谈中提道："广州倡导、开展全民阅读活动已经有十多年，大家学习、创新氛围很浓，也很上进……社会上有很多自愿性的学习读书会，比如我知道的一些企业界人士很喜欢读书，尤其是中华经典文化，还组建'致良知'学习会，研读时事政策、古人教诲等群众性读书活动也很多，每年4月举办的'广州读书月'影响也比较大。"

政策工具论的评论者也指出，"政策设计不仅需要具备有关不同政策工具的知识，而且需要具备这些政策工具得以被挑选和应用的政策环境的知识，因为根据政策环境的不同情况，某些政策工具执行要比另外一些更为有效。"①

由于政策环境可以为处于某一具体政策领域中的政策共同体提供行为探索的空间，使政策共同体的作用力有可能超出原有组织边界，从而在实践过程中产生政策网络主体间的行为者互动模式，包括某些经验、价值、方法、工具、伦理以及范式的交流。② 据此可以认为，由于广州市大力推广的终身学习、全民学习理念融入了传统和常规，形成了共同体中盛行和固有的一些理念框架和日常行为习惯，成为类似"格式塔"③的共有心理构造，因而广州公务员作为公务员学习与培训政策共同体，每一个公务员都是政策网络间相互依赖的行为者，其行为深受广州终身学习环境影响而造就了稳固的学习传统和学习习惯，从而使广州公务员在终身学习动机测量实证中表现为"学习人"学习动机强于"公务人"学习动机。

以上分析说明：与政策方向一致的政策环境能够助推政策实施产生正向溢出效果，反之，与政策方向不一致的政策环境有可能阻碍政策实施产生政策效果损耗。

6.2.3 政策工具的适配性与选择偏好问题

本书发现，公务员终身学习被公务员教育培训问题掩盖后，不同学习情境下地方公务员终身学习的学习策略差异也被忽略，比如广州公务员终身学习的创新型学习策略和南宁公务员终身学习的全面型学习策略在具体实践中都统辖于中央和地方政府的各项公务员教育培训安排中，不能满足政策工具适配性要求，也不能满足新时代公务员对自身发展与学习的新要求。

1. 政策工具的适配问题

一种政策体制的生命周期被人们接受后，政策工具的应用并不是一劳永逸的，如何使政策工具能够与政策体制所体现的阶段性相对应是政策工具效果评估

---

① R. 巴格丘斯. 在政策工具的恰当性与适配性之间权衡[A]. B. 盖伊. 彼得斯(B. Guy Peters)，弗兰斯. K. M. 冯尼斯潘(Frans K. M. van Nispen). 公共政策工具：对公共管理工具的评价[C]. 顾建光，译. 北京：中国人民大学出版社，2007：49

② R. 巴格丘斯. 在政策工具的恰当性与适配性之间权衡[A]. B. 盖伊. 彼得斯(B. Guy Peters)，弗兰斯. K. M. 冯尼斯潘(Frans K. M. van Nispen). 公共政策工具：对公共管理工具的评价[C]. 顾建光，译. 北京：中国人民大学出版社，2007：54.

③ 注：根据社会心理学的解释，其意指具体社会成员所共有的某种心理结构。

必须考虑的问题。① 广州市委、市政府对公务员终身学习的影响力出现政策效果递减的问题，说明政策工具适配性较低而导致政策有效性下降。

1) 地方公务员通过"学习"消减学习培训政策的执行效果。一如政策工具理论所述，政策对象通过"学习"可以对抗政策意图，其为广州市政府对公务员终身学习的影响力递减提供一种解释：即广州市公务员培训的政策工具可能不适合当前政策阶段。

比如，一位负责公务员管理的广州公务员谈道："我觉得广州公务员的学习政策还是可以的，在全国来看都是很领先的，政府财政支持力度也非常大，很早以前就鼓励在职攻读学历、学位，给予报销相关费用……这几年的政策好像没什么变化，大家都比较在意学历、学位，反正这也是算学分的，学其他的还不如弄个学位，反正这边教育资源非常丰富，教育条件又好，也容易毕业。"

由于广州公务员培训管理体系建设时期较早，出台了一系列文件和制度，如《关于印发〈广州市"十五"期间国家公务员培训和专业技术人员继续教育规划纲要〉的通知》(2001 年)②、《广州市公务员培训暂行办法》③(2005 年)、《广州市公务员培训积分制管理实施细则(试行)》④(2006 年)、《关于继续组织我市公务员在职攻读公共管理硕士(MPA)专业学位的通知》⑤(2008 年)等。但在新时代、新形势下，原有学习与教育政策的创新性不够、激励性不足，有可能使作为政策受众的地方公务员已经具有通过某种战略方式改变个人行为选择以回避一些政策效果的"学习潜能"，从而在一定程度上破坏集体政策目标的实现，导致现有公务员学习培训政策的工具效果递减。

2) 政策制定者加剧学习政策的低效或无效。依据"政策积累法则"的解释，

①　R. J. 英特威尔德. 政策工具动力学[A]. B. 盖伊. 彼得斯(B. Guy Peters)，弗兰斯. K. M. 冯尼斯潘(Frans K. M. van Nispen). 公共政策工具：对公共管理工具的评价[C]. 顾建光，译. 北京：中国人民大学出版社，2007：151.

②　广州市人事局. 关于印发《广州市"十五"期间国家公务员培训和专业技术人员继续教育规划纲要》的通知[EB/OL]. (2008 - 06 - 17). http://www.hrssgz.gov.cn/gwypx/pxjyfgtz/zcfg/200806/t20080617_76004.htm

③　广州市人事局. 关于印发《广州市公务员培训暂行办法》的通知[EB/OL]. (2016 - 01 - 23). http://www.hrssgz.gov.cn/gwypx/pxjyfgtz/zcfg/200601/t20060123_23636.htm

④　广州市人事局. 关于印发《广州市公务员培训积分制管理实施细则(试行)》的通知[EB/OL]. (2006 - 12 - 21). http://www.hrssgz.gov.cn/gwypx/pxjyfgtz/zcfg/200612/t20061221_34273.htm

⑤　广州市人事局. 关于继续组织我市公务员在职攻读公共管理硕士(MPA)专业学位的通知[EB/OL]. (2008 - 07 - 10). http://www.hrssgz.gov.cn/gwypx/pxjyfgtz/zcfg/200807/t20080710_77029.htm

如果广州公务员培训政策效果递减，而政策制定者没有从政策顶层设计问题、政策工具适配性问题等其他路径思考解决方案，只是出台原有框架下的补充政策或者加强公务员培训制度执行的监督与制裁力度，只会使培训政策效果折扣。

比如，《广州市公务员培训积分制管理实施细则（试行）》要求从 2007 年起全市公务员参加各类培训学习试行积分管理，并通过"广州市公务员培训信息管理系统"进行登记，作为公务员年度考核与任职晋升的依据，[①]当 2011 年实践中出现了公务员学习培训完成率不高的情况时，广州市人力资源与社会保障局发布《关于 2010 年公务员培训积分统计有关问题的通知》作为政策实施补充，表面上看是由于客观因素影响导致少数公务员未能按时完成 2010 年培训学分任务而予以积分统计时间推延，[②]但从深层动力机制来看体现出公务员培训教育的主动性、积极性和自觉性不够。

2. 政策工具选择偏好明显

从中国公务员学习与教育相关政策及文献来看，现有政策工具大致有两种类型：一种是具有强制性特征的管制类工具，另一种是具有激励性特征的诱因类工具。通过政策文本整理发现，正如政策工具分类与选择理论所述，公务员学习政策工具使用中，管制性政策工具运用占绝大多数，而诱因性工具运用明显偏少，存在工具选择的偏好性问题。

1）管制性政策工具应用多，体现为一系列强制性、约束性、规范性的行政命令或管理规定。比如：《公务员培训规定（试行）》第四条明确规定：公务员培训情况、学习成绩作为公务员考核的内容以及任职晋升的依据之一；第十七条规定：没有参加初任培训或培训考试、考核不合格的新录用公务员，不能任职定级。没有参加任职培训或培训考试、考核不合格的公务员，应及时进行补训。专门业务培训考试、考核不合格的公务员，不得从事专门业务工作。在职培训考试、考核不合格的公务员，年度考核不得确定为优秀等次。无正当理由不参加培训的公务员，根据情节轻重，给予批评教育或者处分。[③] 这类政策工具的优越性在于能够

---

① 广州市人事局. 关于印发《广州市公务员培训积分制管理实施细则（试行）》的通知［EB/OL］. (2006 – 12 – 21). http://www.hrssgz.gov.cn/gwypx/pxjyfgtz/zcfg/200612/t20061221_34273.htm
② 广州市人力资源和社会保障局. 关于 2010 年公务员培训积分统计有关问题的通知［EB/OL］. (2012 – 05 – 24). http://www.hrssgz.gov.cn/wldxt/pxzc/201205/t20120524_185679.htm
③ 中共中央组织部人力资源和社会保障部. 公务员培训规定（试行）［EB/OL］. (2008 – 12 – 03). http://www.gov.cn/gzdt/2008 – 12/03/content_1167012.htm

使各级地方政府统一思想意识、统一行动方向、统一规范标准并迅速采取行动，具有强制性和可操作性的特点，便于政府实现"自上而下"的控制与管理、监督与检查，对尽快实现政策目标具有高效、高速的特点，因而这种政策工具既是合理的、必然的、也是应该的。

2）激励性诱因工具应用较少较虚。虽然《公务员培训规定（试行）》第十九条提出要推行公务员自主选学，并鼓励公务员利用业余时间自主选择参加培训，① 但在各地具体实施的公务员培训方案中，具体激励包括如何利用业余时间、自主选择的学习范围、时间补偿、经济补偿等措施十分有限。

比如，《广州市公务员培训积分制管理实施细则（试行）》第八条有具体提道："鼓励公务员在职参加学历（学位）学习。凭学校当年有效学习证明，经所在单位审核同意后，视为完成当年学分42分。"② 可见，广州市公务员培训积分制仅认可自主参加的学历（学位）学习，并给予学分计算，其他学习培训并不纳入，自主选择的范围是相当有限的。

而南宁市公务员培训制度中通过自主选学课程把公务员个人兴趣与岗位需要和组织要求统一起来，全部统辖于培训课程选择中，即使是自主选课也是有限范围的选课和制度形式的安排。

比如，行政学院一位负责公务员培训课程安排的老师在访谈中提道："公务员自主学习范围很宽，在完成基本岗位培训要求外，可以根据个人兴趣自主选择其他课程，比如公务礼仪、国学文化、保健养生等课程很受欢迎。"可见，公务员自主学习、终身学习被认同为自主选课，自主学习的政策范围被局限于培训课程体系中，并没有真正照顾到个人学习兴趣的广泛性、多样性、多层次性。

本书认为，公务员学习需求和成长需求是客观存在但又不是千篇一律的，不可能通过系统化的公务员教育培训得以满足和实现，尤其是偏好使用管制性政策工具来完成"个人成长、全面发展"等培养的思路值得商榷。比如《"十三五"行政机关公务员培训纲要》中规定，培训内容包括理想信念教育、职业道德教育、施政能力提升、依法行政培训、专门业务培训、科学人文培养。③ 其中规定科学人文培

---

① 中共中央组织部人力资源和社会保障部. 公务员培训规定（试行）［EB/OL］.（2008 – 12 – 03）. http://www. gov. cn/gzdt/2008 – 12/03/content_1167012. htm

② 广州市人事局. 关于印发《广州市公务员培训积分制管理实施细则（试行）》的通知［EB/OL］.（2006 – 12 – 21）. http://www. hrssgz. gov. cn/gwypx/pxjyfgtz/zcfg/200612/t20061221_34273. htm

③ 国务院办公厅."十三五"行政机关公务员培训纲要［EB/OL］.（2016 – 12 – 23）. http://www. gov. cn/zhengce/content/2016 – 12/23/content_5152015. htm

养包括"哲学、历史、科技、文学、艺术以及国防军事、外交、民族、宗教、环保、安全保密、政务公开、电子政务、心理健康等方面"[1]，都归置于公务员培训框架下，其政策设计的合理性、有效性缺乏科学论证。

6.2.4 政策对象的认同与行动问题

简单来说，认同（identity）是主体对客体的认可、赞同和接受的心理倾向，因而政策认同就是政策受众对政策的认可与赞同，其反映为一种心理态度和评价。[2]就公务员教育与培训政策的认同度而言，地方公务员面对系统的、强制的教育与培训，从高到低可以表现为认同内化、配合服从、表面认同、冷漠无所谓以及抗拒背离等不同层次，其由公务员心理评判而自主决定产生。

从学习教育的心理认同来看，培训政策的组织者、执行者虽可以通过规制类工具对公务员施加影响和压力，完成政策要求的培训任务，但培训政策的效果要得到公务员的认同、内化和服从，才能转化为政策目标所期望的实际行动，否则，政策目标的依然难以实现。

这就进一步解释了一种现象：虽然中国共产党、中国政府长期以来开展了大规模的党员干部、公务员教育培训，但党员干部、公务员的违法乱纪、贪污腐败、为官不为等现象却仍然难以杜绝，其根本原因在于教育培训得到的学习内化和心理认同度不高。调查数据也显示，认可自己"主动学习"的公务员中，广州占到56.9%，南宁占到50%，而认可自己"长期坚持学习"的公务员中，广州占到54.9%，南宁占到52.6%，说明终身学习的原动力是不足的。

1.政策认同危机的表现

地方公务员对学习政策认同度不高的直观、常见表现就是表面认同而内心抗拒，直接导致学习行为的过程化、表面化。如广西壮族自治区公务员局在《关于2016年度全区公务员网络培训的情况通报》中明确指出以下问题："第一，部分单位学习进度缓慢，报名信息核对不及时，漏错较多，检查督促力度不够，培训开始三个月的全区完成率仅为25.27%，多数单位学员存在培训截止前突击学习和考试的现象。第二，各地各部门不同程度存在代学代考现象，少数学员在多次督

---

① 国务院办公厅."十三五"行政机关公务员培训纲要[EB/OL].（2016－12－23）.http://www.gov.cn/zhengce/content/2016－12/23/content_5152015.htm

② 王国红.试论政策执行中的政策认同[J].湖南师范大学社会科学学报，2007（04）：46－49.

促的情况下仍未能完成培训任务，有的学员网上学习时'在线'不'在学'。第三，选修课程选学率不高，在参训人员中，仅有 9.1413 万人选择选修课程学习，选学率仅为 35.6%。大部分学员只选择必修课程进行学习，自主选学积极性不高。"①

2. 认同危机产生的原因

从基层公务员的深入访谈和资料整理来看，少数被访者对学习培训认同度不高，其原因解释大致可以归纳为三种类型：

1）失望型。比如，一位在基层工作 20 多年的公务员谈道："以前一说到参加教育培训，大家都高兴啊，因为这意味着可以提拔、晋升，但现在大家都要参加培训，而且不参加还不行，不完成学习课时也不行，好像跟以前不一样了。"

2）应付型。比如访谈中一位女性公务员委婉地表示："教育培训政策是中央的意图，跟个人关系不大，跟着大家走，该参加的参加，该完成的完成，不用想那么多，大家都差不多。"

3）悲观型。一位年纪较大的基层公务员指出："党的教育培训政策是好啊，但执行起来效果好不好不知道，反正我觉得挺费事的，尤其是现在很多都是在线教育、网络学习，用手机刷课时我又没年轻人利索。"

这些访谈观点虽然只反映部分公务员精致计算个人功名利禄、不求上进、认知水平有限的心理动态，但两地潜在变量相关分析中也显示，公务员终身学习采纳与形成的得分平均值只是略高于比较均值，在模型测量各维度中得分最低，由此说明政策认同危机不仅客观存在，而且政治危害极大，证明党中央一再强调要加强公务员教育培训和党员干部学习实践是确有必要且尤为急切的，同时也说明加强公务员学习培训调查与实证研究，对提高学习培训实效、提升政府治理能力具有重大的政策参考价值。

6.3　推动地方公务员终身学习的政策调适

中国共产党领导下的政府执政经验日益成熟，公务员教育培训的政策建设等也日益完善，变迁路径也循着科学化、制度化、规范化演进。② 各地方政府都以精

---

① 广西壮族自治区公务员局. 关于 2016 年度全区公务员网络培训的情况通报[Z]. 2017 - 04 - 27
② 杨中华. 我国干部教育培训制度演进规律与发展趋势研究[J]. 科技管理研究. 2013（2）：117 - 123

准推进地方公务员教育培训为目标，从培训内容、培训方式、培训管理、网络课程建设等方面都进行探索与改革，学习与培训相关规定和政策调整的共同趋势表现在：第一，大力加强职业道德建设；第二，重视"双基"公务员的学习教育与培训；第三，以网络培训为牵引推进培训方式方法创新；第四，高度重视分层分类分片以提高培训的科学性和针对性；第五，结合地方特色、行业特色展开培训路径创新；第六，培训管理和培训考核更加严格、规范；第七，开始重视学习者的需求。

但政策调适与制度完善中仍存在不足：第一，从具体政策可操作性层面而言，地方政府对公务员培训政策调整是有益有效的，能够在短时期内增进政策效果，但是从国家学习战略的发展视角来看，这些政策调整又是不够的，其仅仅从公务员培训政策供给的视角提出了政策内容、政策路径、政策方向、政策手段、政策管理等方面的调整和改进，忽略了战略政策的整体性、前瞻性、系统性和可持续发展性问题。第二，从公共政策类型学的研究视角来看，政策问题、环境因素、政策工具特性、目标受众特征等因素差异性有可能导致公共政策在某种情形下有效、局部有效或者无效。正如推进广州和南宁公务员终身学习政策需要不同的动机驱动路径一样，各地方政府简单沿用同一路径来推动公务员培训政策是不够的。

本节从促进地方公务员终身学习的战略政策调适与强化地方公务员终身学习动机的战术性调适等两个层面提出相关建议，以供地方政府相关部门参考。

6.3.1 促进地方公务员终身学习的战略性政策调适

公共政策研究者认为，政策问题、环境因素、政策工具特征、目标受众特征等构成公共政策最佳配置的四个条件。[①] 基于两地公务员终身学习差异分析与政策诊断，本书试图从改善四个配置条件之间的匹配性和有效性，探讨促进公务员终身学习的战略政策调适。

1. 政策问题：终身学习政策顶层设计的调整

根据"发现1"（公务员终身学习政策与政治经济、社会人文等多种环境因素

---

① R. 巴格丘斯. 在政策工具的恰当性与适配性之间权衡[A]. B. 盖伊. 彼得斯（B. Guy Peters），弗兰斯. K. M. 冯尼斯潘（Frans K. M. van Nispen）. 公共政策工具：对公共管理工具的评价[C]. 顾建光，译. 北京：中国人民大学出版社，2007：49

相关,具有治理综合性、系统广延性、战略重要性等特征),提出以下建议:

1)区分公务员终身学习政策与公务员终身教育政策

公务员终身学习政策与公务员终身教育政策的差别在于:公务员终身教育政策包括公务员接受各种教育培训的相关政策和制度规范,公务员终身学习政策不仅包括终身教育政策的内容,还包括专门提升公务员学习动机、学习意识、自主学习的相关学习政策,二者最大的区别在于前者是政府强制性规定公务员必须接受、必须完成或者必须达到的培训或教育程度,是以政府主体为组织者根据国家战略目标、行政组织发展需要等向公务员提供的教育培训供给,是对公务政治品质、职业能力的硬规定,具有规范性、强制性;而后者是前者的扩展,还包括以公务员自身为主体根据成长需要选择、购买并付诸学习行动的学习支持与政策服务,公务员可以对学习的过程与内容做出自我选择、自我决定、自我接受,充分表达其"经济人"诉求、"学习人"诉求以及"社会人"诉求,是一种宽泛性质的、包含强制因素以及激励因素的学习政策。

2)建立终身学习政策分类治理的分析框架

公务员终身学习与公务员终身教育的关系阐述已经表明,公务员终身学习政策涵盖公务员教育培训、公务员自主学习等相关政策并"架构"形成双向政策体系,因而终身学习政策顶层设计调整可以采纳分类治理的思维向度,从多种维度分析切入:

(1)从人力资源理论以及前述相关概念辨析来看,公务员学习与公务员教育之间有着千丝万缕的联系,交织形成复杂的人力资源开发与管理体系,都不同程度包含面向现在的能力培养与知识素质、认知水平提升以及面向未来的潜能开发。

(2)从组织学习理论①来看,组织公务员开展学习与教育活动,其政策目标从高到低分别有国家战略需求、公共组织需求、职业发展需求、个人成长需求等,涉及宏观、中观、微观的多个层次,在确保国家战略目标与公共组织需求实现的同时需要兼顾职业发展与个人成长诉求。②

(3)公务员个体间差异,比如职务级别、岗位层级、职位类别等差异,对学习

---

① 克里斯·阿吉里斯(Chris Argyris).组织学习[M].张莉,李萍.译,北京:中国人民大学出版社,2004.

② 杨中华.我国干部教育培训制度演进规律与发展趋势研究[J].科技管理研究,2013(02):117 - 123.

政策与教育培训政策的需要也不同。

据此,建立公务员终身学习分类治理的分析框架可以为公共政策顶层设计改革提供一个精准化、合理化的依据。假设只考虑人力资源发展的时间轴与政策目标两个维度,以"时间"为 X 轴,以"政策目标" Y 轴,建立一个公务员终身学习分类治理的分析框架,如图 6.1 所示。

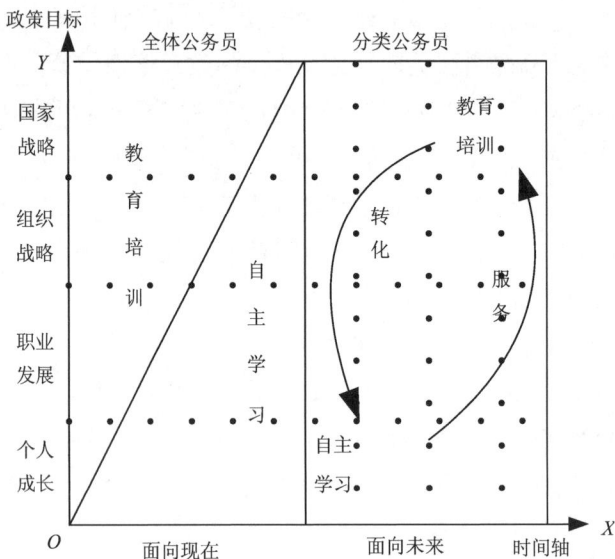

图 6.1 公务员终身学习政策分类治理的分析框架

资料来源:本书自编

图的左边描述面向当前形势下的终身教育政策分类与发展趋势。根据政策目标的不同层级,公务员教育培训与自主学习的占比不同,当政策目标从国家战略发展向个人成长变化,公务员教育培训的投入程度依次递减,而公务员自主学习的投入程度则依次递增。图的右边描述面向未来时,为实现组织不同层级目标,对不同类别的公务员需要不同的政策,但就总体趋势而言,公务员教育培训将促进自主学习的行为养成,而自主学习也将服务于教育培训最高目标的实现。

依此框架提出一个政策分类的基本思路:一方面,以实现国家战略发展目标、组织战略目标为主要任务兼顾职业发展、个人成长目标的公务员教育培训应纳入公务员终身教育政策体系,严格执行并强化执行效果的监督与评估,培训绩效与公务员年度考核等级、晋升考核等硬性挂钩;另一方面,以实现公务员个人成长、职业规划目标为主要任务、兼顾组织战略目标、国家战略发展目标的学习促进政策、学习服务政策、学习激励政策等纳入公务员自主学习政策体系，公务员学习内容、学习课程、学习途径、学习进度等都可以自主决定，地方政府主管部门可以视公务员完成学习情况予以多种形式奖励或补贴，不与公务员年度考核等级、晋升考核等硬性挂钩。

由此可见，在当前形势下推动终身学习政策分类治理可以将公务员教育与培训资源等更加集中于国家战略、组织战略、职业能力发展等目标的实现，也可以赋予公务员学习选择的自由和权利，激发其学习兴趣与学习动机；而从面向未来的国家战略发展而言，公务员终身学习政策构建将是一项改变传统思维模式，具有前瞻性、战略性的重大公共问题。

3）建立学习政策分类治理的主导逻辑

按照贝蒂斯和普拉哈拉德（Bettis & Prahalad）教授提出的主导逻辑理论，重构符合组织需要和个体发展需要的公务员终身学习政策主导逻辑。

（1）公务员终身教育政策仍然坚持"培训＋塑造"的工具主义主导逻辑。公务员培训与党员干部培训一脉相承，党员干部培训的战略环境从革命战争年代发展到社会主义和平年代，战略目标从最初夺取局部政权到稳固和强化政权，其政策逻辑是通过教育和培训塑造共产主义信仰的党员干部，而公务员教育培训的主导逻辑是有计划、有步骤地塑造高素质的公务员队伍。这种以"塑造"教育为特征的传统教育培训体制，将教育与培训看成实现治理目标的手段和工具，但其符合当代中国政府的执政理念和执政目标，对尽可能地提升公务员的能力、素质、思想、意识、信仰等起到了有效的保障，也在推动中国政治与行政改革、社会治理创新等方面起到了人力资源支持作用①。

（2）公务员自主学习政策需要回归"自由＋创新"的人文主义主导逻辑。传统工业社会是追求生产效率的社会，其主要特点是模具制造、批量生产，然而当代中国正处于"工业社会""后工业社会""知识与信息社会"等三期叠加的特殊时期，"塑造"模式的教育培训越来越难以满足公务员多样化的成长需求，通过"灌输"而积累知识与技能的需求让位于通过理解与智慧实现创新创造以及潜能开发的需求，因而需要一种"激活学习"文化和制度引领公务员自主学习政策回归学习

---

① ［英］诺曼·朗沃斯（Norman Longworth）. 终身学习在行动——21世纪的教育变革［M］. 沈若慧，汤杰琴，鲁毓婷，译. 北京：中国人民大学出版社，2006：16.

本身，即一种人文主义倾向的"纯粹学习"。

总之，公务员终身教育政策并不能覆盖或者取代公务员自主学习政策，要科学、合理地实行分类治理，就应根据不同战略环境设计相应的治理范围和治理内容，并构建符合战略环境需要的政策主导逻辑。

4）推进终身学习国家资历框架建设

国家资历框架是世界各国和各地区教育事业发展与改革的主流趋势，也常常被称为国家资格框架，是沟通继续教育学习成果的共同参照系，其根据知识、技能和能力的要求，构建成一个连续的、可被认可的资格阶梯，实现个人学分累计以及相关学习成果认证与转换，是畅通继续教育、终身教育渠道、搭建终身学习"立交桥"。① 因此，对于公务员终身学习政策分类治理而言，国家资历框架是一项有效贯通和真正落实分类治理框架的核心制度保障，也是衔接公务员教育培训与自主学习、构建公务员终身学习体系的重要基础工程。

2. 环境因素：文化环境的培育与政策心理的调适

根据"发现2"（学习情境是地方公务员终身学习政策差异的缘起，包含刚性因素与柔性因素，也包含客观因素和主观因素），提出以下建议：

1）培育终身学习向度的公务员学习环境

广州公务员教育培训效果的正向溢出是一个生动、积极的案例，证明与政策方向一致的文化环境能够助推政策实施。以此反观南宁公务员教育培训政策，则需要进一步提升社会学习文化和学习心理。因此，提升地方公务员终身学习效果、促进公务员终身学习的一个重要前提是：终身学习向度的公务员学习环境优化。

（1）优化社会学习的文化氛围。文化环境培育可以分为终身学习物质文化建设、终身学习制度文化建设、终身学习精神文化建设。文化环境培育需要构建基于自由、开放、共享理念的信息交流和知识传播平台，通过培育全社会的终身学习文化，融入政策共同体的传统和常规，使终身学习文化植根于公务员日常的"生活状态"和"工具语言"中，形成一种内置式的观念、传统、规则、价值、伦理、道德等的集合，使公务员恪守和尊重社会环境影响下自觉生成的学习行为和学习

---

① 赵辰昕. 详解十三五：制定国家资历框架 建立认证平台［EB/OL］.（2016－08－05）. http://china. cnr. cn/ygxw/20160805/t20160805_522889677. shtml

意识，从而增进公务员培训和公务员学习的政策效益。

（2）树立民族复兴的共同愿景。正如第 1 章所述，在全球进入知识经济、全球化智能竞争的新时代，全民终身学习是实现中华民族伟大复兴的核心动力，而公务员终身学习是全民终身学习中具有战略效应溢出的特殊构成部分，因而要在实现民族复兴的共同愿景下，要将公务员的学习成长愿望与奋斗目标融入国家战略目标、民族复兴目标的战略框架下，形成个体价值目标与政府执政目标理性融合的共同行动路径，从而激发公务员的积极学习、主动学习、创造性学习和追求卓越的终身学习动力。

2）培育公务员终身学习共同体的心理意识①

根据叶忠海教授关于"学习共同体"②的概念解释，公务员终身学习共同体是指以终身学习为核心理念，以自主学习、自愿学习、共享学习、互动学习为基本特征，为实现公务员成长和潜力开发而形成的一种网络结点式的有机综合体。而公务员终身学习共同体文化是指公务员在参与终身学习的过程中形成的有关学习的文化，包括终身学习的制度安排、理念态度、价值观、行为习惯、学习风气等内容。③

公务员终身学习的信仰、文化、技术可以在政策共同体中发展并形成共有心理意识，这种心理意识起到类似于托马斯·库恩（Thomas. kuhn）提出的科学范式的作用，成为公务员终身学习政策的心理基础。公务员体系之间的网络张力和相互依赖恰好又为这种共有心理构造提供了过程与路径：（1）要培养公务员共同的价值取向和思想认识；（2）要协商形成公务员成员间共同的目标追求，为终身学习心理意识提供内源性动力；（3）要创设有利于公务员之间对话、互动、协商的学习实践方案；（4）要拓展公务员终身学习行为的深度和广度，营造内部共同化的行为模式和规矩程度；（5）要明确公务员身份建构与学习运作机制的内在关系，促进公务员在践行学习任务过程中更快地成长和发展；（6）要制定公共组织认可学习实践的激励措施，通过激励增强公务员共同学习的心理构建。④

---

①　叶忠海. 区域终生学习共同体生成的若干基本问题探讨[J]. 湖南师范大学教育科学学报，2013，(03)：100 – 102.

②　叶忠海. 区域终生学习共同体生成的若干基本问题探讨[J]. 湖南师范大学教育科学学报，2013，(03)：100 – 102.

③　桑宁霞，马琳琳. 中国终身学习文化的当代境遇[J]. 中国成人教育，2015(21)：5 – 7

④　叶忠海. 区域终生学习共同体生成的若干基本问题探讨[J]. 湖南师范大学教育科学学报，2013，(03)：100 – 102.

3. 政策工具：提升目标的聚焦性与工具的适配性

根据"发现9"（不同学习情境特征对应不同的学习策略和政策工具），提出以下建议：

1）推动政策目标的合理聚焦

政策目标的不同决定着政策工具的选择与组合，推动政策目标合理聚焦才能评估政策工具与政策阶段的适配性，才能进一步提升政策效益。例如，广州市政府自2007年起对公务员培训实行学分制管理，将网络课程设置分为一类必修课程和二类选修课程，在二类选修中涵盖公务员兴趣培养、人文素质提升、养生保健等课程，既造成课程体系庞大和财政资金效益损失，又对公务员进行强制考核造成心理抵触，尤其是课程多而不精、广而不深，使二类课程冲击一类课程的影响力和深刻度。可见，政策目标不聚焦就会引起制度框架和政策工具的混乱，反过来又影响公务员教育培训根本目标的实现。

同时也必须肯定的是，政策目标聚焦的探索已经在开始。比如，广东省在2017年4月发布的《广东省"十三五"行政机关公务员培训纲要》中明确规定公务员培训内容集中在理想信念教育、职业道德教育、履职素质能力、依法行政能力、改革创新能力、专门业务培训等六个方面，其政策目标明显聚焦于国家战略需求、公共组织需求、职业发展需求。纵向相比《广东省"十二五"行政机关公务员培训纲要》在培训内容的清晰性方面取得了进步；横向相比国务院办公厅发布的《"十三五"行政机关公务员培训纲要》[①]，在培训内容中增加了"改革创新能力"，删去了"科学人文培养"，修改了"施政能力提升"为"履职素质能力"，政策目标明显聚焦于国家战略、组织战略、行政能力。见表6.5。

2）提高政策工具的适配性

每种政策工具都有自己的功能、特性和范围，对于政策目标的实现效果各有不同，相互之间难以替代，需要根据实际政策目标、政策内容、政策阶段与政策工具的耦合度进行分析，提高政策工具的适配性，从而降低或者减少政策工具效应递减的负面性。

---

① 国务院办公厅.《"十三五"行政机关公务员培训纲要[EB/OL]. (2016 – 12 – 23). http://www.gov. cn/zhengce/content/2016 – 12/23/content_5152015. htm

表 6.5　广东省公务员培训纲要的培训内容比较

年份	文件名称	培训内容
2017 年	《广东省"十三五"行政机关公务员培训纲要》	理想信念教育、职业道德教育、履职素质能力、依法行政能力、改革创新能力、专门业务培训
2016 年	《"十三五"行政机关公务员培训纲要》	理想信念教育、职业道德教育、施政能力提升、依法行政培训、专业业务培训、科学人文培养
2011 年	《广东省"十二五"行政机关公务员培训纲要》	没有规定培训内容，但明确重点任务为：大力提升公务员思想政治素质和职业道德水平、着力提高公务员依法履职、为民服务的能力、积极推进公务员知识结构转型升级、进一步做好公务员对口培训工作、加强公务员境外培训、实施公务员培训信息化管理服务工程。

资料来源：根据公开资料整理。

(1)提高终身学习政策工具性质与政策目标的适配性。"政策目标不仅规范了工具选择的方向，而且决定了政策工具选择的标准"[1]，根据前述终身学习政策分类治理框架，凡是涉及国家战略目标、组织战略目标、行政职能与岗位需求、职业道德素质并纳入公务员教育培训政策体系的内容就应该坚持规制类政策工具，强制公务员参与教育培训，并严格考核知与行的一致性，快速提升公务员的政治能力、行政能力、服务能力等；同时，对于涉及公务员个人成长目标以及政府可以不必要亲自承担并纳入公务员自主学习政策体系的内容，组合运用诱因工具和交流工具，激发公务员终身学习动机，提高公务员学习行动力。

(2)提高终身学习政策工具特点与政策内容的适配性。政策工具只有在与政策内容相适切的环境下，才能发挥其独特的价值和意义。[2] 例如，政策内容是"建立健全公务员职业道德行为规范，完善公务员职业道德建设体制机制"，那么推进这项培训计划时就需要管制类工具；又如，政策内容是"鼓励公务员在职参加学历(学位)学习，鼓励公务员积极、主动参加市组织人事部门举办的网络课程学习"，采取诱因类工具就会效果更好。

(3)提高终身学习政策工具时效与政策阶段的适配性。政策工具选择具有一

---

① 候华伟，林小英. 教育政策工具类型与政府的选择[J]. 教育学术月刊，2010(4)：3-7.
② 周娅，张振改. 我国学前教育政策工具选择的演变分析[J]. 学前教育研究，2017(01)：13-22.

定的时空耦合性，此时此地采取的政策工具会随时间因素在信息科技、观念变革、创新创造以及外界不可预测因素发生作用力变化。比如对于南宁公务员而言，网络在线学习与培训是一种近年发展起来的主流培训形式，提供的专业知识与信息资源恰好满足了公务员的学习需求，公务员的政策规避能力尚未形成，规制类工具的政策效益较高；但对于广州公务员而言，城市网络化、信息化、智慧化水平相对已经很高，公务员的政策规避能力已经形成，单纯规制类工具与广州城市发展阶段的适配性较差，可以考虑在学习政策分类基础上，引进信息化工具、市场型工具等新政策工具来激发公务员学习动机，逐渐探索和依靠自愿性组织机制等来引导公务员终身学习。比如，可以依据海量信息发布与网络行为痕迹探测网络培训认同危机与潜在心理问题，从而洞察不同年龄、学历、职务公务员的培训需求与学习意愿，可以有效提高学习培训失效的预警能力和政策干预的协调水平；再如基于 VR 的虚拟现实技术可以应用在公务员网络培训的环境模拟、技能实训、案例创设、答辩考核等多个方面，具有激发学习意愿、增强学习体验、促进情境学习与知识迁移的技术优势。

4. 目标受众：加强政策认同与支持体系建设

根据"发现 3"（地方公务员终身学习动机是可定义、可测量、可驱动的）和"发现 4"（地方公务员终身学习影响因素也是可测量、可发展、可调控的），从加强地方公务员对终身学习政策认同与支持体系建设方面提出改善终身学习动机和学习影响因素的建议。

1）提高公务员对终身学习政策的认同

政策认同是公务员终身学习政策执行成功的前提因素之一。公务员对政策内容、价值观、意识形态等具有全面正确的认知，并在此基础上形成政策认同，终身学习政策才有可能得以贯彻实施。[1]

（1）加强宣传教化，统一共识。全体公务员对终身学习、教育培训重要性的认同水平必须与党中央保持高度一致，但由于知识水平、专业结构、思想修养、风俗习惯、单位层级、行政职务、行政职位、地域环境等方面客观存在的差异，公务员对学习培训政策接受与认同的程度会有所不同。因此要加强政策宣传，使公务员群体充分认识到学习培训政策与国家战略目标实现、执政能力提升以及职业

---

① 王国红. 试论政策执行中的政策认同. 湖南师范大学社会科学学报[J]. 2007(04)：46 – 49.

发展间的紧密关系，达到统一共识、消除政策认同障碍的效果。

（2）针对重点问题重点分析，将表面认同转化为高度认同。表面认同是一种低层次、容易被转化的认同，具有较大的消极性，不是政策接受主体对政策发自内心的认可与赞同，而是迫于某种压力的一种心理和行为反应。① 部分公务员对学习培训政策的表面认同仅仅来自政策本身的强制性或者为避免受到惩罚而表现出的遵从和认同，极容易产生政策认同障碍进而导致政策规避。因此，要对公务员学习培训进行历时性评估与成长比较，应用实验分析法、模拟分析法等行为科学的先进技术和科学方法对无效或者低效的学习培训进行重点分析，以促进公务员对学习培训等政策从表面认同转化为高度认同。

2）唤醒公务员终身学习的内在需求

公务员终身学习的内在需求是提升公务员学习与教育培训政策认同的内在稳定器。英国成人继续教育国家研究所（UK's National Institute of Adult Continuing Education，简称 NIACE）开发了一项被称为"个体学习行动计划"（Personal Learning Action Plan）的工具②。除此之外，还有欧盟委员会开发的推动个人学习的"个体学习审计工具"（Personal Learning Audit），其通过引发对过去学习经验、现在学习问题、未来学习需求的反思，培养个体的学习意识和学习动机。该项目在实践推广中取得了较好成效，尤其是审计结果揭示出大量的、被忽视的学习需求。③ 这些国外终身学习需求开发项目，对于唤醒公务员终身学习内在需求具有一定借鉴意义。

（1）建立一个"个人学习需求框架"，它要求公务员在做有关学习的决议之前先通过反思自己在学习上的成功之处来进行自我心理分析，对职务、工作安全、工资、社会贡献、家庭、地位、挑战、影响力、工作方法、职业发展、创新、释放压力以及个体生活和工作幸福指数等进行自我评测，以充分了解自我学习需求、学习动机和学习偏好等，再根据自我心理解剖来进行基于内外部竞争环境和竞争条件下的态势分析（strengths – weaknesses – opportunities – threats analysis），最后制定一个学习计划，开展自主学习。

---

① 王国红. 试论政策执行中的政策认同. 湖南师范大学社会科学学报[J]. 2007(04)：46 – 49.
② ［英］诺曼. 朗沃斯（Norman Longworth）. 学习型城市、学习型地区、学习型社区：终身学习与地方政府[M]. 欧阳忠明，陈晓燕，马颂歌，译. 北京：中国人民大学出版社，2016：80 – 81.
③ ［英］诺曼. 朗沃斯（Norman Longworth）. 学习型城市、学习型地区、学习型社区：终身学习与地方政府[M]. 欧阳忠明，陈晓燕，马颂歌，译. 北京：中国人民大学出版社，2016：82.

（2）地方政府开发帮助公务员实施学习行动计划的支持性项目，包括：工作发展规划（改善工作能力和绩效）、技能开发课程（提高个人技能）、个人发展福利（与工作业务无关，目的在于帮助培养学习习惯，例如制陶技术、弹吉他、网球、保养保健等无任何限制）、远程教育和开放大学（针对充满学习需求或想要更新知识与能力的公务员）、辅导咨询和指导（从学习内容和学习机会上给予建议和指导）、融入当地公共生活（鼓励参加博物馆、展览馆、图书馆等活动，并提供服务）。①

3）建立学习型政府为主导的多路径支持体系

学习型政府建设具有"学以明理、学以养德、学以开智、学以增勇"②的战略意义，可以有效解决国家战略发展和公共行政管理面临的各种问题，更好履行政府职能和工作职责。根据诺斯的知识观③，学习型政府为实现战略目标而获得的知识与技能将反过来极其深刻地影响政府的战略发展及其实现路径，同时也为塑造学习型公务员、增进公务员学习与教育政策认同提供良好的组织支持。

（1）加强学习型团队的建设。团队是政府组织内部最基本的学习单位，也是最能激发创造力的单位。团队学习把学习贯彻于政府组织系统运行的整个过程之中，为公务员边学习边准备、边学习边计划、边学习边推行提供了交流提升的组织平台，使政府组织的任何一个行政过程都成为与学习密不可分的过程。④

（2）加强终身学习动机的驱动。学习型政府要重视各级各类公务员的成长需要，发挥与开发公务员的潜能，重视和创新多种学习激励形式，自上而下地建立各种各样、行之有效的学习动机驱动系统，形成终身学习成果共享与经验互动的学习心理氛围。

（3）提升非正式制度对终身学习的适应性效率。⑤非正式制度以习俗、惯例、行为准则、组织文化来协调人类活动，是正式制度的延伸、阐释和修正。⑥ 非正式

---

① ［英］诺曼·朗沃斯（Norman Longworth）. 学习型城市、学习型地区、学习型社区：终身学习与地方政府［M］. 欧阳忠明，陈晓燕，马颂歌，译. 北京：中国人民大学出版社，2016：83.

② 邵景均. 扎实推进学习型政府建设［J］. 中国行政管理，2010（02）：1.

③ 道格拉斯·C·诺斯. 制度、制度变迁与经济绩效［M］. 杭行，译；韦森，译审. 上海：格致出版社，上海三联书店，上海人民出版社，2008：102.

④ 许正中. 建立学习型政府组织［J］. 中国经贸导刊，2002（23）：9.

⑤ 赵建辉，"十三五"时期学习型政府组织知识观的演进与发展——一个新制度经济学的视角［J］. 河北经贸大学学报，2016（04）：60－64.

⑥ 赵建辉，"十三五"时期学习型政府组织知识观的演进与发展——一个新制度经济学的视角［J］. 河北经贸大学学报，2016（04）：60－64.

制度下营造的和谐宽松、相互学习、相互尊重、相互信任、自由交流、共同商讨的民主氛围及非正式约束能引导公务员追求纯粹知识的学习，进行知识创造、创新、传播和共享的意愿，推动公务员对学习与培训的认可和赞同。

（4）形成终身学习多路径支持体系。公务员终身学习与教育政策涉及众多利益相关者，因此提升政策认同需要党政主导、市场规范、社会支持、教育宣传、社区配合和技术支撑、民众褒扬等多主体支持力量，整体性推进公务员终身学习政策的支持体系建设。

6.3.2　强化公务员终身学习动机的战术性政策调适

根据"发现 10"（强化公务员终身学习动机是促进公务员终身学习的必要条件），本节从公务员终身学习动机强化的研究视角切入，提出地方公务员终身学习政策构建的战术性调适建议。如前所述，广州和南宁公务员终身学习调查数据及分析结论分别代表创新学习城市和全面学习城市的政策循证依据，而不代表其他类型，因此，依据实证检验的相关模型探索地方公务员终身学习动机强化路径，可以为推动地方公务员终身学习政策构建提供参考。

1.创新学习城市公务员终身学习动机强化路径：以广州为例

在学习行为情境分类修正框架的五种学习情境类型中，广州是人类发展水平与法治政府发展高水平耦合的 D2 类型代表，主要采取创新型终身学习策略。根据"发现 6"（不同地方间公务员终身学习的主要动机和关键影响因素存在显著差异）和"发现 8"（不同类型的公务员终身学习动机可以采取不同的政策路径），对以广州为例的创新学习城市公务员终身学习动机强化提出以下针对性建议。

1）继续巩固"学习人"学习动机

广州公务员"学习人"学习动机的五个问项中 Q23 最重要，"做社会和家庭读书学习的榜样"是广州公务员"学习人"学习动机的核心内容。针对此核心动机，强化"学习人"学习动机可以采取"促进因素为主、其他因素为辅"的策略。促进因素包含的三个问项中 Q43 最重要，提升"具备一定知识储备、现代技术等客观条件"最能有效促进公务员"做社会和家庭读书学习的榜样"的学习动机。因此可以从以下几个方面努力：

（1）大力加强公务员终身学习信息化建设，提高教育信息化水平和手段，以信息技术带动公务员终身学习路径与方法变革。《教育信息化"十三五"规划》提出的基本目标之一是"基本建成'人人皆学、处处能学、时时可学'、与国家教育现代化发展目标相适应的教育信息化体系"。① 可以预见，最新的计算机网络技术、移动互联技术、大数据分析技术、人工智能技术等将引领终身学习网络空间与发展形态的革命，②因此广州政府要主动寻求公务员学习与教育的信息技术变革，开展了十多年的网络培训、在线学习（E-Learning）即将被新的现代化学习形式取代，如情景化交互模式的移动学习（M-Learning）、泛在学习交互模式的学习（U-Learning）等，更突出日常交互、随时随地、技术普适的特点。③

（2）要建立公务员终身学习示范和传播平台，推动公务员成为学习型社会、学习型社区、学习型家庭的核心建设力量。目前，中心城市数字化终身学习平台在很大程度上还只是操作系统意义上的门户网站和信息技术层面上的资源空间，而公务员终身学习示范和传播平台是一个交流互动的"线上＋线下"综合有机体，将公务员终身学习与社区学习教育相结合，以"亲子阅读""家庭阅读""团队阅读""图书入户"等多种形式，巩固和内化公务员终身学习动机，使未来的公务员终身学习对社会学习、全民学习产生更大的辐射力和示范性。

2）大力加强"公务人"学习动机

广州公务员"公务人"学习动机的六个问项中 Q16 最重要，"更好地服务社会与公众"是广州公务员"公务人"学习动机的核心内容。针对此核心动机，强化"公务人"学习动机可以采取"感知风险因素为主、其他因素为辅"的策略。感知风险因素包含的三个问项中 Q33 最重要，因而降低"终身学习需要投入的时间成本与风险"最能有效促进公务员"更好地服务社会与公众"的学习动机。因此可以从以下几个方面努力：

（1）扩大学习积分激励范围，贯通终身教育资历框架。实证数据显示，广州公务员认为终身学习需要时间，而时间紧张是当前最大的矛盾和困扰。多名基层公务员在深度访谈中也表达了该观点，认为日常工作和家庭生活挤压学习的时间和空间。现行《广州市公务员培训积分制管理实施细则（试行）》第八条对在职学历（学位）学习、第九条对参加市组织人事部门举办的网络课程学习等给予了学习

---

① 教育部. 关于印发《教育信息化"十三五"规划》的通知［EB/OL］.（2016 – 06 – 22）. http://www. moe. gov. cn/sresite/A16/s3342/201606/t20160622_ 269367. html

② 郭绍青, 贺相春, 张进良, 李玉斌. 关键技术驱动的信息技术交叉融合——网络学习空间内涵与学校教育发展研究之一［J］. 电化教育研究, 2017, 38(05)：28 – 35.

③ 罗洁. 信息技术带动学习变革——从课堂学习到虚拟学习、移动学习再到泛在学习［J］. 中国电化教育, 2014, (01)：15 – 21 + 34.

积分认可，因此建议扩大学习积分的范围，以积分制为基础建立终身学习激励制度。同时，积极响应 2017 年 5 月广东省教育厅提出、广东省质监局批准发布的《广东终身教育资历框架等级标准》，使公务员普通教育、职业教育、培训及业绩成果间可依据等级标准实现互认，各级各类教育实现纵横贯通和衔接，明确知识、技能、能力等三维提升路径。[1]

（2）加大对公务员终身学习的组织支持。广州公务员"更好地服务社会与公众"的"公务人"学习动机尤其需要组织的正面肯定和全力支持，而且学者实证研究也支持"组织学习支持对基层公务员学习意愿有积极影响"的假设[2]，因此，政府部门要设计有效的组织支持策略、组织保障方法等，提升公务员的学习主观性和"更好地服务社会与公众"的意愿性，如树立学习榜样、嘉奖学习标兵、提供晋升通道、改善职业发展机遇以及各种资源支持等。

3）合理推动"经济人"学习动机

广州公务员"经济人"学习动机的四个问项中 Q10 最重要，"提升职位、改善工作环境"是广州公务员"经济人"学习动机的核心内容。针对此核心动机，强化"经济人"学习动机可以采取"绩效期望因素为主、其他因素为辅"的策略。绩效期望包含的三个问项中 Q29 最重要，因而提升"终身学习对改变现状的贡献与作用"最能有效促进公务员"提升职位、改善工作环境"的学习动机。因此可以建立新型终身学习绩效考评机制促进公务员终身学习动机。

一般认为，绩效考核对评估过程及评估结果产生影响，而新的实证研究显示，绩效考核对员工的组织行为和态度同样存在重要影响。[3] 但不能再沿用传统的绩效考评方式，仅用年度考核中被确定的等次或者培训任务的完成率作为考评结果，而是建立评估对比与员工发展两种取向的学习绩效考核[4]，并以此作为公务员晋升的依据。

（1）建立以项目制为基础的学习考核机制。以项目学习成效及其对工作效果

① 沈洪. 促教育教学改革 建设学习型社会——广东发布全国首个终身教育资历框架等级地方标准[N]. 中国质量报，2017 – 05 – 25（第 1 版）.

② 胡威，蓝志勇，杨永平. 西部地区基层公务员学习意愿及其影响因素研究[J]. 公共管理学报，2013，（04）：68 – 77.

③ 周小兰，张体勤. 知识共享的绩效考核取向对团队学习绩效影响研究[J]. 东南学术，2016（01）：167 – 174.

④ Cleveland, J. N., Murphy, K. R., Williams, R. E., Multiple Uses of Performance Appraisal: Prevalence and Correlates[J]. Journal of Applied Psychology, 1989, 74 (1): 130 – 135.

的改善作为横向比较的基础，基于结果优劣对比形成差额奖励，旨在通过学习评估来提升公务员的学习动力，使其树立正确的学习理念、建立有效的学习习惯，从而快速提高组织绩效。①

（2）建立以员工长期发展为目标的学习考核机制，注重考察公务员在工作过程中创新性、创造性解决问题或者学习新方法、新技术并应用于所碰到的问题，通过学习和钻研、探索发现并改进工作不足以及挖掘个人潜力、提升工作能力，构建完善的终身学习体系，以推进政府部门人力资源建设。

（3）加强对公务员学习评价结果的应用。针对广州公务员在日常工作中的学习行为、表现以及学习成效，判断其学习动力、学习态度、学习能力以及学习障碍，并将评价结果应用于公共部门人力资源管理的职位调整依据。

4）有效增进"社会人"学习动机

广州公务员"社会人"学习动机的四个问项中 Q25 最重要，"扩展社交圈、结交朋友"是广州公务员"社会人"学习动机的核心内容。针对此核心动机，强化"社会人"学习动机可以采取"努力期望因素为主、其他因素为辅"的策略。努力期望因素包含的三个问项中 Q37 最重要，因而提升"学习任务难度不大，易学易用"最能有效促进公务员"扩展社交圈、结交朋友"的学习动机。因此可以从以下几个方面努力：

（1）建立学习资源多主体供给的市场机制。学习与教育是社会科学永恒的主题，涉及"教什么、学什么、如何教、如何学"等问题，而公务员作为成人学习者，更希望提高学习的易学易用性，即入门快、上手快、转化快，这就需要建立学习资源多主体供给的市场机制，允许公务员在完成教育培训任务之外通过市场方式自主选择、自主购买学习资源，并给予不同程度的学习积分和学习补贴。

（2）鼓励正能量传播的社会交往。公务员的"社会人"属性是应该保护和尊重的，但也应强调公务员在社会交往中遵守社会道德、社会规范、社会伦理，鼓励公务员以传播社会主义正能量为前提的社会交往，通过学习交往更加坚定社会主义核心价值观，形成开放、互联、共建、共享的社会学习文化。

2.全面学习城市公务员终身学习动机强化路径：以南宁为例

南宁是发展能力相对滞后、法治政府水平较高的 C2 类型城市代表，主要采

---

① 胡威，蓝志勇. 现代公共人力资源管理的新挑战——公务员提升"学习性向"的重要性[J]. 中国行政管理, 2008(05)：43 – 46.

取全面型终身学习策略。根据"发现6"和"发现8",对以南宁为例的全面学习城市公务员终身学习动机强化提出以下针对性建议。

1)继续加强"公务人"学习动机

南宁公务员"公务人"学习动机的六个问项中Q17最重要,"组织内部学习与考核常态化"是南宁公务员"公务人"学习动机的核心内容。针对此核心动机,强化"公务人"学习动机可以采取"绩效期望因素为主、其他因素为辅"的策略。绩效期望因素包含的三个问项中Q30最重要,因而提升"终身学习对未来职业发展有价值"最能有效促进公务员"组织内部学习与考核常态化"的学习动机。因此可以从以下几个方面努力:

(1)巩固组织内部学习与考核的成果,维护教育培训的常规机制,促进"组织内部学习与考核常态化"的软着陆。实证数据显示,南宁公务员"公务人"学习动机是最重要的动机内容,很大程度上得益于自治区区委、自治区政府、市委、市政府从组织内部狠抓公务员教育培训,如广西公务员培训绩效考核中强调"主要考评计划备案及培训登记、完成培训时间、全员培训、调训完成等情况……各单位及人员不得弄虚作假。对在考评工作中弄虚作假、违纪违规的,要予以通报批评,并严肃追究当事人的责任"。[①] 2017年行政机关公务员全员培训中再次强调"未参加培训学习或考试、培训未完成、考试不合格的公务员,当年的年度考核不得确定为称职(含称职)以上等次"[②]。

受访对象也提道:"近年来的党政干部学习、公务员培训开展得风风火火,一方面我们党校老师意识到形势严峻,非同以往,另一方面学员思想觉悟和党性意识也不同以往了,学风也好了很多。"可见,南宁公务员教育与培训还烙有政治运动化的印记,学风转变也是新形势下响应党组织号召的被动、被迫的急促转变,需要进一步的坚持和巩固政治教育成果,建立学习培训的长效机制,引导被动式教育转向自主式学习。

(2)加强公务员职业生涯规划与指导。通过建立公务员职业生涯规划管理机制,重塑学习意愿与自我全面发展的良性关系。地方政府要建立公务员职业生涯规划管理机制,加强公务员个人与组织职业生涯规划交流,全面地了解公务员的个人特质和职业发展目标,设计并拓宽公务员职业生涯发展通道。比如要加快落

---

① 广西壮族自治区公务员局. 关于做好2015年度公务员培训绩效考评工作的函[Z]. 2015 - 12 - 23.

② 广西壮族自治区公务员局. 关于做好2017年全区行政机关公务员全员培训工作的通知[Z]. 2017 - 07 - 26.

实 2013 年中共中央组织部发布的《公务员公开遴选办法（试行）》文件，虽然 2016 年还只有柳州、梧州、玉林、钦州 4 个市的 34 个市级机关 70 个职位首次纳入全区统一遴选，①但未来要逐步扩大公务员公开遴选的范围和层级，探索建立规范化的基层公务员选拔培养，畅通基层公务员职业发展的"上行通道"，进而增强自我完善的学习意愿。

2）大力推动"学习人"学习动机

南宁公务员"学习人"学习动机的五个问项中 Q22 最重要，"培育广泛的兴趣爱好"是南宁公务员"学习人"学习动机的核心内容。针对此核心动机，强化"学习人"学习动机可以采取"感知风险因素为主、其他因素为辅"的策略。感知风险因素包含的三个问项中 Q32 最重要，因而降低"终身学习需要投入的经济成本与风险"最能有效促进公务员"培育广泛的兴趣爱好"的学习动机。因此可以从以下几个方面努力：

（1）建立终身学习激励机制，推动国家资历框架的落实，逐步打通终身学习与公务员培训选修课程的学时互认。鼓励多途径的自主学习，对正规学习的合理经费给予报销、补贴或者资助，对通过考试取得国家承认的专业等级资格证书、专业技能证书以及发明创造并取得显著经济效益或者社会效益的予以不同程度的物质奖励和学时积分奖励，并由广西远程学习中心登记在"广西公务员培训信息登记管理系统"。

（2）增加"双基"公务员的培训机会和培训力度。"双基"公务员是活跃在社会基层的公务人员，承担了烦琐而艰难的工作任务，但国家公务员局调查显示，"十二五"期间参训率最低的恰恰就是"双基"公务员。② 为破除学习培训的瓶颈制约，南宁市所辖各县（区）、乡镇、街道和公共服务部门基层公务员和行政机关基础岗位一般工作人员是未来培训工作的重点，不仅要严格按照《"十三五"行政机关公务员培训纲要》规定，确保"双基"公务员每人每年参加脱产培训不少于 6 天，而且尤其要丰富教育培训的内容和意义，培养"双基"公务员的学习热情和学习兴趣。

---

① 广西壮族自治区公务员局. 广西 2016 年公开遴选公务员 9 月 1 日起报名 柳州、梧州、玉林、钦州 4 市首次纳入全区统一遴选 [EB/OL]. （2017 – 08 – 31）http://www.gxgwyj.gov.cn/gzdt/201609/t20160901_65647.html

② 赵兵. 加强分类培训 提升公务员素质——国家公务员局相关负责人答记者问 [N]. 人民日报，2016 – 12 – 30（05）.

3）持续稳固"社会人"学习动机

南宁公务员"社会人"学习动机的四个问项中 Q27 最重要，"通过读书缓解压力、释放情绪"是南宁公务员"社会人"学习动机的核心内容。针对此核心动机，强化"社会人"学习动机可以采取"促进因素为主、其他因素为辅"的策略。促进因素包含的三个问项中 Q43 最重要，因而提高"具备一定知识储备、现代技术等客观条件"最能有效促进公务员"通过读书缓解压力、释放情绪"的学习动机。因此可以从以下几个方面努力：

（1）提升教育信息化水平，尤其是技术普适性和资源易得性。教育信息技术的飞速发展正在深刻地改变着公务员教育与培训的理念和方式，当前应以《教育信息化"十三五"规划》为契机，切实加强教育信息化基础设施建设、优质数字教育资源建设、信息技术与教育教学深度融合建设、教育信息化科学发展机制建设，借助移动网络技术的发展以及移动设备功能的扩展功能，为公务员终身学习提供更加可接受、可获得的教育与学习技术支持，使学习资源共享、学习成果交流、以及寻求学习帮助更加便利，形成去中心的多元化学习生态网络。[①]

（2）鼓励公务员多读书、读好书，提升学习品质和职业心理。从实证数据可以发现，南宁公务员的总体学历层次偏低，绝大多数公务员都只具有大专以及本科学历，本科以上学历占总数的 64.8%，研究生及以上学历只占到总数的 8%，相比于广州公务员学历层次是有明显差距。因此，要鼓励公务员开展多种形式的读书与学习活动，通过读书学习不仅可以提升自身素质与修养、锻炼思维、开阔眼界、交流情感、获取信息、丰富阅历，还能够舒缓公务员职业的心理压力和心理危机，掌握心理调适方法、塑造良好的职业心态，提高公务员的综合心理素质和问题解决能力。

4）稳步提升"经济人"学习动机

南宁公务员"经济人"学习动机的四个问项中 Q11 最重要，"增加收入或提高工薪"是南宁公务员"经济人"学习动机核心内容。针对此核心动机，强化"经济人"学习动机可以采取"绩效期望因素为主、其他因素为辅"的策略。绩效期望因素包含的三个问项中 Q30 最重要，因而提升"终身学习对未来职业发展有价值"最能有效促进公务员"增加收入或提高工薪"的学习动机。因此可以从以下几个

---

① 陈明选，俞文韬. 走在十字路口的教育技术研究——教育技术研究的反思与转型[J]. 电化教育研究，2017，38（02）：5-12.

方面努力：

（1）切实提高公务员的薪资水平，落实和完善艰苦边远地区津贴制度和特殊岗位津贴制度。在岗职工平均工资是最能反映区域内职工工资水平的主要指标，也是统计口径比较一致的指标，南宁市 2014 年至 2016 年在岗职工平均工资分别为 54826 元、63820 元、66225 元[①]，低于同期广州市的 74244 元、81168 元、89096 元[②]，且调查数据也显示，南宁公务员普遍将"增加收入或提高工薪"作为"经济人"学习动机对的核心内容，因此有必要合理提高公务员薪资水平，尤其重点落实基层公务员、艰苦岗位、艰苦地区的公务员津贴，增强公务员职业的"获得感""满足感"和"奉献感"，满足公务员对终身学习经济保障需求。

（2）推动南宁与广州、深圳的城市交流与政府间学习，全面提升公务员的职业素质。根据联合国计划发展署 2014—2016 年连续发布的《中国人类发展报告》，广州市人类发展指数一直位列前茅，而南宁市人类发展指数较为落后，尤其受收入指数拖累，因此迫切需要提高城市经济水平、提高南宁市公务员的城市建设能力、经济发展能力和社会管理能力。而相邻的广东省是全国改革开放的前沿，在社会治理、产权保护、土地财税、保险金融、交通治安、对外开放、养老医疗等关键性领域都取得重大改革成果，可以根据《"十三五"行政机关公务员培训纲要》关于对口培训的指导意见并结合实际工作需要，推动南宁与广州、深圳等城市间交流、地方政府间学习、公务员部门间互动，全面提升公务员的职业素质和履职能力。

---

① 广西壮族自治区统计局. 数据发布：2016 年广西城镇非私营单位就业人员年平均工资 57878 元［EB/OL］.（2017 – 06 – 23）. http://www. gzstats. gov. cn/tjgb/qtgb/201706/t20170623_26472. html

② 广州市统计局. 2016 年广州市城镇非私营和私营单位就业人员平均工资公报［EB/OL］.（2017 – 06 – 23）. http://www. gzstats. gov. cn/tjgb/qtgb/201706/t20170623_26472. html

第7章 结论与展望

诺曼·朗沃斯(Norman Longworth)教授指出,"地方政府虽不足以影响中央政府的教育政策,但极有可能推动学习型城市、学习型政府、学习型社区建设,其关键在于帮助市民成为终身学习者,而这种帮助、建议、服务往往体现为一系列公共政策,鼓励和指引市民去实践自己的学习路径。"①因此,本章试图总结这些研究发现与研究结论,提出后续研究方向的展望,以帮助地方政府出台相关公共政策,推动公务员终身学习、全民终身学习,推动马克思主义学习型政党以及中国特色社会主义学习大国建设。

7.1 研究结论

7.1.1 研究工作总结

第一,构建了公务员终身学习动机概念模型,丰富了终身学习以及学习动机理论的内涵与研究范围。

第二,引入"证据流"思想,有效匹配"问题流"与"证据流",分析证据选择策

---

① [英]诺曼·朗沃斯(Norman Longworth). 学习型城市、学习型地区、学习型社区:终身学习与地方政府[M]. 欧阳忠明,陈晓燕,马颂歌,译. 北京:中国人民大学出版社,2016:1−5.

略并依此设计循证路径。

第三，构建学习情境分析框架，应用既有统计资料分析法对35个大中城市学习情景进行分类与筛选，探寻学习情境类型、特征与学习策略，拓展和验证类型学研究成果的应用空间。

第四，应用调查研究法对广州和南宁公务员开展问卷调查，各发放问卷400份，广州回收问卷291份，有效问卷204份，南宁回收问卷309份，有效问卷224份。应用实地研究法对26名基层公务员和8名公务员教育培训管理与组织者进行了深度访谈法。

第五，构建了公务员终身学习动机与影响因素分析的结构模型、路径模型、整体结构模型等，为研究假设了构建基础。

第六，编制了公务员终身学习动机相关量表，信度和效度检验表明，量表各项指标均达到测量学要求，可以供其他研究者使用。

第七，研究假设检验结果证明公务员终身学习动机是促进终身学习的必要条件，终身学习亚动机结构具有类型稳定性，终身学习影响因素对各亚动机的驱动性存在差异，补充了学习动力理论的研究成果。

第八，揭示了终身学习动机与影响因素的构成及互动关系、终身学习动机与终身学习行为之间的因果关系，对地方公务员学习管理以及公务员学习教育政策构建等将有重要的启示作用。

第九，本书通过实证数据比较得到了11条宝贵的研究发现，形成了公务员终身学习动机强化的理论论据，提升了相关理论研究水平。

第十，诊断了地方公务员终身学习主要问题与政策原因，提出了学习政策战略调适与战术调适等多重路径。

7.1.2　研究结论

第一，地方公务员终身学习研究具有重要的战略意义。当前，我国公务员终身学习政策构建相对落后，已有学习教育政策主要集中于教育培训领域，而单项的教育传播与管制工具引导的政策执行传递，并不必然使公务员主动内化学习内容、形成学习习惯，反而有可能伴随教育培训形式化、过场化，最终妨碍未来国家战略发展目标的实现，因此本书以促进地方公务员终身学习政策构建为研究目的，围绕公务员终身学习动机展开相关研究，对于建设马克思主义学习型政党、提升地方政府学习创新能力等均有积极意义。

　　第二，公务员终身学习动机是一个可以被定义与测度的重要概念。本书厘清了公务员终身学习动机的概念内涵与研究范围，构建了公务员终身学习动机的概念模型、分析框架，设计了相关的测量模型和测量工具，并应用测量工具在广州与南宁两地开展问卷调查，研究结果反映公务员终身学习动机具有相对稳定的内在结构，受到一定因素的影响会增强或者减弱，并且会对终身学习行为及行为内化产生一定的作用，是一个可以被定义与测度的概念。

　　第三，以循证原理为指导的路径设计与对象筛选可以提高政策分析的科学性和证据有效性。本书应用基于整合的证据对中国 35 个大中城市进行学习行为情境分析并得到五种区域类型，从中选择了广州与南宁作为创新学习类型和全面学习类型的循证对象代表开展终身学习问题比较研究。总的来说，循证原理的嵌入对指导政策分析与研究路径设计具有较高的科学价值。

　　第四，公务员终身学习动机是推动地方公务员终身学习行为的必要条件。本书基于技术采纳整合理论在公共管理领域的应用，结合学习动机研究成果与研究问题的需要，设计了公务员终身学习整体结构模型，实证数据不仅验证了公务员终身学习动机与公务员终身学习之间存在正向显著关系，而且还通过中介效应分析验证了公务员终身学习动机是各种影响因素作用于公务员终身学习之间的中间桥梁。据此可以认为，虽然推动地方公务员终身学习有多种手段与途径，但能够使公务员将终身学习付诸行为的必要条件是强化公务员终身学习动机。该结论为动机强化视角下的公务员终身学习政策构建提供了科学理论依据。

　　第五，公务员终身学习动机构成及各亚动机与影响因素的关系模型对于促进地方公务员终身学习的具体循证政策构建具有重要指导意义。公务员终身学习动机结构包括"经济人"学习动机、"公务人"学习动机、"学习人"学习动机、"社会人"学习动机，公务员终身学习动机影响因素包括绩效期望、感知风险、努力期望、周围环境、促进条件。实证检验显示，不同地域间学习动机影响因素对公务员终身学习动机内在结构的影响程度并不一致，同样，终身学习亚动机对各种影响因素的感受度也并不一致，而循证政策的核心思想正是主张基于"证据"的政策应对，因而以本书的研究发现作为具体的政策调适的理论依据，可以使地方公务员终身学习政策改进更加精确化、靶向化。

　　第六，战略政策调适是推动地方公务员终身学习的政策基础。地方公务员终身学习以及动机强化面临的问题还很多，从实证结果来看主要诊断为政策架构顶层设计、政策环境影响力、政策工具适配性、政策对象认同等方面的问题。不同于具体政策调适是对政策的操作性指导，战略政策调适是对政策的方向性指导，因此地方公务员终身学习动机强化的前提应该是从政策方向上进行重新调整，提出要建立分类治理的政策框架和主导逻辑、培育终身学习向度的学习环境与调适终身学习共同体的政策心理、提升政策目标的聚焦性与工具的适配性、加强政策认同与支持体系建设。

7.2 研究展望

显然，对于这样一个美好却艰难的实践性、前瞻性课题，本书围绕公务员终身学习动机进行的相关研究还不够深入和系统，确实还存在以下诸多待研究领域，需要我们在后续研究中继续展开探索，也需要更多的理论研究者和实践研究者贡献智慧和力量。

第一，提高地方公务员终身学习行为研究的科学性。公务员终身学习行为是终身学习政策的核心，其意味着公务员对终身学习的认可与接受，也意味着公务员教育培训成果的内化。本书主要采用调查问卷的方式获得公务员关于终身学习的态度、自信、毅力、主动性、持续性的自陈报告，难免会产生偏差。而教育科学技术研究的最新成果显示，一种能够反映学习者学习过程、内在关联和逻辑的学习分析技术可以抽取并刻画出学生的学习过程，以倒溯方式考察影响行为产生的需要、动机等因素。[①] 未来公务员终身学习行为研究如果采用该分析技术将学习过程从零散的数据节点演变成完整的学习行为印记，将极大提高研究的科学性。

第二，细化公务员终身学习政策分类治理的研究框架。本书以政策目标为 Y 轴、时间为 X 轴，设计了一个面向现在与未来的公务员终身学习政策分析框架，并把公务员终身教育政策和公务员自主学习政策作为该框架下两条双向并行的政策路径。不得不承认，这种分类可能受研究者阅历的限制，目前还存在视野的局限性和分类的合理性问题，后续的研究可以依据政策类型学的研究成果进行更多的探索和改进，以保证这一设想能够取得更好的实践效果，得到更多的政策科学研究者的支持和认可。

第三，加大政策研究者与政策制定者之间的沟通对话、合作研究，拓展基层

---

① 顾小清，舒杭. 信息技术的作用发生了吗——用学习分析技术刻画学习行为印记[J]. 现代远程教育研究，2016，143(5)：10-20 19

政府公务员终身学习实证研究范围和证据基础。本书中将 35 个大中城市学习情境分为 5 个不同类型，可以形成两两比较以及多组间比较，但本书受制于时间、经费等客观因素，只对 2 个类型的代表性城市进行调查，实际上只完成了一组数据的研究，即本书只是全国公务员终身学习政策研究的第一步。后续研究可以在其他 3 个类型中选取代表性城市开展调查，完成剩余数据的对比，产生全国性的经验数据和研究结论，推动全国性公务员学习政策构建。

第四，推进公务员终身学习政策跨学科、跨领域的理论分析和实践探索。公务员终身学习政策构建具有治理综合性、系统广延性、战略重要性等特征，而现有研究局限于教育与培训，显然是远远不够的。例如，推动公务员终身学习是否还有其他更加有效的驱动路径？学习能力与公务员终身学习是什么关系？社会创新、政治革命、行政组织变革等对公务员终身学习有什么影响？再比如，公务员终身学习具有不同的动机结构和不同的内容特性，那么各种强化政策应该达到一个什么样的水平才合适？因此，还需要从多学科角度进一步加深问题。

第五，开展终身学习与公务员幸福感的因果关系研究。西方学者实证研究显示终身学习可以提高个体收入、提升就业能力、改善心理健康，与个体幸福感具有一定关系。因而有必要在未来从公务员终身学习与个体心理健康、终身学习与个体行为健康、终身学习与个体特质、终身学习与个体社会适应能力等进行研究，以确认终身学习与公务员工作幸福感因果关系。基于终身学习对心理幸福感的研究成果，进一步完善公务员终身学习体系、提高公务员终身学习的政策支持与宣传力度，对新时代中国特色社会主义国家建设意义重大。

第六，开展终身学习与党性修养的相关研究。加强党员干部党性修养是党中央长期坚持的方针思想，而现有研究中较为缺乏关于党员学习行为与党性修养水平之间是否有必然联系，如何相互联系、相互影响的实证。未来研究中可以基于公务员终身学习研究成果，进一步探索终身学习与党性修养提升的相关性，从而找到党员干部党性修养提升的现实路径，并建立党政干部终身学习激励机制与长效机制。

第七，开展终身学习与地方干部工作绩效的相关研究。管理科学、组织行为学领域的大量研究成果显示学习与绩效之间有密切联系，包括组织学习与个人工作绩效、组织学习与组织绩效的关系，个人学习与个人工作绩效、个人学习与组织绩效的关系等，因而未来研究中可以探讨公务员终身学习对个人工作绩效的影响或相关性研究，还可以进一步构建以学习能力为中介变量的结构模型，探讨公务员终身学习与学习能力、职业技能提升的关系，分析学习能力的中介效应等。

第八，拓展公务员终身学习研究工具的应用范围与领域。后续研究可以补充问卷结构与内容，建立终身学习动机与地方公务员工作能力、工作动力、工作绩效以及地方政府战略发展能力的整体模型，从"终身学习动机越强、地方公务员工作能力越强、地方政府战略发展能力越大"的研究假设出发通过横向与纵向的对比，验证研究工具的有效性，不断完善并应用于全国大中小城市地方公务员终身学习动力测量，进而可以成为选拔、考评、任用公务员以及党政领导干部的一个探测工具，也可以作为吸引工商业投资的参考指标以及中央重点扶持地区的筛选条件。

附　录

附录1　公务员终身学习动机访谈提纲

指导语：

　　谢谢您协助完成本书。本书主要目的是探究地方政府公务员终身学习的内在动机与外在影响因素，为进一步强化公务员终身学习动机、建设学习型政府以及制定公务员学习政策提供参考建议。希望您能够根据切身经历、经验、感受回答以下问题，为本书提供参考和帮助，您的回答被严格保密。

访谈提纲1（普通公务员）：

　　（1）您是如何理解终身学习的？终身学习和公务员培训有何关联？有哪些政策与您的终身学习有关？

　　（2）您是否接受终身学习理念？您是如何看对公务员培训的？您对教育培训政策满意吗？为什么？

　　（3）有哪些因素会促进您终身学习的想法或者行动？有哪些因素会阻碍您的想法和行动？

　　（4）您觉得如何才能使您更有终身学习动力？

访谈提纲2(公务员学习教育的管理、组织、实施者):

(1)您对公务员学习教育有何看法？您对培训政策有何看法？组织实施情况如何？

(2)现有哪些推动或者促进公务员学习的制度或政策？政策措施的实施效果如何？有无实质性改进？

(3)您认为公务员学习有哪些主要动机？请举例。有哪些会影响因素其学习动机？请举例。

(4)您在公务员培训与管理工作中发现有哪些主要问题？是否有不同于以往的现象？

附录2 公务员终身学习动机调查问卷(预试)

尊敬的受访者:您好!

感谢您在百忙之中填写本问卷。这是一份用于研究公务员终身学习动机的纯学术问卷,共分为基本信息与动机调查等两个部分,请根据您的实际情况作答,答案无所谓"对"与"错"。本问卷为匿名填写,估计将占用您10分钟时间,在此由衷感谢您的帮助与支持,祝您工作顺利,生活愉快!

四川大学公共管理学院肖海燕

2016 年 3 月

第一部分:基本信息。请根据您的实际情况填写以下信息,在选中项目对应【 】上打"√"。

A1 性别:

①男 【 】 ②女 【 】

A2 婚姻状况:

①已婚【 】 ②未婚【 】 ③其他【 】

A3 年龄:

①30 岁及以下【 】 ②31~40 岁【 】 ③41~50 岁【 】 ④51 岁及以上【 】

A4 学历:

①高中及以下【 】 ②大专【 】 ③本科【 】 ④研究生及以上【 】

A5 职务级别:

①科员及以下【 】 ②科级【 】 ③处级【 】 ④厅级及以上【 】

A6 在政府工作时间:

①5 年及以下【 】 ②6~10 年【 】 ③11~20 年【 】 ④21 年及以上【 】

A7 工作岗位层级:

①乡镇\街道办【 】 ②区\县【 】 ③市级【 】 ④省级及以上【 】

A8 职位类别:

①综合管理【 】 ②专业技术【 】 ③行政执法【 】 ④其他【 】

A9 您所在城市：

①广州【 】　　　　　②南宁【 】　　　③其他【 】

第二部分：动机调查。以下问题是关于学习动机的内部动因、影响因素等相关问题调查。请您细心逐一阅读，并根据您的切身感受和体会在适当的答案上打"√"，每题只选择一个答案。

一、您接受终身学习的内在动机是：

问项编号	问项内容	非常不同意	大部分不同意	一半同意	大部分同意	非常同意
B1	获得工作和生活的各种便利					
B2	增加收入或提高工薪					
B3	提高学历和声望					
B4	追求优雅气质的生活					
B5	获得职务、职称提升					
B6	使未来生活有保障和安全					
B7	对党组织或国家使命的忠诚					
B8	精通工作的自豪感					
B9	为公共利益服务的愿望					
B10	组织内部学习与考核					
B11	对攻克工作难题而学习					
B12	适应社会发展与科技进步					
B13	发展兴趣爱好的需要					
B14	通过学习求得精神和心灵的寄托					
B15	探求新的知识、了解未知世界					
B16	"活到老、学到老"的传统观念					
B17	提高专业技术和技能					
B18	做社会和家庭中读书的表率或榜样					
B19	扩展社交圈，结交新朋友					
B20	融入集体，改善人际关系					
B21	提高素质修养，希望被人尊重					
B22	通过读书缓解压力、释放情绪					
B23	掌握一定知识会让我有成就感					

二、影响您终身学习动机的外在原因有：

问项编号	问项内容	非常不同意	大部分不同意	一半同意	大部分同意	非常同意
C1	相信终身学习是可以改变现状的					
C2	感觉终身学习对职业发展是有用的					
C3	认为终身学习能推动自我完善					
C4	学习需要支出的经济额度					
C5	感知的时间成本与风险					
C6	感知的身体健康状况					
C7	学习带来的心情愉悦度					
C8	学习过程的顺畅度					
C9	学习内容的吸引力					
C10	学习任务难度或易学易用性					
C11	地方政府对学习与教育的重视程度					
C12	社会舆论对于学习风气的导向性					
C13	工作单位提供的学习便利及制度、薪金保障					
C14	朋友、同事的积极推荐与学习经验分享					
C15	家庭的鼓励与全方位支持					
C16	具备知识储备、现代技术等客观条件					
C17	容易获得学习需要的外部资源与帮助					
C18	终身学习与工作经验、习惯具有一致性					
C19	终身学习与自身性格、价值观有兼容性					

三、您对于终身学习的看法:

问项编号	问项内容	非常不同意	大部分不同意	一半同意	大部分同意	非常同意
D1	我认为终身学习是有必要的					
D2	终身学习对于一些人有用,但我觉得没有用					
D3	我对自己的学习能力很自信					
D4	如果有困难,我还是能想尽一切办法坚持学习					
D5	我主动开展了多种学习活动					
D6	我长期坚持了学习习惯					

1.是否还有其他理由使您愿意终身学习? 如果有,请简述:

_____

_____

2.是否还有其他原因影响您终身学习? 如果有,请简述:

_____

_____

(问卷到此结束,感谢您的支持!)

附录3　公务员终身学习动机调查（专家内容效度评定用表）

说明：

1.本初稿请专家学者评定后，将依据评定结果另制正式调查量表。

2.本调查量表旨在了解公务员终身学习动机。（1）公务员终身学习内在动机分类参考了安东尼·唐斯（Anthony Downs）的官僚行为理论，量表设计参考了学者 R. Boshier 等于 1978 年编制的"教育参与测定表"（education participation scale，EPS），学者黄富顺于 1985 编制的"成人参与继续教育动机量表"，学者吴峰、王辞晓与李杰（美）2015 年编制的"非约束条件下成人在线学习动机量表"。（2）公务员终身学习动机影响因素及学习意愿调查的量表设计参考 Venkatesh 等人提出的 UTAUT 模型及其通适性量表、德国临床和健康心理学家 Ralf Schwarzer 教授及其合作者于 1981 年编制"一般自我效能感分量表"（general self-efficacy scale，简称 GSES）。

3.本调查初步将公务员终身学习动机分为"经济人"学习动机、"社会人"学习动机、"公务人"学习动机、"学习人"学习动机等四大类；将公务员终身学习动机的外在影响因素分为绩效期望、感知风险、努力期望、社会影响、促进因素等五个测量维度。本问卷统一使用 Likert 五级量表，要求被调查者以单选的形式确定由非常不同意到非常同意中最切合自身实际的选项。

4.问卷填写估计将占用您 20 分钟时间，由衷感谢您对本书的大力支持！

一、问卷内容评价

量表	维度	编号	问项内容	合适	不合适	修正后合适	修改建议
公务员终身学习动机量表	"经济人"学习动机	B1	增加收入或提高工薪				
		B2	提高学历和声望				
		B3	追求优雅气质的生活				
		B4	获得职务、职称提升				
		B5	使未来生活有保障和安全				
	"公务人"学习动机	B6	对党组织或国家使命的忠诚				
		B7	精通工作的自豪感				
		B8	为公共利益服务的愿望				
		B9	组织内部学习与考核				
		B10	对攻克工作难题而学习				
		B11	适应社会发展与科技进步				
	"学习人"学习动机	B12	发展兴趣爱好的需要				
		B13	通过学习求得精神和心灵的寄托				
		B14	探求新的知识、了解未知世界				
		B15	提高各种技术和技能				
		B16	做社会和家庭中读书的表率或榜样				
	"社会人"学习动机	B17	扩展社交圈，结交新朋友				
		B18	融入集体，改善人际关系				
		B19	提高素质修养，希望被人尊重				
		B20	通过读书缓解压力、释放情绪				
公务员终身学习影响因素	绩效期望	C1	相信终身学习是可以改变现状的				
		C2	感觉终身学习对职业发展是有用的				
		C3	认为终身学习能推动自我完善				
	感知风险	C4	学习需要支出的经济额度				
		C5	感知的时间成本与风险				
		C6	感知的身体健康状况				

续表

量表	维度	编号	问项内容	合适	不合适	修正后合适	修改建议
公务员终身学习影响因素	努力期望	C7	学习过程的顺畅度				
		C8	学习内容的吸引力				
		C9	学习任务难度或易学易用性				
	社会影响	C10	地方政府对学习与教育的重视程度				
		C11	社会舆论对于学习风气的导向性				
		C12	单位提供的学习便利及制度、薪金保障				
		C13	朋友、同事的积极推荐与学习经验分享				
		C14	家庭的鼓励与全方位支持				
	促进因素	C15	具备知识储备、现代技术等客观条件				
		C16	容易获得学习需要的外部资源与帮助				
		C17	终身学习与工作经验、习惯具有一致性				
		C18	终身学习与自身性格、价值观有兼容性				
自我评价量表	学习态度	D1	我认为终身学习是有必要的				
		D2	终身学习对于一些人有用,但我觉得无用				
	自我效能	D3	我对自己的学习能力很自信				
		D4	如果有困难,我能想尽一切办法坚持学习				
	学习行为	D5	我主动开展了多种学习活动				
		D6	我长期坚持了学习习惯				

二、如果您对问卷修改还有其他建议,请您不吝赐教。

_____

_____

_____

附录4 公务员终身学习动机调查问卷

尊敬的朋友：您好！

感谢您在百忙之中填写本问卷。这是一份用于研究公务员终身学习动机构成与影响因素的纯学术问卷，请您就个人观点做出选择评价。本问卷为匿名填写，估计将占用您 5 分钟时间。衷心感谢您的帮助与支持，祝您工作顺利，生活愉快！

四川大学公共管理学院肖海燕

2016 年 10 月

第一部分：基本信息。请根据您的实际情况填写以下信息，在选中项目对应【 】上打"√"。

Q1 性别：

①男【 】　　　　　　②女【 】

Q2 婚姻状况：

①已婚【 】　　　　②未婚【 】　　　③其他【 】

Q3 年龄：

①30 岁及以下【 】　②31～40 岁【 】③41～50 岁【 】　④51 岁及以上【 】

Q4 学历：

①大专及以下【 】　②本科【 】　　　③研究生及以上【 】

Q5 职务级别：

①科员及以下【 】　②科级【 】　　　③处级及以上【 】

Q6 在政府工作时间：

①5 年及以下【 】　②6～10 年【 】③11～20 年【 】　④21 年及以上【 】

Q7 工作岗位层级：

①乡镇\街道办【 】　②区\县【 】　　　③市级及以上【 】

Q8 职位类别：

①综合管理【 】　②专业技术【 】③行政执法【 】　④其他【 】

Q9 您所在城市：

①广州【 】　　　　②南宁【 】　　　③其他【 】

第二部分：行为动机与影响因素调查。请您根据您的切身感受和体会在适当的答案上打"√"，每题只选择一个答案。

一、您接受终身学习的内在动机是：

问项编号	问项内容	完全不同意	大部分不同意	一半同意	大部分同意	完全同意
Q10	提升职位、改善工作环境					
Q11	增加收入或提高工薪					
Q12	提高学历和声望					
Q13	追求优雅而有品质的生活					
Q14	对党组织或行政组织的忠诚					
Q15	为获得工作成就感或自豪感					
Q16	为更好服务社会和公众					
Q17	组织内部学习与考核的常态化					
Q18	攻克工作难题、不断创新与超越					
Q19	适应新形势、新环境的工作需要					
Q20	探求和了解未知世界					
Q21	提高多种技术和技能					
Q22	培育兴趣爱好、开发内在潜能					
Q23	做社会和家庭读书学习的榜样					
Q24	坚定理想信念、获得精神支柱					
Q25	扩展社交圈，结交朋友					
Q26	融入集体生活，改善人际关系					
Q27	通过读书缓解压力、释放情绪					
Q28	提高素质修养，受人尊重					

二、影响终身学习行为的外在原因有：

问项编号	问项内容	完全不同意	大部分不同意	一半同意	大部分同意	完全同意
Q29	终身学习对改变现状有作用					
Q30	终身学习对未来职业发展的有价值					
Q31	终身学习对完成困难任务有帮助					
Q32	投入的经济成本与风险					
Q33	投入的时间成本与风险					
Q34	感知的身体健康风险					
Q35	学习过程的顺畅度					
Q36	学习内容有吸引力					
Q37	学习任务难度不大，易学易用					
Q38	地方政府对终身学习的重视与支持					
Q39	社会舆论对于学习风气的导向与影响					
Q40	工作单位提供的学习便利及制度薪金等保障					
Q41	朋友、同事的评价与学习经验分享					
Q42	家庭的鼓励与全方位支持					
Q43	教育与信息技术进步等客观条件支持					
Q44	外部资源与帮助的获取便利性					
Q45	终身学习理念与工作经验、习惯的一致性					

三、您对于终身学习的自我评价：

问项编号	问项内容	完全不同意	大部分不同意	一半同意	大部分同意	完全同意
Q46	我认为终身学习是有必要的					
Q47	终身学习对一些人有用，但我觉得没有用					
Q48	我对自己的学习能力很自信					
Q49	如果有困难，我能想尽一切办法坚持学习					
Q50	我近期主动开展了学习活动					
Q51	我长期坚持了学习的习惯					

Q52. 是否还有其他理由使您愿意终身学习？如果有，请简述：

_____

Q53. 是否还有其他原因影响您终身学习？如果有，请简述：

_____

（问卷到此结束，感谢您的支持！）

参考文献

一、中文文献

[1]萨巴蒂尔,詹金斯－史密斯. 政策变迁与学习:一种倡议联盟途径[M]. 北京:北京大学出版社,2011.

[2]B. 盖伊. 彼得斯(B. Guy Peters),弗兰斯. K. M. 冯尼斯潘(Frans K. M. van Nispen). 公共政策工具:对公共管理工具的评价[M]. 顾建光,译. 北京:中国人民大学出版社,2007.

[3][美]安东尼·唐斯. 官僚制内幕[M]. 郭小聪,等译. 北京:中国人民大学出版社,2006.

[4][美]威廉. N. 邓恩. 公共政策分析导论[M]. 谢明,等译. 北京:中国人民大学出版社,2002.

[5][加]迈克尔·豪利特,M. 拉米什. 公共政策研究[M]. 庞诗,等译. 北京:生活·读书·新知三联书店,2006.

[6][英]诺曼·朗沃斯. 学习型城市、学习型地区、学习型社区:终身学习与地方政府[M]. 欧阳忠明,陈晓燕,马颂歌,译. 北京:中国人民大学出版社,2016.

[7][美]克里斯·阿吉里斯(Chris Argyris). 组织学习[M]. 张莉,李萍.译,北京:中国人民大学出版社,2004.

[8]巴比. 社会研究方法[M]. 第 11 版. 邱泽奇,译. 北京:华夏出版社,2009.

[9]周平. 当代中国地方政府[M]. 北京:人民出版社,2007.

[10]魏娜. 当地中国政府与行政[M]. 北京:中国人民大学出版社,2002.

[11]薄贵利.近现代地方政府比较[M]. 北京:光明日报出版社,1988.

［12］徐勇，高秉雄.地方政府学［M］.北京：高等教育出版社，2005.

［13］朱亚鹏.公共政策过程研究：理论与实践［M］.北京：中央编译出版社，2013.

［14］陈庆云.公共政策分析［M］.北京：北京大学出版社，2011.

［15］吴遵民.现代国际终身教育论［M］.上海：上海教育出版社，1999.

［16］高志敏.终身教育、终身学习与学习化社会［M］.上海：华东师范大学出版社，2005.

［17］黄富顺.成人的学习动机——成人参与继续教育动机取向之探讨［M］.台北：台湾复文图书出版社，1985.

［18］张爱卿.动机论：迈向21世纪的动机心理学研究［M］.武汉：华中师范大学出版社，2002.

［19］诸大建等.中国城市可持续发展绿皮书2013—2014［M］.上海：同济大学出版社，2015.

［20］中国政法大学法治政府研究院.中国法治政府评估报告（2015）［M］.北京：法律出版社，2015.

［21］汪大海.西方公共管理名著导读［M］.北京：中国人民大学出版社，2011.

［22］邱皓政.量化研究与统计分析——SPSS（PASW）数据分析范例解析［M］.重庆：重庆大学出版社，2013.

［23］风笑天.社会学研究方法［M］.北京：中国人民大学出版社，2009.

［24］吴明隆.问卷统计分析实务——SPSS的操作与应用［M］.重庆：重庆大学出版社，2010.

［25］吴明隆.结构方程模型——AMOS的操作与应用［M］.重庆：重庆大学出版社，2010.

［26］易丹辉.结构方程模型：方法与应用［M］.北京：中国人民大学出版社，2008.

［27］求是评论员.积极推进"两学一做"学习教育常态化制度化［J］.求是.2017（4）.

［28］胡威，蓝志勇，杨永平.西部地区基层公务员学习意愿及其影响因素研究［J］.公共管理学报.2013（04）.

［29］胡威.提升我国公务员学习积极性的思考——基于M市284名后备干部的调研［J］.中国行政管理.2013（06）.

［30］俞可平.中共的干部教育与国家治理［J］.中共浙江省委党校学报.2014（03）.

［31］宿彦.学习领会习近平同志的干部观［J］.红旗文稿.2015（02）.

［32］蔡李，张月，张伟捷，何江平.基于渐进主义——多源流理论的公共政策过程分析［J］.商业时代，2011（31）.

［33］朱亚鹏，肖棣文.政策企业家与社会政策创新［J］.社会学研究，2014，29（03）.

［34］艾芸.调查显示：当前干部学习动力堪忧——72.9%领导干部表示学习形式主义严重

[J]. 人民论坛. 2008(13).

[35]叶绪江, 杨建国. 转型期地方政府公务员培训问题论析及应对方略——基于江苏省的调研[J]. 南京农业大学学报(社会科学版). 2012(04).

[36]陈乃林, 孙孔懿. 终身学习论略[J]. 江苏高教. 1997(06).

[37]杜锐, 施向峰. 在理想与底线之间: 公务员美德的现代定位与具体构成[J]. 中国行政管理. 2011(07).

[38]吴家桂. 领导干部要做终身学习的楷模[J]. 求是. 2002(17).

[39]沈传亮, 王伟. 公务员群体的职业地位分析[J]. 国家行政学院学报. 2006(01).

[40]黄富顺. 台湾终身学习的回顾与前瞻[J]. 现代远程教育研究, 2010(05).

[41]国卉男. 我国地方终身教育政策机制创新的解读——以福建省的终身教育政策文本为例[J]. 当代教育科学. 2015(17).

[42]赵耀, 等. 我国党政机关人事干部培训管理的问题及对策——基于北京市西城区的调查分析[J]. 中国人力资源开发. 2014(23).

[43]吴遵民, 国卉男, 赵华. 我国终身教育政策的回顾与分析[J]. 教育发展研究, 2012(17).

[44]李宜芯. 终身学习思想的嬗变与思考[J]. 中国成人教育, 2014(15).

[45]赵达薇, 周培. 政府知识管理下的基层党政干部 E – Learning 平台构建研究[J]. 学习与探索. 2014(05).

[46]成晓曼, 陈赟, 马骄. 关于建设马克思主义学习型政党专业知识数据库的构想[J]. 河北学刊. 2014(05).

[47]王晓红. 我国干部网上学习模式研究[J]. 开放教育研究. 2012(04).

[48]钱冬明, 等. 干部在线研究性学习系统的设计和研发[J]. 中国远程教育. 2014(11).

[49]张刚刚, 褚义景, 杨爱杰. 大数据时代干部网络学习面临的挑战[J]. 探索. 2014(01).

[50]宋迎法, 尹红. 官僚行为之研究: 解析安东尼.唐斯的官僚行为理论[J]. 辽宁行政学院学报, 2011(8).

[51]杨彧. 切实推进领导干部能上能下——学习贯彻《推进领导干部能上能下若干规定(试行)》[J]. 求是. 2015(17).

[52]易海云. 领导干部要把读书学习作为一种自觉追求——学习习近平总书记关于读书学习重要论述的体会[J]. 学校党建与思想教育. 2014(17).

[53]吴家桂. 领导干部要做终身学习的楷模[J]. 求是.2002(17).

[54]高原. 领导干部终身学习之必要性考查[J]. 当代继续教育.2013(06).

[55]吴遵民,谢海燕. 当代终身学习概念的本质特征及其理论发展的国际动向[J]. 继续教育研究. 2004(03).

[56]厉以贤. 终身教育的理念及在我国实施的政策措施[J]. 北京大学教育评论,2004,(02).

[57]钟周,韩双淼. CitespaceⅡ支持的终身学习研究分析[J]. 中国远程教育,2015(02).

[58]宋世明,王红缨.中国的公务员制度:对西方经验的拒绝、改造、引进与超越[J]经济社会体制比较,2010(6).

[59]苑大勇. 国际组织终身学习理念阐释与政策发展[J]. 成人教育,2012(12).

[60]黄东有. 成人学习动机、学习策略与自我[J]. 成人教育,2016(3).

[61]李金波,许百华. 成人参与学习的动机研究[J]. 心理科学. 2004(04).

[62]吴峰,王辞晓,李杰.非约束条件下成人在线学习动机量表编制[J]. 现代远程教育研究.2015(04).

[63]吴雪萍,张桂莲. 成人学习动机探究[J]. 江苏技术师范学院学报(职教通讯). 2008(03).

[64]李斌.我国成人学习动机研究综述[J]. 成人教育.2004(09).

[65]王旭. 开放教育环境下成人学习动机的影响因素及其对策[J]. 教育与职业. 2014(14).

[66]牟智佳,张文兰. 基于 Moodle 平台的网络学习动机影响因素模型构建及启示[J]. 电化教育研究.2013(04).

[67]宋兵. 影响远程学习者学习动机的因素分析[J]. 中国远程教育.2013(11).

[68]范春林,张大均. 学习动机研究的特点、问题及走向[J]. 教育研究,2007(07).

[69]郭巍青.政策制定的方法论:理性主义与反理性主义[J]. 中山大学学报,2003(2).

[70]周志忍,李乐. 循证决策:国际实践、理论渊源与学术定位[J]. 中国行政管理. 2013(12).

[71]张耀坤,李倩,郑雅青.基于循证政策方法的我国公共资助研究成果开放存取政策制定[J]. 中国图书馆学报,2014(03).

[72]颜士梅,梅丽珍.循证管理中"证据"的内涵及测量[J]. 软科学,2012(11).

[73]徐峰,聂彤彤,孙亚男. 基于 TOE 和 UTAUT 整合的电子政务创新采纳模型研究[J]. 现代管理科学,2012(02).

[74]李勇,田晶晶. 基于 UTAUT 模型的政务微博接受度影响因素研究[J]. 电子政务,2015(06).

[75]梁洁珍,刘伟章,杨莹. 广东省网上办事大厅的公众持续使用意向研究[J]. 广东行

政学院学报，2015(05).

[76]毛羽，李冬玲. 基于 UTAUT 模型的智慧养老用户使用行为影响因素研究——以武汉市"一键通"为例[J]. 电子政务，2015(11).

[77]王钱永，毛海波. 基于 UTAUT 模型的 MOOC 学习行为因素分析[J]. 电化教育研究，2016(06).

[78]辛传海. 官僚行为研究模式——比较与发展[J]. 中国行政管理，2005(8).

[79]左希迎，唐世平. 理解战略行为：一个初步的分析框架[J]. 中国社会科学. 2012(11).

[80]池丽萍，辛自强. 大学生学习动机的测量及其与自我效能感的关系[J]. 心理发展与教育，2006(02).

[81]文鹏，蔡瑞. 微信用户使用意愿影响因素研究[J]. 情报杂志，2014(06).

[82]刘林平，范长煜，王娅. 被访者驱动抽样在农民工调查中的应用：实践与评估[J]. 社会学研究，2015(02).

[83]孙海红，李东. 从政策工具特性看现行义务教育师资均衡政策[J]. 清华大学教育研究，2012(4).

[84]王国红. 试论政策执行中的政策认同[J]. 湖南师范大学社会科学学报，2007(04).

[85]顾小清，舒杭. 信息技术的作用发生了吗——用学习分析技术刻画学习行为印记[J]. 现代远程教育研究，2016(5).

[86]周小兰，张体勤. 知识共享的绩效考核取向对团队学习绩效影响研究[J]. 东南学术，2016(01).

[87]刘筠. 我国公务员的职业生涯规划问题探究[J]. 领导科学，2012(02).

[88]陈明选，俞文韬. 走在十字路口的教育技术研究——教育技术研究的反思与转型[J]. 电化教育研究，2017(02).

[89]郭绍青，贺相春，张进良，李玉斌. 关键技术驱动的信息技术交叉融合——网络学习空间内涵与学校教育发展研究之一[J]. 电化教育研究，2017(05).

[90]罗洁. 信息技术带动学习变革——从课堂学习到虚拟学习、移动学习再到泛在学习[J]. 中国电化教育，2014(01).

[91]候华伟，林小英. 教育政策工具类型与政府的选择[J]. 教育学术月刊，2010(4).

[92]周娅，张振改. 我国学前教育政策工具选择的演变分析[J]. 学前教育研究，2017(01).

[93]王国红. 试论政策执行中的政策认同[J]. 湖南师范大学社会科学学报. 2007(04).

[94]邵景均，扎实推进学习型政府建设[J]. 中国行政管理，2010(02).

[95]许正中,建立学习型政府组织[J].中国经贸导刊,2002(23).

[96]赵建辉,"十三五"时期学习型政府组织知识观的演进与发展——一个新制度经济学的视角[J].河北经贸大学学报,2016(04).

[97]杨中华.我国干部教育培训制度演进规律与发展趋势研究[J].科技管理研究,2013(2).

二、外文文献

[98]Yang, K. F. , et al. The Challenge of Civil Servant Training in China: A Case Study of Nanning City[J]. *Review of Public Personnel Administration*. 2012, 32(2): 169 – 191.

[99]Huang, H. M. , Liao, Y. C. , Peng, M. C. , The Affecting Factors of Public Servants' Intention and Behavior toward E – learning[A]. *Proceedings of the Eighth International Conference on Information and Management Sciences* [C]. Kunming: Series of Information and Management Sciences, 2009: 394 – 398.

[100]Kim, J. , A Study on the Lifelong Learning Meaning of Coaching and the Components of Coaching Skills – Focused on local public servants' coaching cases[J]. *Journal of Local Government Studis*, 2011, 23(4): 231 – 255.

[101]Ryoo, Y. An Analysis of Improvement Activity on the Education and Training System of Public Servants: Focused on the Constant Learning System of Local Servants[J]. *Korean Journal of Local Government & Administration Studies*. 2013, 27(3): 327 – 345.

[102]Kolb, D. A. Experiential Learning: Experience as the Source of Learning and Development [M]. *Englewood – Cliffs: Prentice – Hall*, 1984: 2.

[103]Sanders, M. E. Excellence in Teaching: Adult Learning Strategies for Motivation[J]. *Acsm's Health & Fitness Journal*, 2005, 9(4): 26 – 29.

[104]Williams, M. , Burden, R. L. , *Psychology for Language Teachers: A Social Constructivist Approach*[M]. New York: Cambridge University Press, 1997.

[105]Gardner, R. C. , *Social Psychology and Second Language Learning: The Role of Attitudes and Motivation*[M]. London: Edward Arnold, 1985: 50.

[106]Gau, W. B. Public servants' workplace learning: a reflection on the concept of communities of practice[J]. *Quality & Quantity*, 2013, 47(3): 1519 – 1530.

[107]Burgess, P. Reasons for Adult Participation in Group Educational Activities[J]. *Adult Education Quarterly*, 1971, 22(1): 3 – 29.

[108]Boshier, R. . Motivational Orientations of Adult Education Participants: A Factor Analytic Exploration of Houle'S Typology[J]. *Adult Education Quarterly*, 1971, 21(2): 3 – 26.

[109]Deci, E. L. , Ryan, R. M. *Intrinsic Motivation and Self Determination in Human Behavior* [M]. New York: Plenum, 1985.

[110] Brown, H. D. *Principles of Language Learning and Teaching* [M]. White Plains: Longman, 2000.

[111]Bandura, A. Regulation of Cognitive Processes through Perceived Self – Efficacy [J]. *Developmental Psychology*, 1989, 25(9): 729 – 735.

[112]Bandura, A. *Social foundations of thought and action: A social cognitive theory* [M]. Englewood Cliffa, NJ: Prentice Hall, 1986: 244.

[113]Deci, E. L. , Ryan, R. M. *Intrinsic motivation and self – determination in human behavior* [M]. New York: Plenum Press, 1985: 48.

[114]Deci, E. L. , Ryan, R. M. Extrinsic and intrinsic motivation: classic definitions and new directions[J]. *Contemporary Educational Psychology*, 2000, 25(1): 54 – 67.

[115]Schunk, D. H. Introduction to the Special Section on Motivation and Efficacy[J]. *Journal of Educational Psycholog*, 1990, (1).

[116]Merriam, S. B. , Caffarella, R. S. , *Learning in Adulthood: A Comprehensive Guide*[M]. San Francisco: Jossey – Bass, 1999: 63.

[117]Boshier, W. R. Motivational orientations of adult education participants: A factor analytic exploration of Houle's typology[J]. *Adult Education*, 1971, 21(2): 3 – 26.

[118]Duyvendak, J. W. , Knijn, T. , Kremer, M. , *Policy, People, and the New Professional* [M]. Amsterdam: Amsterdam University Press, 2006.

[119]Rousseau, D. M. , Is There Such a Thing as "Evidence – based Management"? [J]. *Academy of Management Review*, 2006, 31(2): 256 – 269.

[120] Reay, T. , et al. What's the Evidence on Evidence – Based Management? [J]. *Academy of Management Perspectives*, 2009, 23(4): 5 – 18.

[121] Boaz, A. , Ashby, D. , Young, K. , *Systematic Reviews: What have they got to offer evidence based policy and practice?* [R] ESRC UK Centre for Evidence Based Policy and Practice in Queen Mary University of London, 2002.

[122]Godfrey M. *What works? Evidence – based policy and practice in public services Policy*[J]. Health & Social Care in the Community, 2010, 9(6): 504 – 505.

[123]Sanderson, I. , Is it "what works" that matters? Evaluation and evidence – based policy making[J]. *Research Papers in Education*, 2003, (18): 331 – 345.

[124] Blunkett, D. , *Influence or irrelevance: can social science improve Government?* [R].

Swindon：ESCR，and Department for Eduction and Employment，2000.

[125] Productivity Commission 2010. *Strengthening Evidence Based Policy in the Australian Federation*[C]. Canberra：Proceedings，Volume 1 Roundtable Proceedings，2010.

[126] Briner，R. B.，et al. Evidence – Based Management：Concept Cleanup Time？[J]. *Academy of Management Perspectives*，2009，（4）：19 – 32.

[127] Lowi，T. J.，Four Systems of Policy，Politics and Choice[J]. *Public Administration Review*，1972，32(4)：299.

[128] Venkatesh，V.，etal. User Acceptance of Information Technology：Toward a Unified View [J]. *MIS Quarterly*，2003，27(3)：425 –478.

[129] Venkatesh，V.，Davis，F. D.，A Theoretical Extension of the Technology Acceptance Model：Four Longitudinal Field Studies[J]. *Management Science*，2000，46(2)：186 – 204.

[130] Khechine，H.，Lakhal，S.，Ndjambou，P. A.，Meta – analysis of the UTAUT model：Eleven years later[J]. *Canadian Journal of Administrative Sciences / Revue Canadienne des Sciences de l'Administration*，2016，33(2)：138 – 152.

[131] Im，I.，Kim，Y.，Han，H. J.，the Effects of Perceived Risk and Technology Type on Users' Acceptance of Technologies[J]. *Information Management*，2008(45)：1 –9.

[132] Shin，D. H.，User Centric Cloud Service Model in Public Sectors：Policy Implications of Cloud Services[J]. *Government Information Quarterly*，2013，30(2)：194 –203.

[133] Hernandez – Ortega，B.，Key Factors for the Adoption and Subsequent Use of E – invoice [J]. *Academia Revista Latinoamericana de dministracion*，2012(50)：15 –30.

[134] Carter，L.，Belanger，F.，The Utilization of E – government Services：Citizen Trust，Innovation and Acceptance Factors[J]. *Information Systems Journal*，2005(1)：5 –25.

[135] Shroff，R. H.，Vogel，D. R.，Coombes，J.，Assessing Individual – Level Factors Supporting Student Intrinsic Motivation in Online Discussion：A Qualitative Study[J]. *Journal of Information Technology Education*，2008，（1）：111 – 126.

[136] Bandura，A.，*Self – efficacy in changing societies*[M]. New York：Cambridge University Press，1995.

[137] Cleveland，J. N.，Murphy，K. R.，Williams，R. E.，Multiple Uses of Performance Appraisal：Prevalence and Correlates[J]. *Journal of Applied Psychology*，1989，74(1)：130 – 135.

[138] Tian，Z.，Shi，J.，Hafsi，T.，Tian，B.，How to get evidence？The role of government – business interaction in evidence – based policy – making for the development of Internet of Things industry in China[J]. *Policy Studies*，2016，38(1)：1 –20.

［139］Sutcliffe, s. , Julius, C. , Evidence – based policymaking：What is it? How does it work? What relevance for developing countries? ［J］. *Overseas Development Institute*, 2005：1 –45.

［140］Head, B. W. Three Lenses of Evidence – Based Policy［J］. *The Australian Journal of Public Administration*, 2008, 67(1)：1 – 11.

［141］Sackett, D. L. , et al. Evidence based medicine：what it is and what it isn't［J］*Clinical Orthopaedics & Related Research*, 1996, 455：3 – 5.

［142］Shaxson, L. , Is your evidence robust enough? Questions for policy makers and practitioners' Evidence and Policy：A Journal of Research［J］. *Debate and Practice*, 2005, 1 (1)：104.

［143］Sutcliffe, s. , Julius, C. Evidence – based policymaking：What is it? How does it work? What relevance for developing countries? ［J］. *Overseas Development Institute*, 2005：1 –45.

［144］Hochstetler, K. , Environmental impact assessment：evidence – based policy – making in Brazil［J］. Contemporary Social Science Journal of the Academy of Social Sciences, 2017, 11 (1)：1 – 12.

图书在版编目(CIP)数据

地方公务员终身学习动机强化的循证政策研究／肖
海燕著. 一长沙：中南大学出版社，2020.11
  ISBN 978 - 7 - 5487 - 2692 - 0

  Ⅰ.①地… Ⅱ.①肖… Ⅲ.①公务员制度—研究—中
国 Ⅳ.①D630.3

  中国版本图书馆 CIP 数据核字(2020)第 128952 号

地方公务员终身学习动机强化的循证政策研究
DIFANG GONGWUYUAN ZHONGSHENXUEXI DONGJIQIANGHUA DE XUNZHENG ZHENGCE YANJIU

肖海燕　著

□**责任编辑**　伍华进
□**责任印制**　易红卫
□**出版发行**　中南大学出版社
　　　　　　　社址：长沙市麓山南路　　　　邮编：410083
　　　　　　　发行科电话：0731 - 88876770　　传真：0731 - 88710482
□**印　　装**　长沙雅鑫印务有限公司

□**开　　本**　710 mm×1000 mm 1/16　□**印张** 17.25　□**字数** 340 千字
□**互联网＋图书** 二维码内容　字数 10 千字
□**版　　次**　2020 年 11 月第 1 版　□2020 年 11 月第 1 次印刷
□**书　　号**　ISBN 978 - 7 - 5487 - 2692 - 0
□**定　　价**　78.00 元